Los siete duelos de la migración y la interculturalidad

Joseba Achotegui

LOS SIETE DUELOS DE LA MIGRACIÓN Y LA INTERCULTURALIDAD

© Joseba Achotegui, 2022

Diseño de cubierta: Juan Pablo Venditti

Derechos reservados para todas las ediciones en castellano

© Ned ediciones, 2022

Primera edición: junio, 2022

Preimpresión: Moelmo SCP
www.moelmo.com

ISBN: 978-84-18273-60-5
Depósito Legal: B 6633-2022

Impreso en Podiprint
Printed in Spain

La reproducción total o parcial de esta obra sin el consentimiento expreso de los titulares del *copyright* está prohibida al amparo de la legislación vigente.

Ned Ediciones
www.nedediciones.com

ÍNDICE

Agradecimientos... 11

Introducción 13

Primera parte

La elaboración del estrés y del duelo como fundamentos de la salud mental

Capítulo 1. Perspectiva biológica del estrés y del duelo: la neuroprogresión... 21
Inflamación crónica de bajo nivel o metainflamación, 22 – Incremento del estrés oxidativo, 22 – Hiperactivación del eje hipotálamo-hipófisis-médula suprarrenal, 23 – Alteraciones del funcionamiento de las mitocondrias, 23 – Alteraciones de la inmunidad, 24 – Alteraciones de la permeabilidad intestinal y de la flora intestinal vinculadas a procesos de tipo epigenético, 24

Capítulo 2. ¿Qué entendemos por estrés?........................ 28
El estrés como proceso de mediación entre una situación problemática y la respuesta definitiva, 29 – Estrés agudo y crónico, 30 – El estrés en las medicinas clásicas, 32 – La concepción psicosocial de las medicinas tradicionales, 33 – La aparición del término estrés en la terminología científica, 35 – El surgimiento de la psiquiatría comunitaria, 36 – Crítica psicosocial al concepto de estrés occidental, 37 – Estrés, duelo y salud, 38

Capítulo 3. ¿Qué entendemos por duelo? 40
El duelo en el diagnóstico psiquiátrico del DSM-V y la CIE-10. Los códigos Z, 41 – El duelo desde la perspectiva evolucionista, 42 – El duelo desde la perspectiva psicoanalítica, 44

Capítulo 4. Estrés y duelo como factores de riesgo en la salud mental.. 52
Factores de riesgo. Perspectiva epidemiológica, 53 – Vulnerabilidad y estresores en el estrés y el duelo migratorio, 55 – La vulnerabilidad como factor de riesgo más relevante desde la perspectiva psicopatogénica, 57

Segunda parte

El duelo migratorio: la aplicación del concepto de duelo a la migración
Los siete duelos de la migración y la interculturalidad

Capítulo 1. El duelo por la familia y los seres queridos......... 64
Características del duelo por la familia, 64 – Evaluación del duelo por la familia y los seres queridos, 84 – Intervención en el duelo por la familia, 93 – La interculturalidad en el duelo por la familia, 93

Capítulo 2. El duelo por la lengua.................................... 95
Características del duelo por la lengua, 95 – Evaluación del duelo por la lengua, 102 – Intervención en el duelo por la lengua, 108 – La interculturalidad en el duelo por la lengua, 110

Capítulo 3. El duelo por la cultura 112
Características del duelo por la cultura, 112 – Evaluación del duelo por la cultura, 127 – Intervención en el duelo por la cultura, 133 – La interculturalidad en el duelo por la cultura, 142

Índice

Capítulo 4. El duelo por la tierra 145
Características del duelo por la tierra, 146 – Evaluación del duelo por la tierra, 155 – Intervención en el duelo por la tierra, 159 – La interculturalidad en el duelo por la tierra, 159

Capítulo 5. El duelo por el estatus social 176
Características del duelo por el estatus social, 176 – Evaluación del duelo por el estatus social, 188 – Intervención en el duelo por el estatus social, 197 – La interculturalidad en el duelo por el estatus social, 219

Capítulo 6. El duelo por el grupo de pertenencia 220
Características del duelo por el grupo de pertenencia, 220 – Evaluación del duelo por el grupo de pertenencia, 242 – Intervención en el duelo por el grupo de pertenencia, 246 – La interculturalidad en el duelo por el grupo de pertenencia, 248

Capítulo 7. El duelo por los riesgos físicos 249
Características del duelo por los riesgos físicos, 249 – Evaluación del duelo por los riesgos físicos, 257 – Intervención en el duelo por los riesgos físicos, 262 – La interculturalidad en el duelo por los riesgos físicos, 267

Tercera parte

Test de la resiliencia a los siete duelos de la migración

Cuestionario de evaluación 285

Bibliografía 289

Agradecimientos

Quiero dar las gracias a María José Calvo, a Alejandra Carrasco y a todos los compañeros y compañeras del SAPPIR (Servicio de Atención Psicopatológica y Psicosocial a Inmigrantes y Refugiados) de la Fundació Hospital Sant Pere Claver. Gracias también a David Clusa, director del Servicio de salud mental de la institución por su incansable apoyo al proyecto de ayuda en salud mental a los inmigrantes; a Carles Descalzi, gerente de la Fundació Hospital Sant Pere Claver, así como a todo el equipo de comunicación de la institución.

Mi agradecimiento al GASIR (Grupo para la Asistencia Sanitaria a Inmigrantes y Refugiados), asociación creada en los años noventa y presidida por Jordi Font y Carles Ballús, a la que pertenezco y de la que forman parte Francesc Vilurbina, Josep Ballester, Àngel Aguilar, Lluís Recolons y Ramon Balaguer, por su implicación con los inmigrantes más vulnerables.

Gracias también a todos los compañeros que han apoyado y difundido mi trabajo: Rachid Bennegadi, de la Universidad de París V; los compañeros de la Universidad de Berkeley, Xochtil Castaneda, Liliana Osorio y Marc Schenker; los compañeros de la Universidad de Stanford, Eunice Rodríguez y Juan Luna; Marius Koga, de la Universidad de California en Davis; María Alba Díaz y Carl Stempel, de la Universidad de San Francisco; Yu Abe, de la Universidad de Tokio, y Luca Pandolfi, de la Universidad Urbaniana de Roma. Y gracias a los compañeros de la Asociación Mundial de Psiquiatría (WPA) por el trabajo que hemos desarrollado juntos en los ocho años en los que ejercí como Secretario de la Sección de Psiquiatría Transcultural.

Mi agradecimiento a los compañeros y compañeras de la Red Atenea, especialmente a José López, de Perú; a Nélida Tanaka, de Japón;

a Itzel Eguiluz, de México; a María Elena Ferrer, Liliana Osorio y Alba Lucía Díaz, de Estados Unidos; a las compañeras italianas Leticia Marín y Ana Andón; a los compañeros españoles María José Rebelo, Salvatore Cosentino, Carolina Zanolla, Jorge Correa, Isla Montoya y Ezequiel Pacino; a Pitti Djida, del Camerún; a Renato Malta, de Alemania, y a Leticia Reyes, de Bélgica.

Gracias a los compañeros de la Facultad de Psicología de la Universidad de Barcelona por su apoyo a mi trabajo en el área de la migración y la salud mental, especialmente a Toni Talarn, Ana Tuset, María Jayme, Antonio Andrés Pueyo y Antonio Solanas. A los compañeros del Ulysses Syndrome Institute de Londres, especialmente a Dori Espeso y Nancy Liscano, así como a Mireia León, Javier Moreno, Daniel Kutcher y Montse Fontboté, por su apoyo al proyecto. A los compañeros de la Red Atenea de Londres, Ana María Florín, María Lindford, Juan Pimienta y Yerson Herrera.

Gracias igualmente a Xabier Irujo, de la Universidad de Reno, y a las compañeras de la Facultad de Psicología de la Universidad del País Vasco Nekane Basabe, Karmele Etxebarria, Edurne Elorriaga y Cristina Taboada, así como a Iñaki Márkez, director de la revista Norte de Salud Mental.

Y, de un modo muy especial, gracias a Ander, a Dori y a ama.

Introducción

La temática de la salud mental y la migración ha ido adquiriendo cada vez más relevancia en el mundo actual. Por un lado, por las crecientes facilidades para la movilidad que ha traído consigo la globalización; por otro lado, por las innumerables dificultades que los gobiernos de todo el mundo ponen a la migración de millones de personas con rentas bajas.

Paradójicamente, hoy, cuando moverse por el planeta es cada vez más fácil y menos dificultades hay para emigrar, más barreras y muros se levantan en todo el mundo contra la migración.

Migrar es un cambio vital no exento de tensiones. Desde la perspectiva psicológica, estas dificultades se recogen en los conceptos de «estrés» y «duelo migratorio», pero en el contexto actual estas tensiones son de gran intensidad para millones de inmigrantes y acaban afectando a su salud mental.

Para mí es muy importante publicar este libro, porque las teorías del duelo migratorio y de los siete duelos de la migración constituyen la base, los cimientos, de mis planteamientos sobre la migración y la salud mental. Son los fundamentos del concepto de síndrome del inmigrante con estrés crónico y múltiple o síndrome de Ulises, que acuñé en el año 2002, y de la escala Ulises, del año 2007.

En realidad, tendría que haber escrito este libro antes que los anteriores, *La inteligencia migratoria* (2017) y *El síndrome de Ulises* (2020), publicados en esta misma editorial. La teoría de los siete duelos de la migración que planteo aquí la describí en 1995 y este modelo ha estado en la base de mis posteriores trabajos. Sin embargo, he ido posponiendo hasta hoy su redacción por haber dedicado mis esfuerzos en los últimos años a la presentación y difusión del síndrome de Ulises, a la constitución del Ulysses Syndrome Institute de Londres, a la puesta en marcha de la Red Atenea (red global de ayuda a los inmigrantes en situación extrema), así como al trabajo en la secretaría de la Sección Transcultural de la Asociación Mundial de Psiquiatría.

En este libro planteo un análisis del ámbito que abarcan los duelos de la migración, que se puede resumir en la existencia de siete grandes áreas que van desde la temática familiar hasta la temática cultural y social.

Esta teoría de los siete duelos ha sido recogida en numerosos trabajos de distintos colegas, y he observado que no siempre se ha hecho un buen uso de mis planteamientos, lo cual ha significado una motivación extra para escribir este libro. Además, me he encontrado en ocasiones con que, en una mesa redonda o en un debate, alguien ha explicado mi modelo de los siete duelos de modo literal, sin citarme, porque desconocía mi autoría; lo había leído en otro lugar, sin las referencias pertinentes. En este sentido, la aceptación que ha tenido el modelo es un estímulo añadido para la publicación de este libro, en el que desarrollo ampliamente las características de cada uno de los siete duelos.

Asimismo, planteo no solo la perspectiva del inmigrante que vive los duelos de la migración, sino también la mirada de la sociedad de acogida. La migración es un fenómeno social, un hecho que afecta a toda la sociedad, tanto al inmigrante como al autóctono, que ve modificado su mundo por la llegada de los inmigrantes. Este es el caso, por ejemplo, de las vivencias de las familias autóctonas ante la llegada de una persona con otra cultura y otra religión. En definitiva, me centro también en el punto de vista de la interculturalidad.

Otro planteamiento importante está relacionado con la perspectiva biopsicosocial. Así, intento abordar el estrés y el duelo migratorio desde un punto de vista muy amplio, que va desde la biología —que incluye los conocimientos genéticos y la biología molecular— hasta la biopolítica o los estudios culturales con relación al modelo social en el que se integran los inmigrantes, o los estudios poscoloniales para hablar del contexto histórico y social en el que tiene lugar la migración; sin olvidar, por supuesto, los planteamientos psicológicos relacionados con la expresión y la elaboración del estrés y el duelo migratorio.

Primera parte

La elaboración del estrés y del duelo como fundamentos de la salud mental

En esta parte analizaremos los conceptos de «estrés» y de «duelo», ya que se trata de dos términos emparentados, de dos caras de la misma moneda, fundamentales para comprender, desde la perspectiva de la migración, tanto el área de la salud mental como el área del trastorno mental.

Al estudiar las relaciones entre el medio y la salud, física y mental, los conceptos de estrés y de duelo son esenciales, puesto que constituyen la llave que comunica las dos áreas de estudio de este libro. Es más, las únicas variables que relacionan ambas áreas, el área de la migración y el área de la salud mental, son, precisamente, el estrés y el duelo migratorio.

Capítulo 1

Perspectiva biológica del estrés y del duelo: la neuroprogresión

La relación entre estrés, duelo y salud, que incluye la salud mental, es recogida en una de las más recientes e interesantes líneas de investigación sobre los aspectos biológicos del trastorno mental, la denominada «neuroprogresión»,[1] una línea de trabajo que considera que el estrés, el duelo y las tensiones que viven las personas son la causa de una serie de alteraciones biológicas que se expresan tanto a nivel físico como a nivel mental. El concepto de neuroprogresión es muy significativo porque establece un *continuum* entre el estrés, el duelo y los trastornos físicos y mentales, que se manifiestan en todo el organismo, con el propósito de adaptarse a una situación de desequilibrio y tensión, movilizando una serie de procesos que se indican seguidamente.

---

1. Kapczinski, F.; Berk, M. y Da Silva Magalhães, P. (2019), *Neuroprogression in Psychiatry*, Oxford University Press.

1.1. Inflamación crónica de bajo nivel o metainflamación

La inflamación es una respuesta básica del organismo ante agresiones, lesiones, infecciones y situaciones de tensión, estrés, duelo, fatiga o hambre. Se aprecia tanto en las enfermedades cardiovasculares como en los trastornos mentales.

En el sistema nervioso, esta inflamación crónica, proveniente de las vivencias de tensión, dificulta la plasticidad neuronal, fundamental para la adaptación. La inflamación se expresa con una elevada actividad de las citoquinas proinflamatorias (como las chemoquinas, las interleuquinas y los interferones, especialmente las citoquinas IL-6, IL-17, IL-1B, y la proteína C reactiva). Las citoquinas pasan directamente la barrera hematoencefálica y afectan al funcionamiento de los neurotransmisores, especialmente a la serotonina, debido a la activación de la indolamina 2,3-dioxigenasa y la kumerina monooxigenasa.

Se calcula que en el ventrículo lateral y en el giro dentado del hipocampo se generan diariamente unas setecientas neuronas nuevas. Si se cronifican las situaciones de estrés y de duelo, y los trastornos mentales, este proceso puede alterarse, lo que supone problemas en el funcionamiento neuronal y mental.

Además, las situaciones de estrés crónico se asocian a la disminución de la melatonina, que es un antiinflamatorio que facilita la regeneración neuronal.

1.2. Incremento del estrés oxidativo

Produce:

1. Una ruptura del balance entre la actividad oxidativa y las defensas antioxidativas (coenzima Q10, glutationa, superóxido dismutasa, melatonina).

2. Alteraciones del ARN y el ADN. La base guanina del ADN es especialmente sensible a la alteración por oxidación, y su afectación se relaciona con la menor expresión de numerosos genes, lo que incrementa la vulnerabilidad del sujeto. Se trata, pues, de un efecto epigenético.
3. Elevación de la superóxido dismutasa (SOD) y de la actividad de la catalasa, y menor nivel de antioxidantes exógenos.

Estos procesos biológicos que se observan en los trastornos físicos y mentales son similares a los que tienden a darse en el envejecimiento en condiciones normales, así como en el Parkinson y en el Alzheimer.

1.3. Hiperactivación del eje hipotálamo-hipófisis-médula suprarrenal

Provoca un incremento del nivel de corticoides. Hasta hace poco, a este factor se le daba más importancia que a los restantes, pero ahora sabemos que se encuentra al mismo nivel que ellos.

1.4. Alteraciones del funcionamiento de las mitocondrias

Si el incremento de la secreción de corticoides, consecuencia de las situaciones de estrés crónico, se produce de un modo continuado, afecta al funcionamiento mitocondrial con una disminución de la producción de adenosín trifosfato (ATP), una sustancia fundamental para la actividad celular. El estrés crónico también da lugar a un aumento de la actividad del inflamasoma NLRP3 y del TRYCAT, con las consiguientes alteraciones del funcionamiento mitocondrial.

1.5. Alteraciones de la inmunidad

Entre el sistema nervioso y el sistema inmunitario existen numerosas conexiones; una de las más importantes es el sistema de las citoquinas. Las situaciones de estrés también pueden dar lugar a procesos de tipo autoinmunitario; por ejemplo, tiroide-autoinmunitario, que se ha relacionado con las alteraciones biológicas que se producen en el trastorno bipolar. Estas conexiones autoinmunitarias pueden ayudarnos a comprender mejor las relaciones entre el estrés crónico y el cáncer.

1.6. Alteraciones de la permeabilidad intestinal y de la flora intestinal vinculadas a procesos de tipo epigenético

Una de las observaciones que más llaman la atención actualmente es la de que el vientre es el segundo cerebro porque tiene una gran influencia en la salud mental y en el trastorno mental. Por supuesto, estos mecanismos actúan de modo interactivo y conjunto.

La neuroprogresión sostiene que es un error buscar los aspectos biológicos del trastorno mental en el cerebro, como es el caso del clásico planteamiento localizacionista, que pretendía encontrar un área del cerebro dañada en la que radicaba una lesión que daba lugar a la depresión o la psicosis. La investigación biológica sobre los trastornos mentales ha de buscar en todo el cuerpo, ya que la alteración biológica es global, tal como plantea la teoría de la neuroprogresión.

De todos modos, los elementos biológicos no constituyen sino una parte de los trastornos mentales, profundamente relacionados con aspectos sociales y con la estructuración de la información, la elaboración y el afrontamiento de los procesos psicológicos. Pero esa parte biológica es, sin duda, apasionante de investigar y conocer.

Tradicionalmente, el cerebro se ha visto como un órgano que funcionaba como aislado del organismo, protegido por la barrera hematoencefálica, una capa de células que selecciona el paso de sustancias hacia el cerebro. Sin embargo, numerosos datos muestran que, por ejemplo, en relación con los mecanismos de tipo inflamatorio, existe una alta permeabilidad y comunicación entre el cerebro y el resto del organismo.

En el trastorno mental se producen alteraciones en todo el cuerpo, a numerosos niveles, de modo simultáneo. Estas alteraciones son un intento del organismo de adaptarse a un contexto de tensión, y son comunes a las que aparecen en los infartos, la diabetes, las enfermedades autoinmunes, etcétera. Es decir, numerosos datos empíricos muestran que todos los trastornos físicos y mentales se encuentran profundamente emparentados a nivel biológico, lo que cuestiona la división radical entre lo físico y lo mental proveniente de la concepción cartesiana del mundo.

La cuestión sería saber por qué, cuando no es posible integrar la situación estresante o de duelo, en unas personas deriva hacia la patología médica (infarto, infección...) y en otras hacia el trastorno mental. En bastantes casos, incluso, hacia las dos vías a la vez.

El planteamiento de la neuroprogresión no está exento de contradicciones y limitaciones, pero es muy interesante porque amplía el campo de análisis y es coherente con los modelos psicosociales y comunitarios, los modelos psicoanalíticos evolucionistas, que siempre se habían opuesto al reduccionismo radical que caricaturizaba el trastorno mental como un mero fallo neuronal, totalmente ajeno a la biografía y a las vivencias de las personas, sin tener en cuenta su contexto social y los procesos de elaboración psicológica.

> La teoría de la neuroprogresión pone como ejemplo de tensión (de situación alostática, de estrés, se dice) el caso del salmón que debe remontar el río para reproducirse, o del oso que vive en cautividad. Estas situaciones de tensión producen alteraciones en el sistema nervioso y en el organismo en general, y si se perpetúan acaban generando una enfermedad física o mental.

La neuroprogresión, la afectación de numerosos mecanismos biológicos, se iría produciendo de modo continuo (como el propio nombre «progresión» indica). Pero esta progresión no es un desarrollo natural, sin más, de las alteraciones biológicas, sino que proviene de un conjunto de aspectos psicosociales que la comunidad no entiende; por lo tanto, al no apoyar a la persona en situaciones de estrés y duelo o con trastornos mentales, cronifica su sufrimiento. Entonces aparecen las crecientes alteraciones biológicas que la neuroprogresión define muy bien, pero que no son la causa, sino la consecuencia, de la estigmatización y la exclusión de la persona que padece un trastorno mental.

Como muestran las teorías evolucionistas (Del Giudice, 2018), la depresión aparece cuando una serie de factores hacen que una situación de fracaso no se pueda superar, por ejemplo, por la falta de apoyo de la comunidad o porque se mantiene a la persona en una situación de sometimiento sin darle opción a salir adelante.

Desde la perspectiva evolucionista, la tristeza y la depresión, como todos los funcionamientos físicos y mentales, se rigen por la ley de la optimización (estrategias para optimizar posibilidades y recursos). El humor depresivo favorece la pérdida de motivación para tareas en las que la relación coste-beneficio es negativa.

La hipótesis de la conservación de recursos considera que se busca focalizar las energías y los recursos en tareas más productivas. Esta teoría está muy relacionada con el concepto de indefensión aprendida, que impulsa al individuo a dejar de lado determinadas tareas, porque se considera incapaz de llevarlas a buen puerto o porque no tiene control sobre ellas.

En la historia evolutiva, la conducta depresiva —con el individuo desmotivado, en una especie de huelga— ha sido una estrategia exitosa para presionar al grupo a atender las demandas del que se sentía maltratado. Esta estrategia aparece cuando el individuo percibe que otros poderosos obtienen de su esfuerzo más beneficios que él y, al reducir su productividad, intenta obligarlos a renegociar el contrato que los une.

De este modo, su depresión funcionaría como una huelga de trabajo (Hagen, 2003).

Este enfoque también es muy interesante porque viene a apoyar planteamientos de la psiquiatría clásica que sostenían la teoría de la psicosis única, defendida, entre otros, por Griesinguer y por el psiquiatra español Llopis. Este plantea que la mayoría de los trastornos mentales comparten básicamente las mismas alteraciones biológicas, por lo que las diferencias son mucho más de elaboración de los elementos psicológicos —ligados a los procesos de manejo de la información y al funcionamiento simbólico— que puramente biológicas.

Es un planteamiento apasionante, siempre que se integre, como hemos señalado, con los elementos psicológicos y sociales en los que se enmarca el trastorno mental. Y esta perspectiva biopsicosocial —la integración de lo psicológico y lo social con lo biológico— es fundamental en el tema que aborda este libro, el de la migración y la salud mental, tal como desarrollo en los capítulos siguientes.

(Para obtener más información sobre la neuroprogresión, además de consultar el libro citado, *Neuroprogression in Psychiatry*, puede visitar mi web, https://josebaachotegui.com, donde encontrará un vídeo sobre el tema).

Capítulo 2

¿Qué entendemos por estrés?

La ingente utilización del término estrés en todo tipo de contextos sociales, medios de comunicación, etcétera, ha dado lugar a una extraordinaria profusión de usos del concepto, del que existen innumerables versiones, muchas de ellas carentes de fundamento teórico; por tanto, es imprescindible realizar un esfuerzo de clarificación y conceptualización.

El estrés se podría definir como «una relación particular entre la persona y el entorno, valorada por la persona como una situación que le sobrepasa y pone en peligro su bienestar». En esta definición de Lazarus (2000), uno de los psicólogos cognitivistas más relevantes, se señala la importancia de la evaluación que la persona hace de la situación difícil a la que ha de enfrentarse (Lazarus y Folkman, 1986).

El propio origen de la palabra estrés, *stringere* (tensión, estrechamiento), ya indica su vínculo con las situaciones problemáticas. El estrés se entendería como un intento de adaptación que requiere esfuerzo, lucha; no como una adaptación que podemos hacer de modo natural y fácil (Antonowski, 1979; Buendía, 1993; Cohen *et al.*, 1997).

Nuestra época ha llegado a denominarse *the stress age*, «la era del estrés» (Hobfoll, 1998), tal es la importancia que nuestra civilización otorga a este concepto, que constituye actualmente un elemento central de nuestra visión del mundo. Sin embargo, con relación al estrés, hace apenas unas décadas las cosas eran diferentes. Entonces se vivía en la era de la angustia vital, anteriormente en el periodo de la melancolía, etcétera; es decir, quizás cada ciclo histórico concentra en un determinado concepto los males, los problemas del momento. Y en los últimos tiempos el estrés ocupa este lugar en nuestra civilización (Girdano *et al.*, 2001; Graziani y Swendsen, 2004; Paulhan y Bourgeois, 1995).

2.1. El estrés como proceso de mediación entre una situación problemática y la respuesta definitiva

El estrés no es algo que hay que vencer —como se señala con frecuencia—; tampoco es una enfermedad, sino, como apuntan Everly y Lating (2002), es «un proceso de mediación» entre una situación en la que hay dificultades de adaptación y la respuesta definitiva que el sujeto estructura ante ella. Es decir, el estrés sería el conjunto de estrategias de ajuste, de encaje, puestas en marcha ante un conflicto de tipo adaptativo. El problema se produce cuando, en situaciones como las migraciones actuales, el sujeto ha de afrontar problemas extremos y una situación de crisis permanente, sin salida.

> **El estrés es algo intermedio entre el problema y la respuesta que acabamos llevando a cabo. Ahora bien, esa mediación o proceso puede alargarse y complicarse tanto que se convierta en respuesta. Eso sí que es problemático.**

Como señalan Everly y Lating (2002), el estrés sería «una respuesta mediada entre un estresor y la respuesta del órgano». Aunque esta definición se formula a nivel biológico, es igualmente operativa a nivel psicológico y psicopatológico, dado que afecta tanto al ámbito fisiológico como al mental.

El estrés es una respuesta psicofisiológica que sirve como mecanismo de ajuste entre la presión que ejerce un estresor determinado y la respuesta definitiva de un órgano o de la estructura mental. Esto solo quiere decir que el estrés es, en todo caso, la «primera respuesta», la respuesta inicial, el proceso de encaje, la preparación de la respuesta, no la respuesta definitiva, que será la adaptación o la enfermedad. Tras el estrés vendrá la resolución del problema o la aparición de la enfermedad al fracasar la adaptación.

Por tanto, el estrés es el conjunto de mecanismos que preparan la respuesta definitiva del sujeto. Como se ha dicho clásicamente de las crisis de un modo un tanto simplificador, del estrés solo se sale o reforzado tras superarlo, o enfermo y vencido. Así, el estrés no es sino el intento de restablecer el equilibrio que se había perdido, de crear un nuevo equilibrio, en la línea de lo planteado por Cannon (1929).

El estrés es, pues, la primera respuesta ante un cambio que requiere esfuerzo. No tiene por qué ser algo negativo: no se trata de una enfermedad o una disfunción. En realidad, es un mecanismo que la evolución ha seleccionado para permitir que podamos adaptarnos a los cambios que no se dan por sí mismos.

2.2. Estrés agudo y crónico

Existen dos grandes tipos de estrés: agudo y crónico. Ante el primero, la evolución ha seleccionado una magnífica estrategia adaptativa, que se da también en muchas otras especies animales.

Pensemos, por ejemplo, en el ataque de un león: todo el organismo se prepara para sobrevivir. Aumenta el ritmo cardíaco, la glucemia; disminuye la sexualidad; palidecemos, dado que el flujo sanguíneo se concentra en el sistema muscular. Además, se paraliza la digestión; tenemos deseos de orinar y defecar para perder peso; y, si tenemos una herida, ni siquiera hay sensación de dolor para poder seguir luchando o huir.

Todas estas reacciones de nuestro cuerpo están al servicio de poder luchar o salir corriendo; en definitiva, de sobrevivir, reaccionando automáticamente, de una manera admirable. Al fin y al cabo, descendemos de aquellos que superaron el estrés agudo; de ahí esta excelente reacción. Esta es la respuesta ante el estrés agudo.

Ante el estrés crónico, sin embargo, las cosas se complican. Su origen es fundamentalmente psicosocial, propio de sociedades con roles complejos (conflictos relacionales, de estatus...). La selección natural aún no nos ha dotado de un sistema de respuesta tan brillante como en el caso del estrés agudo.

De hecho, si no se elabora correctamente, la respuesta al estrés puede acabar dañando el organismo. ¿Cómo? Por ejemplo, a través del incremento de los glucocorticoides, que lesionan el hipocampo. Por otro lado, disminuye la inmunidad, lo que favorece las infecciones, el cáncer y la alteración del metabolismo, sobre todo tiroideo.

Así pues, el estrés supone una situación de reto para la persona. Si se aborda adecuadamente, la respuesta puede llegar a ser una experiencia vital enriquecedora, que consiga que maduremos personalmente.

Desde una perspectiva biológica, podríamos señalar los siguientes aspectos biológicos relacionados con el estrés:

- Incremento de la secreción de adrenalina y noradrenalina, que aumenta el ritmo cardíaco y la tensión arterial.
- Incremento de la secreción de corticoides, que eleva el nivel de glucosa en la sangre y disminuye la inmunidad, con el consiguiente riesgo de padecer infecciones y cáncer.
- Incremento de la secreción de las hormonas tiroideas, que ocasiona alteraciones del metabolismo y cambio de peso.
- Disminución de la secreción de las hormonas sexuales (estrógenos y testosterona), que da lugar a la disminución de la actividad sexual.
- Cambios a nivel digestivo (disminución de la actividad gástrica), muscular (incremento de la actividad), esfinteriano (rápida excreción de heces y orina), etcétera.

Todos estos cambios, como hemos señalado, responderían al intento de adaptación del organismo ante el peligro, a través de los mecanismos de la lucha o de la huida: incrementar el nivel de glucemia, la tensión arterial y el débito cardíaco supone preparar el organismo para el esfuerzo. Por otra parte, disminuir la inmunidad, la sexualidad y la actividad digestiva significa desconectar sistemas que no son esenciales a corto plazo para la supervivencia.

La medicina y la psiquiatría evolucionista debaten si esta respuesta, que proviene de la adaptación del organismo para la supervivencia a peligros físicos (como aquellos a los que debía enfrentarse el hombre prehistórico), es adaptativa respecto de los duelos más propios de la vida social, en la que raramente hemos de hacer frente a peligros físicos. Hoy, la mayor parte del estrés que sufrimos es social. Y cuando se dan situaciones de peligro, como el COVID-19, los factores sociales amplifican los problemas, como señalaremos más adelante.

2.3. El estrés en las medicinas clásicas

La idea de que los acontecimientos problemáticos (llámeseles estrés o de otro modo) afectan a la salud de las personas no proviene del mundo actual. La medicina griega ya plantea, en la teoría sobre los antinaturales, la importancia que poseen para la salud los aspectos que rodean al sujeto; sin embargo, el eje central explicativo de la enfermedad se hallaba centrado en los humores y sus diferentes combinaciones. En la medicina hipocrática, los seis antinaturales eran (Jackson, 1989):

1. El aire.
2. El ejercicio y el descanso.
3. El sueño y la vigilia.
4. La comida y la bebida.
5. La excreción y la retención de cosas superfluas.
6. Las pasiones o perturbaciones del espíritu.

De todos modos, en Occidente, hasta el siglo XVIII, siguiendo la tradición de la medicina griega y romana, buena parte de las enfermedades, incluidas las mentales, se curaban utilizando técnicas basadas en principios mecánicos, como la sangría (que no es muy psicosocial, precisamente).

La medicina china considera que el ser humano se halla plenamente inmerso en los ciclos de la naturaleza y de la energía (el yang, el ying, el qi...). Al enfatizar la promoción de la salud y la prevención de las enfermedades, se aproxima a los planteamientos psicosociales actuales sobre la salud mental. Desde una perspectiva general, como señala Kuriyama (2005), mientras que la medicina griega se centra en el tratamiento de la retención y el exceso, la medicina china lo hace sobre la pérdida y la fuerza.

Sin embargo, aunque en las medicinas clásicas estaba presente la idea de que las circunstancias ambientales que rodean al sujeto son relevantes psicológicamente, nunca se les había dado la importancia que tienen en la actualidad en la psicología comunitaria y social. También es verdad, tal como se ha mencionado con frecuencia, que nunca la vida de los humanos había tenido, como ahora, un marco de expectativas tan amplio, a pesar de hallarse inmersa en un contexto social tan lleno de incertidumbre, en un mundo que cambia aceleradamente y sin cesar (tecnológicamente, en sus estructuras sociales, en sus valores...). Como muestra de la importancia del estrés en nuestra sociedad señalaremos que, por ejemplo, la hipertensión arterial esencial —un cuadro clínico muy relacionado con el estrés— es prácticamente desconocida en las culturas tradicionales y constituye, sin embargo, una auténtica plaga en nuestra civilización occidental actual (Everly y Lating, 2002).

2.4. La concepción psicosocial de las medicinas tradicionales

Las medicinas que más han tenido en cuenta la importancia en la salud del estrés psicosocial y de los conflictos relacionales han sido las que, paradójicamente, se consideran más atrasadas: nos referimos tanto a las medicinas tradicionales que perduran en gran medida en las culturas africanas, andinas, etcétera, como a nuestras propias medicinas tradicionales, tal como recogen los trabajos etnográficos de Joan Amades (1936).

Las medicinas tradicionales consideran que el estrés psicosocial y los conflictos relacionales constituyen un factor clave para explicar la enfermedad. En la medicina tradicional y popular se cree que quien enferma ha incumplido alguna norma del grupo (ha dado envidia, no ha tratado bien a los padres o a los antepasados, etcétera). Entonces surge la enfermedad como expresión de la convicción del infractor de que el damnificado, el que ha podido sentirse maltratado, ha recurrido a la brujería para castigarle. Con relación a los planteamientos populares, hay que señalar que muchas de las formas de tratamiento se basan en provocar catarsis emocionales y ceremonias grupales —además, sin prisa—, que favorecen la reestructuración terapéutica de los vínculos del paciente con la comunidad con la que se hallaba en conflicto (en la línea de los planteamientos actuales más relevantes desde la perspectiva psicoterapéutica y psicosocial).

Estas medicinas tradicionales poseen un modelo explicativo no compatible con el modelo científico, al considerar que la enfermedad se halla vinculada a la magia (en general, relacionada con aspectos religiosos); sin embargo, aciertan de lleno al considerar que la enfermedad está íntimamente interrelacionada con el estrés psicosocial. Así, por ejemplo, en las culturas africanas la salud es un tema ligado a los vínculos con la comunidad de pertenencia, al rol del sujeto en el grupo (con relación al apoyo social, a la autoestima, en definitiva). Es decir, paradójicamente, las medicinas que, desde el complejo de superioridad occidental, se consideran más atrasadas y acientíficas son las que tienen, en muchos aspectos, planteamientos más próximos a los conocimientos actuales más avanzados de las ciencias de la salud, como hemos visto en el primer capítulo al explicar la perspectiva de la neuroprogresión.

2.5. La aparición del término estrés en la terminología científica

El término estrés, aunque ha llegado a la terminología española proveniente del mundo anglosajón, en realidad tiene un origen mucho más próximo a nuestro contexto cultural de lo que puede parecer, ya que, como hemos señalado, proviene del latín *stringere*, que significa «apretar, estrechar», términos muy corrientes en castellano; es decir, no es un término tan alejado de nuestros parámetros culturales, tan «moderno» como a veces se percibe.

Respecto a su utilización científica, el término estrés proviene de la tradición anglosajona: aparece en la física en el siglo XVIII en relación con la presión, el desgaste que sufren los materiales ante las agresiones del medio, etcétera.[1]

A principios del siglo XX, el término estrés irrumpe en la medicina a través de las investigaciones de Hans Selye (curiosamente, un joven alumno de segundo año de carrera), que introduce este término en las ciencias de la salud y provoca una auténtica revolución, casi un nuevo paradigma, que ha llegado incluso hasta el campo de las ciencias sociales.

Selye observaba en el laboratorio que los animales de experimentación, ante las variadas agresiones físicas a las que eran sometidos (extirpaciones, situaciones extremas, etcétera), tendían a reaccionar siempre de la misma manera, independientemente del tipo de agresión del que fueran víctimas. Observó que la respuesta consistía fundamentalmente en un aumento del tamaño de la corteza de la glándula suprarrenal, y una disminución del tamaño de las glándulas linfáticas y del timo, así como del número de leucocitos. Concluyó que el estrés era una respuesta inespecífica que aparecía siempre ante situaciones de tensión y peli-

---

1. Curiosamente, el término resiliencia, tan de moda actualmente, también proviene del latín, *resilientia*, y significa lo contrario de estrés: la resistencia, el aguante físico de los materiales ante las agresiones del medio.

gro. Denominó a esta respuesta Síndrome General de Adaptación y planteó que, desde la perspectiva fisiológica, tenía lugar en tres etapas: alarma, resistencia y agotamiento.

Los trabajos de Selye se enmarcan en la línea de las investigaciones anteriores de Claude Bernard y de Walter Cannon, que ya habían planteado que el organismo busca estados de equilibrio al hallarse ante situaciones de cambio y factores ambientales adversos. En este sentido, el estrés es justamente el proceso de reestructuración de un nuevo equilibrio, que pertenecerá al marco de la salud si es exitoso para el sujeto, o al de la enfermedad si fracasa (Sandi y Calés, 2000; Sandi, Venero y Cordero, 2001; Sarafino, 1990).

2.6. El surgimiento de la psiquiatría comunitaria

En los años sesenta, una época de grandes cambios sociales y culturales (desarrollo de la lucha por la liberación de la mujer, revolución sexual, descolonización, Mayo del 68...), Georg Caplan (1964), un psicoanalista de origen judío que había vivido la experiencia de los campos de concentración, plantea el concepto de «crisis personal», señalando que en la vida del sujeto pueden darse circunstancias ambientales de tal relevancia que afectan a su salud mental. Plantea que existen circunstancias de la vida adulta que pueden tener una gran influencia en la salud, y va más allá de valorar la clásica relevancia primordial de las vivencias y los traumas infantiles, propia del planteamiento psicoanalítico clásico. Es la época en la que se desarrolla la salud mental comunitaria y se enfatizan las relaciones entre los conflictos sociales y la salud mental (Brown, 1972; House, 1981; Jenkins y Üstün, 1998; McGrath, 1970).

En esos años surge también un planteamiento integrador, el denominado modelo biopsicosocial (Engel, 1977), tan citado y renombrado posteriormente por la psiquiatría oficial (hacer referencia a él forma parte de lo «políticamente correcto en psiquiatría») y, sin embargo, en la práctica, por desgracia, muy poco tenido en cuenta, ya que predomina lo que se ha denominado el modelo bio-bio-bio.

Finalmente, también en esa época, con la llegada de la denominada «revolución cognitiva», el concepto de estrés se populariza y se convierte en un elemento básico de nuestra cultura actual, que ya hemos indicado que se conoce como la «era del estrés». Desde entonces, el estrés ha pasado a ser un elemento clave para explicar los fenómenos emocionales y psicosociales de nuestra civilización.

En los planteamientos cognitivistas, se tiende a conceptualizar el estrés como un proceso que depende fundamentalmente de la interpretación y de la valoración del sujeto. Se considera que existe una gran actividad cognitiva que media entre el estímulo y la respuesta.

2.7. Crítica psicosocial al concepto de estrés occidental

De todos modos, con relación a estos planteamientos acerca de cómo el sujeto afronta el estrés, desde los años noventa existe una viva polémica porque, como señala Hobfoll (1998), en la teoría cognitiva, que surge en el marco del modelo cultural occidental, se tiende a enfatizar en gran manera el control de la persona sobre las realidades estresantes. En este punto, la teoría cognitiva converge con los planteamientos del psicoanálisis, que valora ante todo el estudio del mundo interno del sujeto. En ambas concepciones se considera que la verdadera clave del estrés se encuentra en la mente del sujeto, no tanto en las circunstancias estresantes, con cierta tendencia a la desvalorización del impacto de los acontecimientos estresantes (que pueden ser muy relevantes), y restando importancia al nivel objetivo de los recursos ambientales que el sujeto tiene a su disposición para afrontar el estrés. Como insiste Hobfoll, no todo depende siempre de la interpretación.

Con estos paradigmas tan «mentalistas» —típicos de la visión occidental del mundo, que considera que el hombre es el rey de la creación— se corre el peligro de caer en una omnipotencia de lo mental y desvalorizar tanto la magnitud de los problemas reales que debe afrontar el sujeto como los grandes déficits de recursos que pueden padecer determinadas personas para abordar estos problemas; es decir, con relación a la salud, existe el riesgo de restar importancia a los aspectos sociales que afectan sobre todo a las capas de población más desfavorecidas, como los inmigrantes (Kirtz y Moos, 1974). En este sentido, el síndrome de Ulises, como cuadro reactivo de estrés, resulta un ejemplo paradigmático de la necesidad de tener en cuenta la perspectiva psicosocial en la salud mental.

Hobfoll critica la escasa sensibilidad del psicoanálisis hacia los factores ambientales; todo depende del sujeto: «Para Freud, el estrés ambiental no es percibido como un factor importante, sino incluso como un factor de distracción para comprender el inconsciente. Las reacciones de las personas ante las amenazas ambientales son solo importantes en tanto en cuanto proporcionan información sobre los procesos inconscientes que se desarrollaron en las primeras etapas de la vida». De cualquier modo, es importante matizar esta crítica de Hobfoll (1998) señalando que numerosos psicoanalistas sí han tenido en cuenta la perspectiva psicosocial: desde Adler hasta Fromm, que intenta ligar psicoanálisis y marxismo, pasando por Ericsson y Karen Horney, entre otros.

2.8. Estrés, duelo y salud

> El estrés y el duelo son las mayores causas de enfermedad en los humanos. Desde la perspectiva de la salud, si descontamos, por un lado, la predisposición genética (que es débil en la mayoría de las enfermedades, incluido el cáncer) y, por otro, las agresiones del medio (infecciones, accidentes o depredadores, hoy en día muy

controlados), todo lo demás relacionado con la salud tiene que ver con el estrés y el duelo. Lo que va minando la salud de un sujeto, y que se expresa en el deterioro del aparato circulatorio, la diabetes o la obesidad, está fuertemente correlacionado con el estrés crónico y el duelo.

Capítulo 3

¿Qué entendemos por duelo?

El duelo se puede conceptualizar como «el proceso de reestructuración de la personalidad que tiene lugar cuando hay una separación o una pérdida de algo que es significativo para el sujeto» (Achotegui, 1995). El término «proceso» ya hace referencia a un acontecimiento temporal, diacrónico. El hacer referencia a «reestructuración de la personalidad» se basa en la idea de que el funcionamiento previo de la personalidad ha sido alterado por las frustraciones y el dolor ocasionado por la pérdida y debe ser restablecido. La referencia a lo que es significativo para el sujeto nos remite a la importancia de los aspectos culturales en la estructuración de la personalidad, que comentaremos más adelante.

El duelo puede definirse también como «un proceso doloroso de identificación, desinvestimiento de lo perdido y reinvestimiento de nuevas relaciones internas y externas» (Tizón, 2005). Duelo procede del latín *dolo*, que quiere decir «tallar piedra o madera golpeándola»; en definitiva, un trabajo. Es la esforzada búsqueda de un nuevo equilibrio.

El duelo es un proceso natural y frecuente en la vida de los seres humanos. Todo el proceso de maduración vital puede ser descrito desde esta perspectiva: parto, destete (Etxegoyen, 1986). Todo cambio supone una parte de duelo porque, aunque se ganen nuevas cosas, siempre se deja atrás algo con lo que nos hemos vinculado afectivamente, algo que ya forma parte de nuestra propia historia, de nosotros mismos. Por eso, la elaboración del duelo constituye una parte esencial del funcionamiento mental, de la adaptación a la realidad.

3.1. El duelo en el diagnóstico psiquiátrico del DSM-V y la CIE 10. Los códigos Z

3.1.1. El duelo complejo persistente

Con relación al duelo, el DSM-V (2016) solo hace referencia al «duelo complejo persistente», es decir, ciñe el duelo a lo relacionado con la muerte de un ser querido. Esto limita en gran medida la potencialidad que posee el concepto de duelo, que puede ir mucho más allá de la pérdida de un ser querido.

Este cuadro de duelo complejo persistente consiste en una añoranza permanente del fallecido, con intensa pena y malestar, preocupación en torno a él y acerca de las circunstancias de su muerte. Se considera que estos síntomas han de mantenerse tras haber pasado al menos doce meses de la muerte de la persona a la que hace referencia el duelo.

En el DSM-V, este cuadro se enmarca en una sección denominada «Afecciones que necesitan más estudio».

3.1.2. Los códigos Z

En la CIE-10 se denomina códigos Z a los casos que no son enfermedades, lesiones ni causas externas clasificables en las categorías de trastorno mental, pero que acuden a visitarse. Estos casos pueden representar nada menos que el 20% de las consultas de salud mental y un porcentaje superior de las de atención primaria. Se trata de una clasificación heterogénea que acoge muchos tipos de situaciones por las que se pide ayuda psicológica.

El código Z tiene que ver con diferentes circunstancias psicosociales, económicas o personales que potencialmente afectan a la salud. El DSM utilizaba el criterio de los códigos Z hasta el DSM-IV, pero en el DSM-V se refiere a ellos como «Otros problemas que pueden ser objeto de atención clínica». Los códigos Z comenzaron a utilizarse en la década de los noventa (Phillips *et al.*, 2004).

En mi opinión, habría que desarrollar más los códigos Z específicos de la migración, teniendo en cuenta elementos de los siete duelos que planteamos en este libro. Por ejemplo, con relación al duelo por la familia, el tema de la reagrupación familiar, o el racismo por el grupo de pertenencia, o las situaciones extremas como el síndrome de Ulises.

En la sección del DSM-V denominada «Otros problemas que pueden ser objeto de atención clínica» se explica que estos problemas son recogidos en el manual porque son motivo de visita y aportan información útil sobre el paciente, pero explicita que no son trastornos mentales (pag. 715). Se incluyen «para llamar la atención sobre la diversidad de problemas adicionales que se pueden encontrar en la práctica clínica rutinaria» y para facilitar la existencia de una lista sistemática de estos problemas.

En esta sección, el DSM-V establece varios grandes apartados en los que se abordan: problemas de relación, maltrato y negligencia; problemas educativos y laborales; problemas de vivienda y económicos, y otros problemas relacionados con el entorno social, donde se encuentran los epígrafes «Dificultad de aculturación» y «Exclusión o rechazo social», interesantes de cara a los inmigrantes. También se incluyen otros diagnósticos, como problemas relacionados con el sistema legal, cuyo epígrafe «Problemas relacionados con otras circunstancias legales» afectaría a los inmigrantes indocumentados.

3.2. El duelo desde la perspectiva evolucionista

En la vida a veces se gana y a veces se pierde, pero a los humanos nos cuesta perder: somos malos perdedores. Y por no aceptar perder algo, podemos acabar perdiendo mucho más, incluso perderlo todo.

Es como el que va al cine y, al haber pagado la entrada, se queda a ver toda la película por mala que sea. Pero se ha de tener en cuenta que la entrada ya se ha pagado, ese dinero ya está perdido y, desde el punto de vista económico, da exactamente igual irse que quedarse. No hay razón para aguantar hasta el final el bodrio de película (Achotegui, 2017a).

Puede parecer exagerado, pero numerosos experimentos muestran esta tendencia humana. Si quieres convencer a alguien de que tiene que hacer un gasto, no le hables de lo que puede ganar, sino de lo que perdería por no hacerlo.

Desde este punto de vista, sabemos comparativamente que a nivel emocional nos afecta mucho más perder algo que ganarlo. La alegría por lo ganado se evapora mucho antes que la frustración que nos supone perder algo, seguramente porque, si miramos nuestra historia evolutiva, conservar los escasos «recursos» que hemos tenido para sobrevivir ha sido muy importante y tenemos la sensación de que desprendernos de nuestras posesiones nos pone en peligro.

Justamente para resolver esa limitación, para compensar esa tendencia tan intensa a sobresaltarnos con las pérdidas relevantes, la evolución ha seleccionado un mecanismo, una estrategia, denominada «duelo». El duelo nos permite tomar distancia de las cosas que hemos perdido, de las cosas que nos salen mal, y seguir nuestro camino reorganizando nuestros planes en función de lo que dicta la realidad, o incluso cambiando y buscando nuevos proyectos y nuevos vínculos.

El duelo es un proceso importante para el sujeto: tiene una parte de dolor, pero supone también una liberación, dejar atrás algo que no tiene arreglo y a lo que nos habíamos encadenado. La elaboración del duelo nos permite «cerrar capítulos» de nuestra vida y comenzar otros nuevos. En caso contrario, nos quedaríamos atrapados en conflictos sin solución.

Ser luchador es bueno, pero a veces es una pésima estrategia, al contrario de lo que se nos adoctrina desde cierta autoayuda del «tú puedes con todo», «todo se puede conseguir», que justamente explota la debilidad humana para reconocer nuestras limitaciones y aceptar las pérdidas. Esta actitud de negación de la realidad es para el psicoanálisis el más destructivo de los mecanismos de defensa.

Otro factor importante que incide en el temor a la pérdida es su relación con la autoestima. Renunciar a algo supone no solo perder ese «recurso», sino también reconocer que hemos fracasado, que las cosas han ido mal, que somos limitados. Muchas veces nos es difícil aceptar esa realidad porque nuestra parte depresiva, neurótica, se alarma intensamente ante el reconocimiento de las limitaciones. ¿Y si valiéramos muy poco, o nada? Mejor no aceptar que hemos perdido, que no hemos sido valorados, que tenemos aspectos vulnerables. Decidimos seguir luchando, estresados, frustrados permanentemente, como si nada hubiera pasado. Y seguir fracasando, pero, eso sí, con la cabeza bien alta.

Esta dificultad para aceptar y elaborar las pérdidas, los duelos, no solo es relevante en nuestra vida cotidiana, sino que es una de las principales causas de los trastornos mentales, como hemos señalado en el primer capítulo al hablar de la neuroprogresión.

3.3. El duelo desde la perspectiva psicoanalítica

El concepto de duelo es una de las aportaciones más relevantes y fecundas del psicoanálisis a la psicología y a la salud mental. Es un concepto que posee una enorme robustez desde la perspectiva de la salud mental y la psicopatología, por lo que ha trascendido ampliamente el campo del psicoanálisis e impregnado toda la psicología clínica (aunque con escaso reconocimiento acerca del origen del planteamiento).

No es mi intención analizar a fondo aquí el concepto de duelo, porque no es el objeto de este texto, pero sí es importante intentar acotarlo para ver cómo se traslada al campo de la migración y la salud mental.

En el capítulo anterior hemos abordado el tema del estrés. El término estrés no es de uso habitual en el psicoanálisis: no forma parte del núcleo conceptual del paradigma psicoanalítico, lo que no quiere decir, obviamente, que los problemas ambientales y de adaptación del sujeto no se contemplen, pero se utiliza otra terminología.

En relación con la temática del estrés, el psicoanálisis se centra fundamentalmente en dos conceptos: el concepto de trauma y el concepto de duelo.

3.3.1. *El trauma desde la perspectiva psicoanalítica*

La palabra trauma proviene del griego y significa «herida». Para el psicoanálisis, trauma o traumatismo psíquico es un acontecimiento de la vida caracterizado por su intensidad y por la incapacidad del sujeto para responder a él adecuadamente, dando lugar a efectos patógenos duraderos sobre la organización psíquica (Laplanche, 1981). Para Freud, que utilizó con frecuencia el concepto de trauma, este da lugar a una gran excitación psíquica que no se puede elaborar por los medios normales. En *Más allá del principio del placer* (1920), plantea la metáfora de una vesícula que posee una membrana de protección ante los estímulos: cuando se rompe, aparece el trauma.

En los inicios del psicoanálisis, Freud basó la etiología de la neurosis en experiencias traumáticas infantiles. Estas experiencias eran de tipo sexual, pero habían quedado inconscientes y se expresaban en la vida adulta como reminiscencias. Al final de su extensa obra, este punto de vista traumático, aun cuando no es abandonado, queda integrado en un conjunto más amplio de elementos, las denominadas series complementarias: los aspectos endógenos (la vulnerabilidad) y los exógenos (los traumatismos), que en realidad son complementarios, de modo que cuanto más fuerte es uno más débil es el otro. Siguiendo esta línea, en *Inhibición, síntoma y angustia* (1925) Freud establece que el yo vive peligros desde dentro (los impulsos) y desde fuera (las frustraciones), con lo que el modelo de la vesícula queda superado. Cuando hagamos referencia al duelo por los riesgos físicos, abordaremos más a fondo este tema.

3.3.2. *La perspectiva freudiana en* Duelo y melancolía

Al hacer referencia al origen del concepto de duelo, es obligado mencionar el seminal texto de Freud *Duelo y melancolía*, escrito en 1915 y publicado en 1917. En este breve pero intenso texto, Freud analiza uno de los puntos cardinales de las diferencias entre el área de la salud mental y el área de la psicopatología, porque plantea que no es lo mismo el duelo sano que el duelo patológico. Este es un aspecto muy importante en la psiquiatría del siglo XXI porque estamos viendo que existe una gran tendencia a la medicalización y la psiquiatrización de aspectos de la vida cotidiana, como la tristeza. La idea que planteo con el concepto de síndrome de Ulises se desarrolla justamente en esta línea de diferenciar duelo de trastorno mental.

En *Duelo y melancolía*, Freud plantea que el duelo es «un afecto normal paralelo a la melancolía» (página 2091), aunque señala a continuación que en psiquiatría no existe un concepto claro y unívoco de qué es la melancolía, ya que hay diversas formas clínicas de melancolía.

Para Freud, «el duelo es, por lo general, la reacción a la pérdida de un ser amado, o de una abstracción equivalente: la patria, la libertad, el ideal, etcétera» (página 2091). Sin embargo, señala, algunas personas con predisposición morbosa dan lugar a una melancolía, mientras que el duelo se considera una reacción normal que no requiere tratamiento porque tiende a desaparecer solo.

Para él, la diferencia entre la melancolía y el duelo normal estriba sobre todo en «la disminución del amor propio [...] que se traduce en reproches y acusaciones, de que el paciente se hace objeto a sí mismo, y puede llegar incluso a una delirante espera de castigo» (página 2091).

Plantea que tanto el duelo como la melancolía suponen una retirada del interés por el mundo externo y «el apartamiento de toda actividad no conectada con la memoria del ser querido» (página 2092). Y añade que si ese estado tan alterado del funcionamiento mental «no nos parece patológico es tan solo porque nos lo explicamos perfectamente» (página 2092).

A continuación, Freud pasa a analizar la melancolía. Señala que en ella, en ocasiones, no se logra ver qué es lo que realmente se ha perdido y plantea que la pérdida es inconsciente, a diferencia del duelo, en el que la pérdida es claramente consciente. La otra diferencia que señala Freud es la extraordinaria disminución del amor propio, del yo. «En el duelo el mundo aparece desierto y empobrecido ante los ojos del sujeto. En la melancolía es el yo el que ofrece estos rasgos a la consideración del paciente» (página 2093).

En la melancolía una parte del yo se sitúa frente a otra que sería la conciencia moral. En realidad, los reproches van dirigidos al objeto amado, pero se vuelven contra el propio yo: «La mujer que compadece a su marido por hallarse ligado a un ser tan inútil como ella, reprocha en realidad al marido su inutilidad» (página 2094).

Apunta también que «la melancolía comparte con el duelo el carácter de desaparecer al cabo de cierto tiempo, sin dejar tras de sí grandes modificaciones» (página 2097).

Remarca igualmente la peculiar característica de la melancolía de convertirse en manía.

Considera que «las causas estimulantes de la melancolía son más numerosas que las del duelo, el cual solo es provocado en realidad por la muerte del objeto. Trábanse así en la melancolía infinitos combates aislados en derredor del objeto, combates en los que el amor y el odio luchan entre sí: el primero para desligar a la libido del objeto y el segundo para evitarlo» (Freud, 1917: 2099).

Y concluye: «El duelo mueve al yo a renunciar al objeto comunicándole su muerte y ofreciéndole como premio la vida para decidirle: así disminuye cada uno de los combates provocados por la ambivalencia» (Freud, 1917: 2100).

3.3.3. El trabajo del duelo

A continuación, en *Duelo y melancolía*, Freud analiza en qué consiste el trabajo del duelo y señala que se trata de que la libido abandone todas las ligaduras con el objeto amado, lo cual requiere tiempo y gran gasto de energía porque «cada uno de los recuerdos y esperanzas que constituyen un punto de enlace de la libido con el objeto es sucesivamente despertado y sobrecargado, realizándose en él la sustracción de la libido» (página 2092).

Este planteamiento de Freud es muy importante; es uno de los mejores textos clínicos del psicoanálisis y de toda la psicología clínica, porque nos explica por qué el sujeto en duelo se halla ensimismado, absorto en su mundo interno, ya que debe elaborar, destejer y tejer de nuevo cada una de las vinculaciones relevantes con el objeto perdido. Eso explicaría también por qué a veces el sujeto no es capaz de reestructurar la relación con el objeto perdido y sucumbe al trastorno mental o al suicidio, incapaz de seguir la vida sin el objeto perdido.

Así, en las páginas de *Duelo y melancolía*, Freud plantea brillantemente el concepto de «trabajo del duelo», que consiste en el proceso a través del cual el sujeto va reviviendo y reordenando, tejiendo y destejiendo, una y otra vez, uno a uno, todos los vínculos que mantenía con el objeto perdido, con lo que ha quedado atrás (una persona que ya no está, una relación rota, un fracaso que ha afectado profundamente la autoestima de la persona...). Se trata de un proceso largo y doloroso. Por esta razón, la persona en duelo se encuentra ensimismada, fatigada y poco interesada por el mundo exterior.

> Freud señala que en todo duelo llega un momento en el que el sujeto debe decidir (por supuesto, se trata de procesos fundamentalmente inconscientes) si se separa ya del objeto perdido y sigue adelante, estableciendo nuevas relaciones y volviendo a sumergirse en el cauce de la vida, o decide que esto no vale la pena y prefiere com-

> partir el destino del objeto perdido y no seguir viviendo. Pero hay muchas formas de no vivir: personas que son «muertos vivientes» tras pérdidas afectivas importantes; la aparición del cáncer, la depresión, etcétera, tendrían vinculaciones con estos procesos. Para el psicoanálisis, en este proceso de elaboración del duelo se elucida una parte muy importante de la salud mental de una persona.

3.3.4. *El duelo en Melanie Klein*

Melanie Klein (psicoanalista sobre la que versaba mi tesis doctoral, presentada en 1990), en *El duelo en relación con los estados maniacodepresivos* (1940), plantea que el objeto del duelo en el niño es el pecho de la madre, y conduce su elaboración a la posición depresiva que tiene lugar antes, durante y después del destete.

Señala que la pérdida del pecho de la madre, que ha proporcionado al niño amor, bondad y seguridad, es percibida por su hijo como el resultado de su voracidad y de los impulsos destructivos. Ante esta gran ansiedad se ponen en marcha intensas defensas maníacas, hasta el punto de que la psicoanalista vienesa llega a plantear la existencia de una posición maníaca, que luego incluirá dentro de la posición esquizoparanoide.

Considera que la defensa maníaca ante el duelo surge como un paso hacia la creciente capacidad del yo para soportar la depresión, y que estos procesos son inherentes al desarrollo normal (Klein, 1961). Insiste en que si los logros de la vida adulta son vividos como triunfos sobre los primitivos objetos conducen a la culpa y a dificultades psicológicas en vez de a satisfacciones (Klein, 1957).

Sin embargo, cree que el triunfo del sujeto sobre sus objetos implica su deseo de someterlos y lo conduce a la desconfianza y a sentimientos de persecución. Por tanto, es muy importante la elaboración del duelo en el marco de la posición depresiva.

Como ya he señalado, se ha cuestionado que, en ciertas corrientes del psicoanálisis, todo aquello que podría relacionarse con los estresores en la vida de los sujetos es en todo caso conceptualizado más bien como «desencadenante» que como causa de trastorno mental, y en este sentido converge también plenamente con los planteamientos del paradigma «rival» cognitivista. Sin embargo, un estudio más a fondo de la obra de M. Klein muestra que sí que considera que el bebé es muy sensible a todo lo que lo rodea, especialmente a las relaciones con la madre, fundamentales en el modelo kleiniano, con su conocida teoría sobre el pecho bueno y el pecho malo. También es cierto que el planteamiento kleiniano analiza sobre todo las vivencias del bebé, más que su medio social, por ejemplo.

Se ha cuestionado que en el psicoanálisis se tiene en cuenta que al paciente le afectan las circunstancias de su vida, máxime cuando son dramáticas, pero en todo caso su elaboración siempre remite a la estructura psíquica creada en la infancia, en la que los acontecimientos vitales forjaron la estructura de la personalidad, dado que se trataba de una «edad sensible» de gran importancia. Este planteamiento de la etapa sensible fue ganando en precocidad en el curso del desarrollo del psicoanálisis, y así, en la obra de Melanie Klein, se centra en los primeros meses de vida como etapa en la que se estructura la personalidad en torno a las posiciones esquizoparanoide y depresiva, y con ella los mecanismos de defensa para elaborar los problemas posteriores de la vida. En bastantes corrientes del psicoanálisis la influencia de los estresores es entendida fundamentalmente desde la perspectiva de la reactivación de las vivencias infantiles inconscientes.

3.3.5. Otras perspectivas psicoanalíticas sobre el duelo

Dentro del paradigma del psicoanálisis, han existido también corrientes que han divergido o modificado este esquema general. Adler, por ejemplo, a principios del siglo XX, señala la importancia de las relaciones de poder, de los factores sociales estresantes, como condicionante en sí mismos de la salud mental del sujeto. Adler plantea su teoría acerca del complejo de inferioridad (que podríamos relacionar con la baja autoestima) como uno de los aspectos clave en las situaciones de conflicto y adaptación.

En los años treinta, una psicoanalista norteamericana, Karen Horney (1939), plantea la importancia de los factores sociales al valorar la influencia de la gran crisis del 29 sobre la salud mental de la población, el elevado número de suicidios, etcétera. Es decir, estos autores plantean desde los inicios del paradigma psicoanalítico la importancia de los factores sociales y ambientales. También F. Alexander (1950) describe cómo los factores sociales incrementan los trastornos psicosomáticos.

Posteriormente, tal como hemos señalado, otros autores, como Caplan, introducen el concepto de crisis como expresión de estas influencias ambientales en la salud mental.

Capítulo 4

Estrés y duelo como factores de riesgo en la salud mental

Como señala Berrios (2008), el término riesgo procede del latín *riscus* («risco» en castellano), que significa peña afilada y peligrosa, y ya en el siglo XVII se relacionaba sobre todo con el juego. Más tarde, el estudio de los riesgos fue desarrollado por las compañías de seguros. Para Berrios el término se introduce en la psiquiatría a través del planteamiento del riesgo suicida.

Se puede analizar la salud, tal como plantean Susser *et al.* (2006), en varios niveles:

1. Nivel macro, que analiza la distribución de la salud en la sociedad.
2. Nivel individual, en relación con la conducta personal.
3. Nivel micro, en relación con aspectos biológicos de tipo celular y genético.

El planteamiento del factor de riesgo se inscribe en el área de lo individual. La noción de «factor de riesgo» se puede conceptualizar como una combinación de factores que causan la enfermedad. Cada uno de ellos incrementa la probabilidad de que el individuo enferme; es decir, se asume que la enfermedad es producida por múltiples e interactuantes causas. En uno de los primeros trabajos sobre epidemiología de los factores de riesgo, MacMahona (Susser *et al.*, 2006) ya plantea la metáfora de la red de causas en relación con la complejidad de las causas de la enfermedad.

4.1. Factores de riesgo. Perspectiva epidemiológica

Desde la perspectiva de los factores de riesgo, los antecedentes de los estudios de epidemiología psiquiátrica se remontan al siglo XIX con Durkheim y sus trabajos relacionados con el suicidio. Se trata del primer estudio transnacional, en el que el sociólogo alemán demostró que el suicidio era más frecuente en los países protestantes como consecuencia de la estructura social y del rol del individuo en esa sociedad. Más adelante, en los inicios del siglo XX, destacan los estudios de la denominada Escuela de Ecología Social de Chicago, que mostraron que había mayor concentración de esquizofrenia y exclusión social en los barrios del centro de la ciudad, caracterizados por el gran trasiego de gente, el desarraigo y el aislamiento social.

Tal como señalan Susser *et al.* (2006), en la historia de la epidemiología hay tres grandes etapas:

1. La etapa de la salud pública (1840-1890), en la que se presta una gran atención a los factores de higiene como elementos básicos de la salud. En esta época se relaciona la salud pública con las mejoras sociales, políticas y económicas —imprescindibles para el logro de la salud—, así como con la evitación de la sobrepoblación, percibida como un grave peligro para el bienestar. Sus defensores recibían el nombre de «higienistas».
2. La etapa de las enfermedades infecciosas (1890-1950), en la que la atención se centra en la detección de parásitos, todo ello espoleado por los grandes avances de la microbiología llevados a cabo por Pasteur, Koch, etcétera. La investigación se centró en la búsqueda de las causas necesarias y suficientes, y se basó en el famoso postulado de Koch que planteaba que para establecer una causa de un trastorno era imprescindible que el agente causante estuviera presente en todos los individuos con enfermedad y ausente en los que no la padecen.

3. La etapa de los factores de riesgo (1950-), que comienza tras la Segunda Guerra Mundial.

En los años cincuenta, la mayoría de las enfermedades infecciosas se hallaban ya controladas y el interés se centró en las enfermedades cardiovasculares, el cáncer, las úlceras... Se sustituye la noción de causa necesaria y suficiente, que se había aplicado a las enfermedades infecciosas, por la noción de «factor de riesgo», entendida como una combinación de factores que causan la enfermedad, de modo que cada uno de ellos incrementa la probabilidad de que el individuo enferme, asumiéndose que la enfermedad es producida por múltiples e interactuantes causas. Paralelamente, se desarrollan también los diseños de cohorte y de caso control. Este planteamiento fue denominado «epidemiología de las enfermedades crónicas».

Las enfermedades mentales se incluyeron entre las enfermedades crónicas. Así, en 1966, Robbins analiza la influencia de los factores ambientales durante treinta años y su relación con los trastornos mentales. De todos modos, estos estudios tienen la dificultad de diferenciar causa de coincidencia, por la ausencia de secuencia casual de los acontecimientos. Es muy importante la definición de causa de una determinada enfermedad como un acontecimiento antecedente, que es condición o característica necesaria para la aparición de la enfermedad en el momento en que ocurre, estando fijadas las demás características.

En epidemiología, los factores de riesgo se conceptualizan como componentes insuficientes pero necesarios de innecesarias pero suficientes causas (INUS, *Insuficient but Necesary components of Unnecesary and Suficient causes*). Y se pone el ejemplo del factor de riesgo que suponen las infecciones virales en la etapa prenatal con relación a la esquizofrenia, señalando que la exposición viral es causa insuficiente pero necesaria. Rothman y Greenland (1998) hablan de componentes causales: ningún factor es causa suficiente.

Evidentemente, la epidemiología psiquiátrica de la migración forma parte de lleno de los planteamientos acerca de los factores de riesgo en salud mental en esta etapa.

Charles Darwin, por ejemplo, regresó enfermo de su viaje de cinco años alrededor del mundo en el *Beagle*. Se ha discutido mucho sobre qué clase de enfermedad padeció el padre de la teoría de la evolución: para unos, sufrió el mal de Chagas; para otros, sus padecimientos eran de tipo psicosomático.

4.2. Vulnerabilidad y estresores en el estrés y el duelo migratorio

Dos factores fundamentales delimitan el factor de riesgo: la vulnerabilidad y los estresores.

En relación con la migración, entendemos por vulnerabilidad el conjunto de las limitaciones, hándicaps, etcétera, que padece un sujeto antes de emigrar y que constituyen un factor de riesgo para su salud mental. La vulnerabilidad sería el *bagaje* de limitaciones con que la persona deja su casa, *cierra la puerta* y marcha, inicia el viaje.

Los estresores son todas las dificultades externas que vive la persona que emigra. Son los obstáculos con los que se encuentra el emigrante, las barreras, las adversidades que surgen en el trayecto.

Tal como señalan Cohen *et al.* (1997), dado el gran desarrollo que ha tenido el concepto de estrés y la gran cantidad de significados que ha adquirido, se ha llegado a plantear que se había convertido en un concepto poco consistente e inadecuado para la investigación. Sin embargo, como plantean estos autores, aun reconociendo que existe confusión en la conceptualización del estrés, algunos aspectos básicos son comunes a todas las definiciones y muestran la utilidad del concepto. Son los siguientes:

1. Presencia de demandas ambientales.
2. Que excedan la capacidad de adaptación del organismo.
3. Dando lugar a cambios psicológicos y biológicos.
4. Que incrementen el riesgo de enfermar.

Siguiendo los planteamientos de los citados autores en la evaluación del estrés, hay que tener en cuenta tres grandes líneas:

1. La evaluación centrada en el análisis de los acontecimientos, demandas ambientales o estresores. Es lo que Cohen denomina la *perspectiva ambiental*. En este apartado surgiría, en los años sesenta, la muy utilizada escala de Holmes y Rahe.
2. La evaluación centrada en la estresabilidad de las situaciones en relación con el *appraisal* o percepción del estrés, es decir, cómo el sujeto evalúa los estresores. Es lo que Cohen denomina la *perspectiva psicológica*, desarrollada fundamentalmente por Lazarus a partir de los ochenta.
3. La *evaluación biológica*, basada en el estudio de las modificaciones biológicas hormonales, cardiovasculares, inmunitarias, etcétera, relacionadas con las situaciones de estrés.

Como es sabido, el interés por el rol de los acontecimientos de la vida con relación a la enfermedad comenzó en los años treinta con los trabajos de Adolf Mayer, quien postuló que se incluyera en la historia clínica una *life chart* que recogiera los acontecimientos vitales que podían afectar a la salud del paciente. Este planteamiento proviene de la influencia del psicoanálisis, que valora de un modo especial la infancia del sujeto. En 1957 surge la escala *Schedule of Recent Experiences* (SRE), que trata de sistematizar los planteamientos de Mayer y que dio lugar a numerosas investigaciones sobre las relaciones entre los acontecimientos de la vida y las enfermedades vasculares, dermatológicas, etcétera.

Como una modificación del ser, surge un instrumento que hará fortuna y marcará toda una época en el estudio de la evaluación del estrés: la *Social Readjustment Rating Scale* (SRRS), de Holmes y Rahe (1967), que se caracteriza por valorar como estresor el grado de cambio que tiene una situación, los denominados *Life Change Units* (LCU). Este planteamiento considera que lo determinante es la magnitud del cambio, no que este sea positivo (una promoción laboral) o negativo (desempleo). La SRRS es, como señalan Everly y Lating (2002), la abuela de las escalas de estrés. Posteriormente surgieron escalas centradas en la evaluación de acontecimientos negativos. En 1978, aparece la LEDS (*Life Events and Difficulties Schedule*), de Brown y Harris, cuyos estudios resaltaron la importancia de los factores sociales como factores de riesgo en la depresión (Kanner *et al.*, 1981).

4.3. La vulnerabilidad como factor de riesgo más relevante desde la perspectiva psicopatogénica

En los últimos años ha habido un gran interés por la vulnerabilidad, ya que se ha demostrado que la mayoría de las personas que están en contacto con situaciones estresoras no desarrollan enfermedad.

Sin embargo, como suele ocurrir a menudo, los planteamientos que enfatizan el riesgo en las características del sujeto —en este caso el que viaja— no son precisamente de hoy. Así, en las *Cartas a Lucilio*, de Séneca, el filósofo, respondiendo a un discípulo que se quejaba de que los viajes no le resultaban de provecho, le dice: «No te ha sucedido nada sin razón, puesto que viajabas en compañía de ti mismo». Para el filósofo andaluz, «si quieres huir de las cosas que te atormentan no es necesario que estés en otro lugar, sino que seas otro distinto. […] Más importante que el lugar al que viajas es la disposición con la que te acercas a él». Para Séneca, el viaje no te hará mejor ni más sabio. Este planteamiento es similar al que hemos señalado al hacer referencia al tipo de viaje que representa el turismo de masas con relación al guiri, lleno de prejuicios y estereotipos.

> *Más importante que el lugar al que viajas es la disposición con la que te acercas a él.* Tú no viajas, sino que vas de un lado a otro, eres arrastrado y cambias un lugar por otro, cuando aquello que buscas, el vivir honestamente, está en cualquier lugar [...]. Cuando hayas expulsado tu mal, todo cambio de lugar se tornará agradable. Aunque estés desterrado a las tierras más lejanas, aunque seas enviado a cualquier rincón de un país bárbaro, ese sitio, sea el que sea, te resultará acogedor (Séneca: *Cartas a Lucilio*).

El mismo Séneca conocía la experiencia, ya que fue desterrado a Córcega. Él se consideraba ciudadano del mundo.

Segunda parte

El duelo migratorio: la aplicación del concepto de duelo a la migración. Los siete duelos de la migración y la interculturalidad

En los capítulos anteriores hemos hecho referencia a los conceptos de estrés y de duelo. Aplicaremos ahora estos conceptos al contexto de la migración.

En 2002, la revista *Science* señalaba que los humanos somos una especie muy bien dotada para el viaje, para la migración. Es más, esta capacidad migratoria —la habilidad para adaptarnos a los diferentes ambientes— sería una de las características distintivas que poseemos como especie y explicaría en cierto modo nuestro éxito evolutivo.

Con relación a los factores de riesgo, que hemos abordado en el capítulo 4, se ha de señalar que la migración no es en sí misma una causa de trastorno mental, sino un cambio vital que supone un factor de riesgo para la salud mental (Achotegui, 2012). La emigración es un cambio vital que tiene una parte de duelo. Si el duelo migratorio se elabora bien, puede convertirse en un mal menor, pero, si no se elabora bien, puede dar lugar a dificultades psicológicas (Achotegui, 2002).

La temática de la salud mental y la migración desde la perspectiva psicoanalítica y psicopatológica ha sido desarrollada por autores como Calvo (1970), Grinberg (1994) y Tizón *et al.* (1993).

Considero que el duelo migratorio posee doce características específicas respecto a otros duelos, especialmente en relación con el duelo tipo, que es el duelo por la muerte de un ser querido (Achotegui, 2012).

> **Características específicas del duelo migratorio**
>
> 1. Es parcial: no hay una desaparición, sino una separación del «objeto» (el país de origen).
> 2. Es recurrente: va y viene durante la vida del sujeto.
> 3. Está vinculado a aspectos infantiles muy arraigados.
> 4. Es múltiple: los siete duelos de la migración (tema de este libro).
> 5. Da lugar a un cambio en la identidad.
> 6. Conduce a una regresión.
> 7. Tiene lugar en una serie de fases.
> 8. Supone la puesta en marcha de mecanismos de defensa y de errores cognitivos en el procesamiento de la información.
> 9. Se acompaña de sentimientos de ambivalencia.
> 10. También lo viven los autóctonos y los que se quedan en el país de origen.
> 11. El regreso del inmigrante es una nueva migración.
> 12. Es transgeneracional.

El hecho de que el duelo migratorio sea un duelo parcial podría dar a entender erróneamente que es menos importante o intenso que el duelo total por la pérdida de un ser querido. Sin embargo, por ser parcial, es a su vez recurrente y continúa estando activo durante toda la vida del sujeto. Por otra parte, al hallarse íntimamente ligado a vivencias infantiles, es difícil de elaborar.

En todo duelo migratorio hay dos partes: una parte de duelo por lo que se deja atrás (la distancia, la separación de los seres queridos...) y una parte de estrés por el esfuerzo que supone adaptarse a lo que se tiene por delante (a veces, dada la dificultad de las situaciones, podríamos decir a lo que se nos viene encima), en este caso la búsqueda de nuevas relaciones afectivas.

> Posiblemente, ninguna otra situación de la vida de una persona, incluida la pérdida de un ser querido, supone tantos cambios como la migración. Al emigrar, todo lo que hay alrededor de la persona cambia, tanto más cuanto más distante social y culturalmente sea la migración. Si el lector de este libro mañana se fuera a vivir a un país lejano, su vida familiar, su lengua, su cultura, su titulación para trabajar, el clima, su vinculación a un grupo de pertenencia..., todo quedaría comprometido.

Tal como señalamos en un texto anterior (Achotegui, 1999), considero que, como mínimo, hay siete duelos en la migración:

1. La familia y los seres queridos, sobre todo si se dan separaciones forzadas de hijos pequeños.
2. La lengua.
3. La cultura (costumbres, valores...).
4. La tierra (paisajes, colores, luminosidad, olores, temperatura...).
5. El estatus social (acceso a oportunidades, papeles, trabajo, vivienda, sanidad...).
6. El contacto con el grupo de pertenencia (prejuicios, xenofobia, racismo...).
7. Los riesgos para la integridad física (accidentes en el viaje migratorio, persecución, indefensión...).

Capítulo 1

El duelo por la familia y los seres queridos

1.1. Características del duelo por la familia

1.1.1. Un duelo basado en el apego

La separación de la familia y los seres queridos es un aspecto fundamental del duelo migratorio: adioses, despedidas, abrazos, reencuentros... Estas imágenes nos hacen evocar la *Odisea*, que es la epopeya de los reencuentros.

> «Ser emigrante es tener que decir muchas veces adiós» (Javier Moreno: *Entre dos tierras*).

Pocos lugares como el locutorio (hoy ya en desuso) han simbolizado mejor la imagen de este duelo que tiene que ver con los vínculos, con el dolor que producen las separaciones.

Una parte muy relevante de la temática del duelo por la familia y los seres queridos está relacionada con el apego. La soledad forzada, como señalaremos al hacer referencia al duelo extremo por la familia, es una de las expresiones más duras de la ruptura del apego.

1.1.1.1. El planteamiento de Bowlby y Ainsworth sobre el apego

Las separaciones que viven los inmigrantes son cruciales para los seres humanos porque afectan al instinto del apego (considerado del mismo rango que el instinto sexual y el de la alimentación). El concepto de apego fue planteado por John Bowlby, un psiquiatra británico formado en el psicoanálisis y en la etología (Bowlby, 1969, 1980), y desarrollado fundamentalmente por Mary Ainsworth (2015), que estudió los tipos de apego y realizó experimentos sobre las situaciones extrañas.

Se puede definir el apego como una vinculación intensa y duradera que proporciona seguridad tanto a nivel afectivo como a nivel físico. El apego se expresa en múltiples conductas y es observable desde el nacimiento.

Se considera que en el origen del apego hay cuatro etapas:

1. La primera etapa, llamada de preapego, abarca desde el nacimiento hasta los dos meses de edad. En ella el lactante muestra una conducta de querer relacionarse, girando la cabeza hacia las personas y siguiéndolas con la mirada, pero no sabe diferenciar entre unas personas y otras.
2. La segunda etapa se extiende desde los dos hasta los siete meses. En ella el bebé ya distingue a unas personas de otras, especialmente a las que le cuidan. Así, tiende a sonreír más cuando ve a su madre que cuando ve a otras personas, o deja de llorar cuando su madre le coge antes que cuando le cogen otras personas.
3. En la tercera etapa, entre los siete meses y los dos años, el niño muestra una actitud de desconfianza hacia los extraños y tiende a aferrarse a su madre.
4. En la cuarta etapa, a partir de los dos años, el niño ya intuye los sentimientos y las motivaciones de la figura de apego y trata de influir en la conducta de los cuidadores.

Fue la psicóloga norteamericana Mary Ainsworth, que trabajaba con Bowlby, la que planteó la idea de que hay tres tipos de apego, como recoge el propio Bowlby. En su libro *El apego* (Bowlby, 1969) cita los trabajos de Aisnsworth y habla de tres pautas de apego:

1. La pauta B, que es el apego seguro a la madre. En las investigaciones observaron que es el mayoritario, el que muestra el 70% de los bebés. Estos bebés se mantienen en contacto con la madre incluso tras una separación no larga. Se consuelan pronto y vuelven al juego.
2. La pauta A, niños con apego ansioso a la madre y esquivos. Son el 20%. Cuando la madre regresa, oscilan entre acercarse y rehuir. Sobre todo después de una segunda ausencia breve, rehúyen el contacto.
3. La pauta C, el denominado «apego ansioso a la madre y rechazantes». Son el 10%. Tras la separación de la madre, oscilan entre acercarse y alejarse, y son más coléricos.

Mary Ainsworth clasifica más adelante estos tres tipos de vínculos, a través del estudio de la situación extraña, como apego seguro, apego evitativo (en el que el niño intentará desarrollar una capacidad de autoconsolarse, evitando pedir ayuda, sin mostrar su vulnerabilidad, como si no necesitara ayuda de nadie) y apego ansioso resistente (en el que ante una figura de cuidado imprevisible, poco coherente o poco disponible por problemas emocionales o de otro tipo, el niño tenderá a mantener conductas de protesta incluso cuando ya tiene a su madre).

Una de las técnicas más interesantes de la teoría del apego es la que explora lo que se denomina «la situación extraña», que comenzaron a desarrollar Mary Ainsworth y Mary Main en Estados Unidos en los años setenta. Se basa en ocho situaciones diferentes, en ocho episodios en los cuales se explora cómo reacciona el niño ante la ausencia de la figura de apego, ante la llegada de un extraño, reacciones que son observadas minuciosamente.

1.1.1.2. El apego desde la perspectiva psicoanalítica

El concepto de apego plantea un interesante debate en relación con la perspectiva psicoanalítica. Bowlby critica el planteamiento psicoanalítico de la existencia de un narcisismo primario, tal como sostiene Freud en *El caso Schreber* (1911), donde señala que el sujeto comienza tomándose a sí mismo, a su propio cuerpo, como objeto de amor.

En 1914, en *Introducción al narcisismo*, Freud plantea la diferencia entre libido del yo y libido del objeto, y señala que la libido del objeto proviene de una parte de la reserva originaria de libido que cede el yo al objeto.

En la segunda tópica, Freud plantea la existencia también de un narcisismo secundario que surgiría al regresar el yo al narcisismo primario, por ejemplo, en la psicosis, en la que el yo se repliega del contacto con los objetos.

Sin embargo, este planteamiento no puede aplicarse al conjunto del psicoanálisis, ya que la teoría de Melanie Klein es muy radical en la defensa de que el recién nacido tiene una gran necesidad de contacto emocional, aunque no la denomina apego, como hace Bowlby.

Freud considera que la vinculación del bebé se establece porque es alimentado; Bowlby, por el contrario, cree que hay una necesidad instintiva de vinculación, el apego, que va más allá de la alimentación.

1.1.1.3. *El apego desde la perspectiva evolucionista*

Desde el punto de vista evolucionista, el apego constituye un mecanismo básico de adaptación y supervivencia, especialmente en el caso del bebé, que es un ser muy indefenso y necesita poseer esos vínculos para tener la seguridad de que va a poder ir creciendo y desarrollándose adecuadamente.

Romper el apego produce un dolor casi físico (como el que puede observarse en una granja cuando se separa a las madres de las crías y gimen desconsoladamente durante días).

En la perspectiva evolutiva, tal como hemos señalado, el instinto del apego es muy importante y sería una de las explicaciones más sólidas de nuestro éxito como especie. Pero, cuando el apego se rompe, como en el caso de las familias separadas forzosamente, produce mucho sufrimiento, sobre todo en los niños, y puede ser muy desestructurante si hay una vulnerabilidad previa, si se tienen dificultades personales previas.

Una muestra de la importancia del apego, que conocemos ya desde la Segunda Guerra Mundial, es que la salud física y mental de las personas que viven situaciones dramáticas mejora cuando las familias se mantienen unidas, especialmente en el caso de los niños. Durante los terribles bombardeos nazis sobre Inglaterra en 1941, se observó que los niños que permanecían con sus madres en el metro de Londres, viviendo el terror de los ataques, estaban mejor que los que habían sido enviados a lugares más seguros. Los niños pasaban menos miedo durante un bombardeo junto a sus madres que solos lejos de su familia, temerosos de la suerte que podían correr sus padres.

En la guerra de la antigua Yugoslavia se volvieron a constatar los mismos hechos. Niños enviados a Suecia y a otros países nórdicos, donde contaban con todas las atenciones necesarias para su salud y seguridad, estaban más angustiados que los que pasaban privaciones junto a sus padres, instalados en campamentos en precarias condiciones.

La explicación psicológica a estos hechos proviene de la importancia que tiene el apego en los seres humanos (y en todos los mamíferos).

Sin embargo, también hay datos que muestran que los niños refugiados que llevan mucho tiempo separados de sus padres quedan muy afectados cuando han de separarse de las nuevas figuras de apego con las que se han vinculado (Johnson, 2004; Bermann, 2006).

1.1.2. Un duelo vinculado a aspectos culturales con relación al modelo de familia

Desde el punto de vista antropológico, con relación a los modelos de familia, tal como señala Marvin Harris en su monumental *Introducción a la antropología general*, las teorías de reproducción y la herencia varían de una cultura a otra, pero ninguna sociedad carece de una teoría de este tipo.

Marvin Harris (1981) plantea que en la antropología hay dos grandes reglas de estructuración de las familias: la filiación cognaticia y la filiación unilineal. En la filiación cognaticia se usan las filiaciones masculina y femenina para establecer las normas de funcionamiento familiar, mientras que en la filiación unilineal solo se utiliza una de ellas.

La forma más frecuente de regla cognaticia es la filiación bilateral, en la cual el parentesco se estructura de forma igual y simétrica siguiendo la línea materna y paterna de generaciones ascendentes y descendentes a través de individuos de ambos sexos (página 284).

Siguiendo la clasificación del *Atlas* de Murdock de 1967, Harris señala que el 71% de las 1179 sociedades estudiadas tienen residencia de tipo patrilocales, es decir, centradas en el varón, y plantea que el origen de la organización de la vida doméstica en todas las culturas del mundo se definirá, en primer lugar, a través del matrimonio y, en segundo lugar, a través de la filiación.

1.1.3. Modelos de familia en diferentes culturas con relación a la migración y la salud mental

Se considera que, desde la perspectiva del abordaje del área de salud mental, hay tres modelos de familia (Aponte *et al.*, 1995):

1. La familia china, que se caracteriza por hacerse cargo totalmente de los problemas de salud mental de sus miembros. Cada familia es una unidad con gran capacidad de autonomía. Cada casa tiene su altar; muchas familias poseen amplios conocimientos de medicina tradicional china y practican ellos mismos los tratamientos. Esta es una de las explicaciones de por qué los chinos tienden a acudir mucho menos que otras comunidades a pedir ayuda a los servicios de salud mental.

2. La familia anglosajona, que tiende a no hacerse cargo de los problemas de sus miembros y suele derivarlos rápidamente a un especialista. Está en consonancia con aquello tan típico de la cultura anglosajona de que, a los 18 años, los chicos y las chicas son invitados a marcharse de casa.
3. La familia nativoamericana, que está tan desestructurada que ni se hace cargo de los problemas de sus miembros ni es capaz de derivarlos al profesional.

Podríamos decir que la familia latina es un intermedio entre estos modelos, ya que mantiene fuertes vínculos y cuidados, pero a la vez permite cierta autonomía a sus miembros.

Patino *et al.* (2005) señalan que existe una relación entre las disfunciones familiares y el desarrollo de psicosis en niños y adolescentes emigrantes.

1.1.4. Planteamientos comunitaristas a nivel familiar

Con relación a la dinámica familiar, hay diferentes mentalidades y maneras de abordar estas relaciones Así, en las sociedades de tipo comunitarista, que son mayoritarias en el mundo, hay una idea de la familia como grupo, que tiene una estructura muy unida, con vínculos muy fuertes que condicionan profundamente la vida de todos sus miembros, pero que también los protege incondicionalmente, como explicaremos con más detalle al hablar del tema del duelo por la cultura.

Numerosos conflictos que se viven en la migración a nivel familiar están relacionados con la temática del comunitarismo (el velo, la libertad sexual, la elección de pareja, etcétera), porque en los grupos comunitaristas se considera que la persona ha de seguir las normas del grupo más que sus propios deseos e inclinaciones.

Los inmigrantes provienen de culturas en las que las relaciones familiares son mucho más estrechas que en los países occidentales y las personas, desde que nacen hasta que mueren, viven en el marco de familias extensas que poseen fuertes vínculos afectivos, por lo que les resulta aún más penoso soportar en la migración este vacío afectivo. Recuerdo el caso de una mujer marroquí que me decía que nunca había estado sola en una casa.

1.1.5. *Cambios en la estructura familiar en la sociedad del siglo XXI*

En el mundo actual, la familia está viviendo profundos cambios a los que no pueden ser ajenos los inmigrantes. Así, hoy en día es común hablar de diferentes tipos de familia: monoparental, reconstituida, adoptiva, LGTBIQ+. Todo lo relacionado con el modelo familiar y la sexualidad vive un profundo debate, y estamos entrando en una nueva era en la que la idea de diversidad se ha introducido a fondo en el área familiar.

Pero hay también otros cambios en la estructura familiar, en la sociedad del siglo XXI, en relación con la migración.

- Es frecuente que cuando emigran mujeres hacia culturas en las que la mujer está mucho más emancipada, esta situación genere una crisis respecto de los roles de género en el país de origen. Dadas las facilidades de integración de las mujeres latinoamericanas en España, este es el grupo en el que más vemos estos cambios en los roles.
- También se dan cambios cuando entra en crisis la figura de autoridad familiar, habitualmente el padre, que con frecuencia se encuentra trabajando en precario, en paro de larga duración, fracasado, y siente que su rol parental está en crisis, cuestionado. Entonces, para compensar esta pérdida cultural de autoridad, tiende a mantener posturas rígidas, intolerantes, y se incrementan los elementos de machismo, de fanatismo religioso, etcétera, lo que da lugar a conflictos interfamiliares.

- Tenemos también lo que se ha denominado familia transnacional o familia internet: familias que se comunican a través de la red, sin contacto físico. Así, nos referían el caso de una mujer boliviana, emigrante en España, que durante cinco años hizo todos los días los deberes con su hijo, residente en Bolivia, a través de internet. De todos modos, no es lo mismo la relación entre unos amigos que charlan por internet que la de una madre o un padre que se comunican con su hijo a distancia. En este caso, es obvio que también es importante el contacto físico, piel con piel.
- Otros aspectos a tener en cuenta son de tipo cultural, como las dinámicas de las familias poligámicas, en las que el cuidado de los niños recae también en la comunidad. Obviamente, las relaciones afectivas se estructuran de modo diferente a las características de las sociedades con un modelo padre y madre.
- Hay una clara tendencia en los inmigrantes a ir reduciendo el número de hijos para adaptarlo a los patrones de la sociedad de acogida.

1.1.6. Los déficits de familia extensa de los inmigrantes

El que los inmigrantes se encuentren lejos de su país de origen comporta que estén también lejos de sus familiares, y esta circunstancia tiene una gran relevancia desde la perspectiva psicológica.

1.1.6.1. Los déficits de familia extensa que viven los menores inmigrantes

Para los menores inmigrantes son muy importantes las figuras de los abuelos, los tíos y los primos como figuras de soporte emocional, de cuidado, y como modelos de identificación para la construcción de la personalidad. Si el niño se queda sin la red que supone la familia extensa, estructura su personalidad en un contexto mucho menos rico emocionalmente y mucho menos estable (Espeso, 2007, 2009).

La familia es un espacio emocional de gran intensidad: tiene una alta temperatura emocional. Si el núcleo familiar del emigrante está aislado de la familia extensa, hay mayor riesgo de que se produzcan problemas, dado que el grupo familiar extenso hace de colchón, aminora los conflictos en el interior del núcleo familiar. Se pierde capital social (Coleman, 1990).

Los menores son más vulnerables que los padres en relación con estos déficits de familia extensa, porque están construyendo su personalidad (Campas, 1987).

Por otra parte, los inmigrantes que consiguen traer aquí a sus hijos viven muchas veces situaciones muy difíciles, ya que apenas pueden cuidarlos. Recientemente nos relataban el caso de un niño de dos años que se quedaba casi todo el día solo en un piso de Madrid porque sus padres trabajaban de sol a sol.

1.1.6.2. Los déficits de familia extensa que viven los adultos inmigrantes

Para los miembros adultos de la familia, la ausencia de familia extensa supone también numerosos problemas (Berkman y Sime, 1979; Bruchon-Schweitzer, 2002): por ejemplo, no poder contar con los abuelos para cuidar a los niños supone no solo una falta de apoyo afectivo, sino también una sobrecarga enorme de trabajo en la crianza de los hijos. A todo ello se añade que, cuando hay problemas de pareja, separaciones, es muy duro vivirlos en soledad, sin poder contar con el apoyo de la familia en momentos tan difíciles.

Como ya hemos señalado, la ausencia de familia extensa tiende a aislar a la familia inmigrante, lo que favorece que se cierre y se creen dificultades en las relaciones familiares, que incrementan el riesgo de situaciones como la violencia de género, una de las mayores lacras de nuestra sociedad.

1.1.7. La incomprensión de las familias de los inmigrantes: una soledad infinita

Las familias de los inmigrantes no siempre valoran y comprenden el enorme sacrificio que hacen sus miembros que han emigrado. Al inmigrante le resulta muy duro volver a encontrarse con su familia si regresa fracasado: lamentablemente, los allegados en el país de origen son, con frecuencia, poco comprensivos. Es verdad que, en numerosas ocasiones, la familia ha realizado una gran inversión en el viaje del inmigrante, pero este pasa muchas privaciones para enviar dinero a su familia y, en bastantes casos, se ha jugado hasta su propia vida en el viaje migratorio para poder luego ayudarlos.

He visto casos de inmigrantes que, tras ser expulsados a sus países de origen, se ven obligados a venir otra vez a Europa en patera tras ser rechazados en sus lugares de origen por sus propias familias. Incluso, en algunas zonas de África, se considera que quien ha fracasado en la migración es poseedor de algún maleficio, por lo que, si regresara, sería visto con temor, como alguien peligroso.

Por desgracia, hay situaciones en las que el inmigrante recibe por todos lados: la sociedad de acogida, su propia familia... Padece a veces una soledad infinita, como hemos visto con frecuencia en las consultas.

> Los inmigrantes realizan un enorme sacrificio por sus familiares. Podrían vivir mucho mejor si no les enviaran gran parte del dinero que ganan, que con frecuencia es poco. Esta ayuda directa a las familias es la mejor ayuda posible a la cooperación, ya que ese dinero va directo a los bolsillos de sus familiares, a sus proyectos de crear empresas, cooperativas, puestos de trabajo en sus países de origen. Esta ayuda no pasa por los numerosos filtros de gobiernos e instituciones por los que transita la ayuda internacional, donde se han descrito no pocos casos de corrupción. Los inmigrantes envían a sus países de origen cuatro veces más dinero que la ayuda interna-

cional. E, increíblemente, se permite que el envío de ese dinero, que va a parar directamente a los familiares de los inmigrantes, se convierta en un enorme negocio para los intermediarios de las remesas, dadas las ingentes cantidades de dinero que se envían.

1.1.8. *El duelo de los que se quedan en el país de origen*

La ruptura del apego no solo afecta a los que emigran, sino también a los que se quedan en el país de origen: millones de menores que se quedan huérfanos de padres vivos. Uno de los casos más extremos es el de Chunchi, en la provincia de Chimborazo, en Ecuador, donde se han llegado a suicidar 62 niños. Muchos menores sufren explotación laboral y abusos sexuales. En sus fotos no se refleja el rostro de un niño. Silenciosos, inmóviles..., casi parecen viejos. Podemos decir que viven una mutilación parental. No es lo mismo que a un niño lo cuiden y protejan sus padres que familiares como tíos, primos u otros parientes.

Lamentablemente, hay muy pocos programas nacionales o internacionales de ayuda a estos niños que están viviendo situaciones durísimas, niños que no han emigrado, pero cuya vida ha cambiado con la migración de sus padres, generando situaciones difíciles que afectan a su desarrollo emotivo y a su salud mental.

1.1.9. *Duelos familiares añadidos*

Muchos inmigrantes deben separarse de padres ancianos, a los que ya no pueden cuidar, y ello les ocasiona complejos sentimientos de culpa. Con frecuencia se encuentran también con que los padres fallecen y ni siquiera pueden ir al funeral.

El funeral es muy importante psicológicamente y, si no puede celebrarse, suele dejar al deudo una sensación de irrealidad. Es de gran ayuda para la elaboración psicológica del duelo poder compartir el momento del funeral con los seres queridos, con los amigos, con la comunidad. La presencia del grupo certifica la realidad de la muerte del ser querido; en caso contrario, pueden quedar sentimientos de duda e irrealidad. En varios casos de inmigrantes que no tenían familia, hemos intentado que hicieran aquí ritos de duelo con sus compañeros; por ejemplo, en el caso de menores inmigrantes no acompañados.

Estos duelos añadidos son muy difíciles de elaborar. Recuerdo el caso de un refugiado que aguantó todas las adversidades de la cárcel y el exilio, pero al que lo que más afectó fue la muerte de su madre, sin poder atenderla ni ir a su funeral.

Habría que añadir también el duelo desautorizado, que ni siquiera puede ser expresado, como el duelo del aborto escondido, que se da en jóvenes inmigrantes ante la imposibilidad de poder explicarlo a sus familias.

1.1.10. *El duelo migratorio en los menores y los adolescentes*

Los menores y los adolescentes, por su situación de fragilidad al hallarse aún en el proceso de maduración, y por la gran relevancia que tiene para ellos el apego, son un grupo de riesgo con relación al duelo por la familia y los seres queridos (Werner y Rutter, 1982; Espeso, 2007, 2009). El duelo migratorio se sigue expresando también en los hijos de los inmigrantes y podría continuar en las siguientes generaciones si no se les facilita la integración en la sociedad de acogida. Por desgracia, en la migración extracomunitaria actual, también se están dando estas circunstancias, al menos una parte, impidiendo la integración de los inmigrantes y pasando a las siguientes generaciones el testigo de la exclusión social.

1.1.10.1. *El duelo migratorio en los hijos de los inmigrantes*

No consideramos adecuado denominar inmigrantes de segunda generación a los hijos de los inmigrantes que han nacido en el nuevo país, porque la condición de inmigrante no se hereda. Es mejor emplear la terminología que se utiliza en Francia y hablar de personas provenientes de la migración, *issues* de la migración. Por desgracia, estos menores heredan con frecuencia las discriminaciones y los problemas sociales que vivieron sus padres.

Los hijos de los inmigrantes han de elaborar con frecuencia un duelo migratorio aún más complejo que el de sus padres, y padecen más trastornos mentales porque se hallan entre dos culturas (Vega *et al.*, 1998).

Uno de los mayores problemas de estos menores es el fracaso escolar, que hace que tengan menos opciones de progresar y puede dar lugar a una fractura social con los autóctonos, lo que suele conducir al repliegue identitario, al gueto (el nombre Gheto proviene del barrio de Venecia donde estaban confinados los judíos).

El racismo es otro gran problema que sufren los adolescentes inmigrantes. Hasta tal punto que tuvimos noticia del caso de un menor de origen africano que se echaba lejía para blanquearse la piel.

Otras veces estos niños se ven obligados a actuar como pequeños adultos; son «niños hipermaduros», «viejos», con dificultades para poder vivir una niñez plena porque se encuentran sometidos a numerosas situaciones de estrés.

Otro aspecto a tener en cuenta, tal como ha señalado la doctora Espeso, es que los hijos son traídos muchas veces sin prepararlos para el gran cambio que se va a producir en su vida. Se les engaña diciéndoles que todo será mejor. No se les informa de los profundos cambios afectivos y sociales que van a vivir. En la migración, inicialmente se vive con frecuencia una pérdida de estatus social y empeoran las condiciones de vida.

En las adolescentes también se producen conflictos por la vestimenta (por ejemplo, por el velo, el hiyab), lo que genera situaciones muy tensas en las que incluso hemos visto tentativas de suicidio.

Se ha relacionado el riesgo de radicalización con el hecho de que los hijos de los inmigrantes vean a sus padres desvalorizados porque no han tenido éxito en el proyecto migratorio. Estos padres envejecidos prematuramente, que viven precariamente a pesar del esfuerzo migratorio realizado, no constituyen un buen modelo de identificación. Y los menores pueden tender a buscar otros modelos, a veces radicalizados y basados en un rechazo total a la sociedad de acogida.

1.1.10.2. Los menores no acompañados

Los menores no acompañados, los denominados habitualmente «menas», son otro grupo que vive también con frecuencia circunstancias extremas. En general, en España, son varones que provienen de Marruecos y realizan un viaje migratorio de gran riesgo en pateras y bajos de camiones. Al llegar a España viven situaciones de exclusión, y no es infrecuente que caigan en manos de grupos que los explotan o que sufran abusos sexuales.

Contrariamente a la idea que se transmite de ellos en los medios de comunicación, estos menores provienen con frecuencia de familias estructuradas y poseen un buen proyecto migratorio. Vienen a trabajar y a progresar para salir adelante personalmente y ayudar a sus familias. Por suerte, bastantes lo consiguen. Como me decía el director de una fundación ecológica: «Estos chicos, trabajando, les dan mil vueltas en motivación y resistencia a los chicos de aquí».

El problema es que la sociedad de acogida no dispone de estructuras para facilitar la integración de estos adolescentes, cuando es obvio que existe una gran demanda de trabajos que están dispuestos a hacer. Son continuos los estudios de los bancos que señalan que Occidente, por su invierno demográfico, necesita con urgencia la llegada de decenas de millones de inmigrantes jóvenes.

Una muestra de la fragilidad de estos menores es que, como me han explicado alguna vez trabajadores de centros de acogida, chicos que durante el día son muy belicosos y problemáticos por la noche se echan a llorar y piden estar con sus mamás. En realidad, son chavales necesitados de apoyo y protección.

Los menores no acompañados se hallan sometidos a una gran presión, ya que, a una edad en la que los jóvenes autóctonos pueden llevar una vida mucho más libre y tranquila, ellos deben hacer un gran esfuerzo para aprender la nueva lengua, para formarse, para trabajar, y viven muchas veces en circunstancias muy difíciles. A ellos no se les permite hacer chiquilladas, tonterías, el vago, como puede hacer a veces cualquier chico autóctono de su edad. Ellos han de esforzarse en todo, tienen que hacer siempre las cosas bien.

Además, estos menores están en el punto de mira de organizaciones racistas, antiinmigrantes, y todo lo que hacen se amplifica. Como nos decía uno de ellos: «Es que en cualquier momento, por un fallo, podemos tirar por la borda todo lo que hemos logrado». Lamentablemente, esta idea de tirar todo por la borda vuelve a traernos a la mente la imagen de la patera en la que muchos de ellos han llegado.

1.1.10.3. La reagrupación familiar

Este es un gran problema en las migraciones actuales. En el mundo actual, los inmigrantes se han de enfrentar cada vez a mayores dificultades para poder vivir juntos, coartándose de este modo un elemento esencial de la naturaleza humana: la vida en familia.

La reagrupación familiar de los hijos que han estado separados largo tiempo de los padres es un proceso muy difícil: los hijos se han sentido abandonados, ellos no entienden de geopolítica y de las causas de las migraciones, solo perciben su situación, y los padres se sienten culpables. Un niño reagrupado me explicaba que tenía apuntado en un papel que debía ser duro y no volver a acercarse a sus padres.

Las separaciones forzadas afectan al apego, que, tal como hemos señalado anteriormente, es un instinto de primer orden, cuya ruptura da lugar a un gran sufrimiento psíquico que incrementa el riesgo de padecer un trastorno mental en los menores vulnerables. Estos niños no pueden perdonar el sufrimiento tan intenso que han vivido y con frecuencia son crueles en el trato con sus padres; se vengan del abandono que sienten que han vivido, a pesar de que sus padres han emigrado muchas veces en durísimas condiciones para poder ayudarles a tener un futuro mejor. Podríamos decir que una familia que ha estado separada largo tiempo es como un jarrón que se ha roto. No es fácil que todas las piezas vuelvan a encajar.

En las consultas pueden llegar a mostrarse absolutamente indiferentes al llanto de sus padres. Por supuesto, también los padres se ven muy afectados por estas separaciones forzadas y tienen dificultades para volver a estructurar la familia tras la reagrupación, máxime cuando los niños se muestran tan vengativos.

No es infrecuente que en la propia consulta estos niños le digan a su madre que la odian; incluso recuerdo el caso de un niño que pintó en todas las paredes de la casa que su madre era una puta, cuando al volver a estar con ella vio que tenía una nueva pareja.

En todo caso, la reconstrucción de una familia tras una larga separación requiere mucho apoyo, buenas condiciones, estabilidad, algo que con frecuencia no ocurre y que acaba desestructurando a las familias. De todos modos, nuestra experiencia asistencial con estas familias suele ser positiva y es posible ayudarles a reconstruir los vínculos dañados.

Sabemos que la ruptura y desestructuración de las familias constituye uno de los mayores factores de riesgo para la salud física, psíquica y social. Estas rupturas no solo generan un gran sufrimiento humano, como en el síndrome de Ulises, síndrome del inmigrante con estrés crónico y múltiple (Achotegui, 2002, 2020), cuadro reactivo de estrés muy intenso que no es un trastorno mental, pero que puede estar en la base de la aparición de trastornos mentales y conductas antisociales.

Muchos de estos sufrimientos y trastornos mentales podrían evitarse siguiendo una política que respetara los derechos humanos, fundamentalmente el derecho a vivir en familia, como recoge la carta de los Derechos Humanos de la ONU.

Segunda parte

> Estamos viendo cómo numerosos gobiernos e instituciones consideran que poder vivir en familia es un mérito, un premio, no un derecho humano fundamental. Además, este premio se otorgaría graciosamente a quienes cumplieran un extenso y creciente pliego de muy discutibles condiciones económicas, culturales y lingüísticas, a las que no hace mucho se ha añadido una condición especialmente pintoresca y peregrina: la evaluación del grado de «civismo» del inmigrante.

Difícilmente se podría encontrar un término más vago e inespecífico que el de civismo y, por lo tanto, de más arbitraria evaluación. ¿Se consideraría incivismo tirar un papel al suelo, saltarse la cola de la pescadería o cruzar la calle indebidamente? Para colmo, estas propuestas se están planteando en un momento en el que, como consecuencia de la crisis del COVID-19, ha disminuido el número de inmigrantes y las demandas de reagrupación familiar son mucho menores.

Lamentablemente, los que, desde determinadas posturas políticas, más hablan de la familia son los más crueles al restringir el derecho a la vida familiar de los inmigrantes. Cuando hablan de la importancia de la vida familiar, por supuesto, solo se refieren a la suya.

En el área de la salud mental sabemos que la vida en familia es uno de los mejores medios para el logro de la estabilidad emocional de los inmigrantes, la mejor inversión para prevenir la exclusión social y el trastorno mental. En el siglo XXI cada vez emigran menos familias enteras, como los Joad que describe Steinbeck en *Las uvas de la ira* o las familias que hemos visto tantas veces en las caravanas de las películas del Oeste, superando unidas las dificultades.

Esta tendencia a la radical restricción de la vida familiar de los inmigrantes no es casual, sino que constituye un claro ejemplo de la creciente deshumanización con que se aborda la temática de la migración en nuestra sociedad. Es perceptible que casi nunca se tiene en cuenta el lado humano, emocional, personal de la migración, sino que casi siempre el análisis se queda en los aspectos económicos y demográfico-estadísticos, aspectos sin duda muy relevantes, pero que no agotan ni mucho menos el análisis de los fenómenos migratorios. Estamos, pues, inmersos en un proceso de deshumanización de la migración.

Me atrevería a decir que no sé muy bien qué es la migración, un complejo constructo teórico, pero sé muy bien qué es un inmigrante y cuáles son sus sentimientos. En las etapas anteriores a la obtención de la reagrupación familiar, muchos padres inmigrantes nos han expresado el enorme sufrimiento que comporta esta separación.

Por desgracia, no existe ningún tipo de coordinación institucional para ayudar a estos niños y a estas familias, a pesar del grave riesgo que supone su situación. Con los formidables avances tecnológicos que poseemos no sería difícil, como mínimo, coordinar la ayuda entre los ayuntamientos de las ciudades de las que proceden y a las que van, entre los profesores y las escuelas de los dos países, y dar apoyo a estas familias que viven situaciones tan difíciles.

> Hemos visto casos de niños migrantes que habían llegado por reagrupación familiar y han desarrollado sintomatología agorafóbica. Niños que apenas salen de casa, que se quedan permanentemente en la vivienda de sus padres. Y analizando esta situación hemos visto que tienen miedo de salir de casa porque temen que, cuando regresen, sus padres ya no estén, como había ocurrido cuando eran pequeños y sus padres emigraron. Ahora no se separan de ellos, ni de día ni de noche. Se quedan en casa para estar lo más cerca posible de los padres y evitar que vuelvan a dejarlos solos.

1.1.10.4. Los niños paquete

Desde hace unos años, en el marco de la globalización, estamos viendo cada vez más casos de menores inmigrantes que van y vienen de sus países de origen a los países de acogida, y padecen una gran desestructuración psicológica.

Son menores que realizan el proceso de juntarse y separarse de sus padres más de una vez: cuando ya se han reencontrado con sus padres, con todas las dificultades emocionales que esto supone, se ven obligados a volver a separarse de ellos y regresar a su país de origen por razones familiares, porque aquí las condiciones de vida son difíciles, porque a sus padres no les parecen adecuados los valores que se transmiten en nuestra sociedad, etcétera. Si cambian las circunstancias, a menudo regresan de nuevo aquí al cabo de un tiempo. Con todo este trajín de ir y venir, estos menores suelen tener grandes dificultades para establecer vínculos afectivos mínimamente estables cuando han vivido la ruptura del apego.

Hay muy poca atención en la sociedad por la suerte de estos menores. Apenas hay instituciones nacionales e internacionales que velen por ellos, como pasa en general con la atención a los inmigrantes. ¿Es tan difícil hablar con los padres y ayudarles a entender las consecuencias emocionales de estas separaciones? ¿Es tan difícil establecer un programa para saber qué niños marchan, adónde van y qué será de ellos cuando cambien de país? Con las tecnologías que poseemos no debería serlo. Estos niños y niñas de ninguna parte viven un duelo extremo; no están enfermos, pero, dependiendo de su vulnerabilidad y sus limitaciones psicológicas, pueden acabar padeciendo graves problemas psicológicos por sus dificultades para establecer vínculos.

Las personas no somos objetos ni mercancías, no somos contenedores que viajan de un país a otro, de un continente a otro, tal como el modelo social dominante pretende hacernos creer. Las personas precisamos entornos afectivos estables para sentirnos bien, y aún más en el caso de los menores, que los necesitan para madurar. En un mundo deshumanizado esto se ha perdido de vista. Si los seres humanos vamos a ser tratados como contenedores, que al menos nos pongan la etiqueta de «frágil».

1.1.11. Otros aspectos del duelo por la familia y los seres queridos

Al hacer referencia a seres queridos hemos de señalar también a los animales domésticos con los que las personas se han encariñado y que quedan atrás.

En el canto XVII de la *Odisea* hay un episodio en el que se narra cómo el perro de Ulises, *Argos*, es el primero en reconocer al héroe a pesar de que ha regresado a Ítaca disfrazado de mendigo. Pero los años de ausencia de Ulises han hecho mella en *Argos*, antes un magnífico y veloz animal, ahora enfermo, sucio, tumbado sobre un montón de estiércol. Ulises, que no debe ser reconocido, no puede corresponderle, pero derrama unas lágrimas al encontrarle. Poco después, *Argos*, al ver que su amo por fin ha regresado, muere.

1.2. Evaluación del duelo por la familia y los seres queridos

1.2.1. *Evaluación de los factores de riesgo en salud mental en relación con el duelo por la familia*

Los factores de riesgo, en este caso, son todos aquellos elementos relacionados con la familia que incrementan el riesgo de padecer problemas de salud mental. Hay que tener en cuenta dos perspectivas:

1. Lo que ha acontecido antes de que el inmigrante salga de su país: la vulnerabilidad.
2. Los problemas que ha tenido el inmigrante una vez que ha emigrado, las dificultades que ha tenido en el país de acogida: los estresores.

Para la evaluación de los factores de riesgo en salud mental seguiremos la escala Ulises (Achotegui, 2007).

1.2.1.1. *Vulnerabilidad en el duelo por la familia*

Esta vulnerabilidad se refiere a las limitaciones y los problemas que ha vivido el inmigrante antes de emigrar y que le dificultan la elaboración del duelo migratorio por la familia.

Se evalúa el grado de limitaciones que tenía el sujeto antes de emigrar y que, una vez que ha emigrado, pudieran constituir un obstáculo para la elaboración y la reestructuración de las relaciones con los seres queridos, tanto del país de origen como del país de acogida.

Tal como se recoge en la escala Ulises, en la vulnerabilidad simple no hay limitaciones físicas ni psíquicas relevantes. Aunque la persona pueda ser algo tímida, algo retraída, hay capacidad para establecer nuevas relaciones. Asimismo, en la historia personal tampoco ha habido situaciones problemáticas relevantes.

En relación con la vulnerabilidad complicada, podemos ver que hay limitaciones físicas (problemas cardiovasculares, diabetes...) o psíquicas (depresión, fobias, personalidad dependiente, personalidad esquizoide...). También dificultades en la historia personal: episodios como la muerte de alguno de los padres o separación de los padres en la infancia.

Con respecto a la vulnerabilidad extrema, podemos ver en la tabla que hay limitaciones físicas incapacitantes como, por ejemplo, las secuelas de un accidente cerebrovascular, parálisis cerebral, o limitaciones psíquicas incapacitantes como retraso mental grave o demencia. En la historia personal se habrían vivido situaciones como malos tratos, violencia o abusos sexuales.

1.2.1.2. *Estresores en el duelo por la familia*

Los estresores que hay que valorar en el duelo por la familia son las dificultades y los obstáculos con los que se ha encontrado el inmigrante en los seis

VULNERABILIDAD EN EL DUELO POR LA FAMILIA
¿QUÉ SE EVALÚA?
Se evalúa el grado de limitaciones que tenía el sujeto antes de emigrar y que, una vez que ha emigrado, pudieran constituir un obstáculo para la elaboración y la reestructuración de las relaciones con los seres queridos, tanto del país de origen como del país de acogida.

ÁREAS	EXPLICACIÓN DEL ÍTEM	0, 1, 2
Limitaciones físicas	– No hay limitaciones físicas .... 0 – Limitaciones físicas relevantes: cardiopatía, diabetes .... 1 – Limitaciones físicas incapacitantes: secuelas de un accidente cerebrovascular, parálisis 2	0, 1, 2
Limitaciones psíquicas	– Limitaciones psíquicas leves, compatibles con la elaboración de este duelo: ser una persona algo tímida y retraída, pero capaz de establecer nuevas relaciones .... 0 – Limitaciones psíquicas relevantes: depresión, fobia, personalidad dependiente .... 1 – Limitaciones psíquicas incapacitantes: psicosis, retraso mental, demencia. Historia personal traumática: malos tratos, abusos sexuales reiterados, situaciones de guerra y violencia que le han afectado muy de cerca 2	0, 1, 2
Limitaciones por la historia personal	– No hay problemas relevantes en la historia personal .... 0 – Enormes dificultades en la historia personal (separación de los padres o muerte de algún familiar con funciones parentales en la infancia). Antecedentes familiares directos de enfermedad grave (por ejemplo, esquizofrenia). Emigrar con más de 65 años .... 1 – Historia personal traumática: malos tratos, abusos sexuales reiterados, situaciones de guerra y violencia que le han afectado muy de cerca 2	0, 1, 2

RECUENTO: Si se puntúa   0   simple
                            Si se puntúa   1   complicado
                            Si se puntúa   2   extremo

en una sola área o en la suma de varias áreas

últimos meses en la vida familiar, tanto en el país de origen como en el país de acogida (por ejemplo, separaciones de pareja, reagrupación familiar...).

No se evalúa cómo se siente (si añora a su familia...), sino los obstáculos objetivos con los que se encuentra a nivel familiar para elaborar el duelo migratorio de la familia.

En los estresores simples podemos ver dificultades menores en las relaciones familiares.

En los estresores complicados habría separaciones de pareja en la migración, reagrupación familiar difícil, enfermedad grave de familiares próximos en el país de origen, dificultades económicas graves, así como la imposibilidad de acudir al funeral de un miembro relevante de la familia.

Finalmente, en los estresores extremos, estar separado de hijos menores de edad y no poder enviar dinero a la familia. Estas situaciones extremas estarían relacionadas con el síndrome de Ulises.

1.2.1.3. Intensidad del duelo por la familia

Con relación a los factores de riesgo de la salud mental, en función de la vulnerabilidad y los estresores, consideramos que hay tres intensidades en el duelo migratorio:

1. Duelo simple. A nivel familiar, no es lo mismo que emigre un joven soltero que comienza una nueva vida que alguien que deja atrás hijos pequeños y padres enfermos. Este joven soltero sería un claro ejemplo de lo que denominamos duelo simple.
2. Duelo complicado. Hay dificultades, pero pueden ser resueltas; por ejemplo, una separación de pareja lejos de la familia.
3. Duelo extremo. Es aquel en el que se produce una ruptura del vínculo del apego. Encontramos situaciones como las de las mujeres que cuidan niños cuando se encuentran profundamente afectadas porque han tenido que abandonar a los suyos; niñeras que ni los miran a los ojos, que los arrastran por la calle sin mirarlos.

ESTRESORES EN EL DUELO POR LA FAMILIA
¿QUÉ SE EVALÚA?
- Los estresores que hay que valorar en este duelo son las dificultades y los obstáculos con los que se ha encontrado el inmigrante en los seis últimos meses en la vida familiar, tanto en el país de origen como en el país de acogida (separaciones forzadas, reagrupación familiar difícil...).
- No se evalúa cómo se siente (si añora a su familia...), sino los obstáculos objetivos con los que se encuentra a nivel familiar para elaborar el duelo migratorio.

ÁREAS	EXPLICACIÓN DEL ÍTEM	0, 1, 2
Ámbito personal	Dificultades menores en las relaciones afectivas con los padres, los hijos, la pareja o los amigos 0	0, 1, 2
	Problemas relevantes en las relaciones afectivas: por ejemplo, separación de la pareja, reagrupación familiar difícil, malas relaciones entre los hijos y los padres, estar separado de hijos menores de edad (aunque puede ir a verlos), enfermedad grave de familiares próximos en el país de origen 1	
	Situación extrema: estar separado de hijos menores de edad sin poder ir a verlos por no tener papeles o recursos, ruptura de pareja traumática, reagrupación familiar traumática, no tener medios para hacer la reagrupación familiar 2	
Ámbito social	Dificultades menores que afectan a la vida familiar relacionadas, por ejemplo, con los gastos o con el dinero que se envía a la familia en el país de origen 0	0, 1, 2
	Dificultades económicas graves: por ejemplo, para enviar dinero a la familia en el país de origen. – No poder ir al funeral de un familiar muy próximo 1	
	No poder enviar nada de dinero a casa, peligro para sus familiares en el país de origen por guerras o amenazas. ... 2	

RECUENTO: Si se puntúa   0   simple
                Si se puntúa   1   complicado
                Si se puntúa   2   extremo

en una sola área o en la suma de varias áreas

El duelo extremo en relación con la familia y los seres queridos constituye una de las características del síndrome de Ulises.

La soledad forzada se vive sobre todo de noche, cuando cesan los estímulos que permiten distraerse y salen a la luz los recuerdos, los miedos, las necesidades afectivas. Todo ello produce dificultades a la hora de dormir. A través de un condicionamiento, es frecuente que dé lugar al insomnio, un síntoma relevante en el síndrome de Ulises.

Lamentablemente, esta situación afecta también a inmigrantes con papeles a los que no se les permite traer a su pareja y a sus hijos porque se considera que no disponen de los recursos económicos básicos que se requieren para autorizar la reagrupación familiar, lo cual no es fácil si se trabaja en condiciones de explotación.

Estas personas viven apegadas al teléfono y cada vez más a internet. Como señala A. Ros (2007), para muchas de ellas el número del teléfono móvil es lo único que no cambia en medio de una vida llena de incertidumbres.

Para Murthy (2020), en la soledad hay tres dimensiones:

1. La soledad íntima o emocional: no poder sincerarse.
2. La soledad relacional: no tener compañía ni respaldo social.
3. La soledad colectiva: no tener una red de personas que compartan nuestros propósitos e intereses.

Por desgracia, el inmigrante con síndrome de Ulises padece los tres tipos de soledad.

De todos modos, la soledad es un gran problema en las sociedades actuales. En el Reino Unido se ha llegado a crear un ministerio para esta problemática. Nuestro modelo de sociedad favorece que una gran cantidad de personas la padezcan.

En Estados Unidos (Murthy, 2020), el 22% de la población adulta dice sentirse sola o aislada socialmente, a menudo o siempre. En un estudio de 2018 en el que se utilizó la escala de la soledad de la UCLA, una escala rigurosamente validada, un tercio de los estadounidenses mayores de cuarenta y cinco años manifestaban sentirse solos: nunca o casi nunca tenían a nadie cerca.

Los mismos datos los vemos en Australia o en Japón, donde existe una palabra, *hikikomori*, para referirse a las personas aisladas socialmente.

En medicina y psicología son de sobra conocidos los estragos que causa la soledad en la salud (acortamiento de la esperanza de vida, 50% más de posibilidades de muerte súbita, mayor riesgo de enfermedades).

Como señala Murthy, el 75% de los médicos de cabecera británicos consideran que el motivo de visita de más del 20% de los pacientes es, antes que nada, la soledad.

Otra situación que da lugar a un duelo extremo es el denominado síndrome de resignación. Este cuadro solo se ha visto en Suecia. Se trata de hijos de refugiados que permanecen inmóviles: dejan de hablar, de comer, de relacionarse. Estos niños se encuentran en una situación extrema porque van a ser expulsados del país al no permitírseles el estatuto de refugiado.

En el documental *La vida me supera*, de Netflix, se recoge la historia de Dalian, una niña ucraniana de siete años que permanecía inmóvil y se alimentaba mediante una sonda nasogástrica. Este cuadro ha generado un gran debate porque no está clara su etiología. En España no se ha registrado ningún caso.

1.2.2. Evaluación de la elaboración del duelo por la familia

Para el estudio de la elaboración del duelo migratorio por la familia contamos con un instrumento denominado el test del kayak (Achotegui, 2017b). Se trata de un test basado en la teoría evolucionista que analiza el grado de adaptación de los funcionamientos mentales. En este caso se analiza la elaboración del duelo migratorio.

El modelo se basa en la interacción, en la combinación de dos ejes, de dos funcionamientos muy básicos a nivel evolucionista, con relación al funcionamiento mental:

- Un eje mide el grado de actividad, el grado de energía y motivación con que hacemos las cosas.
- Otro eje mide la orientación de la actividad, el tipo de actividad, y se estructura en dos polos, en relación con las dos acciones más básicas para la supervivencia: buscar recursos para sobrevivir y tener seguridad, protección.

El test del kayak considera que hay ocho grandes estrategias en la elaboración de los duelos:

1. Funcionamiento de control, que llevado al extremo desadaptativo da lugar al funcionamiento obsesivo.
2. Funcionamiento de asertividad, que llevado al extremo desadaptativo da lugar al funcionamiento paranoide.
3. Funcionamiento de retirada, que llevado al extremo desadaptativo da lugar al funcionamiento esquizoide.
4. Funcionamiento de autocrítica, que llevado al extremo desadaptativo da lugar al funcionamiento depresivo paranoide.
5. Funcionamiento de repensar, que llevado al extremo desadaptativo da lugar al funcionamiento depresivo confusional.
6. Funcionamiento de descanso, que llevado al extremo desadaptativo da lugar al funcionamiento de pasividad.
7. Funcionamiento de exploración, que llevado al extremo desadaptativo da lugar al funcionamiento de desorganización.
8. Funcionamiento de acción, que llevado al extremo desadaptativo da lugar al funcionamiento maníaco.

Describiré a continuación brevemente el caso de María, una mujer boliviana inmigrante, separada de sus hijos desde hace años, que desarrolla síntomas de tipo obsesivo-depresivo. Con el test del kayak se pueden estudiar este tipo de funcionamientos en la elaboración del duelo migratorio.

1. DESCRIPCIÓN DEL CASO MARÍA

- María es una mujer boliviana que lleva cuatro años viviendo en Barcelona.
- Llegó indocumentada y aún no tiene los papeles, pero espera conseguirlos pronto. Es una mujer fuerte, luchadora.
- Nació en una familia pobre. Tiene buenos recuerdos de su infancia: todos se llevaban bien y consiguieron salir adelante.
- Está separada y tiene tres hijos de 12, 10 y 9 años; viven en Bolivia con los padres de ella.
- A veces está triste, desanimada, le duele la cabeza y le cuesta dormir en el trabajo, donde cuida a una anciana como interna casi toda la semana. Cuida además a otros ancianos en condiciones muy duras.
- Está luchando por poder traer a sus hijos en cuanto tenga los papeles. Esta ilusión le da fuerza.
- Todos los días habla por Skype con sus hijos y controla lo que hacen. Les hace enseñarle la habitación y el interior de los armarios para ver si tienen ordenada la ropa y todo lo demás. A los chicos no les gusta y muchas veces no quieren hablar con ella.

Tal como hemos señalado, en el caso de María se ve en el duelo por la familia funcionamientos de tipo obsesivo (el control permanente e intrusivo de sus hijos), así como sentimientos depresivos (porque se siente culpable de haberlos abandonado).

El test del kayak permite ver cómo se interrelacionan y se compensan estos funcionamientos.

Para conocer más detalles sobre el test del kayak se puede consultar la web http://josebaachotegui.com/testkayak/.

1.3. Intervención en el duelo por la familia

Con relación a esta intervención, es muy importante poder ayudar a tejer una narrativa de las dificultades vividas a nivel familiar y poder ayudar al inmigrante a tener una visión más concordante, más coherente y más compasiva de su historia familiar. Resultan de interés las intervenciones familiares con todos los miembros de la familia para poner en común los puntos conflictivos. Por supuesto, es fundamental tener en cuenta los aspectos culturales, la mentalidad, la manera de ver las cosas, que pueden no concordar con los del profesional autóctono. Debe haber un gran respeto por la cosmovisión de las personas que atendemos, aunque no sea compartida.

Con relación a los menores inmigrantes, es muy importante desde la perspectiva de la salud mental la integración en el ámbito escolar, ya que la escuela es un espacio de socialización muy relevante. Es fundamental que la escuela dé al menor inmigrante recién llegado un tiempo de adaptación, que le dé una cálida bienvenida y que le permita una cierta regresión. El niño inmigrante está viviendo una situación muy complicada de elaborar y es natural que en estos casos se den actitudes regresivas.

1.4. La interculturalidad en el duelo por la familia

El duelo por la familia también lo viven los autóctonos, que ven cómo su modelo familiar cambia al llegar a la familia personas de otras culturas.

En el lado positivo está obviamente el enriquecimiento que supone tener nuevos miembros diferentes en la familia. La llegada a la familia de nuevos miembros de otras culturas supone un enriquecimiento, pero no es infrecuente que algunos miembros muestren una actitud recelosa, incluso de rechazo. He presenciado muchas veces estas situaciones. Los casos más impactantes los he visto en Bélgica y Alemania, donde, tras dar charlas sobre el síndrome de Ulises, se me han acercado mujeres inmigrantes casadas con autóctonos para relatar situaciones muy duras de acoso y rechazo por parte de familiares de sus maridos.

Es frecuente la pareja mixta en la que un hombre autóctono se empareja con una mujer inmigrante más joven.

Las diferencias culturales en la pareja mixta pueden ser un arma de doble filo: cuando la relación va bien, la diferencia es muy valorada, pero, cuando hay problemas, la cultura puede convertirse en un arma arrojadiza, en la depositaria de todo lo malo que hay en la relación.

En muchos casos en los que el inmigrante se empareja con alguien autóctono, ha de pasar el calvario de los controles para evitar los matrimonios de conveniencia, y se ve sometido a procesos de control que son vividos como humillantes por muchos de ellos.

Milewski y Gavron (2019), que han llevado a cabo un gran estudio con decenas de miles de parejas mixtas, señalan que, en general, han encontrado que los migrantes en matrimonios exógamos tenían más probabilidades de tener niveles más bajos de depresión que sus contrapartes en matrimonios endogámicos. Es decir, los datos apoyan parcialmente la hipótesis de un efecto de ganancia para la salud mental en un matrimonio mixto.

En conjunto, los resultados muestran que el emparejamiento de un hombre migrante y una mujer no migrante conduce a una mayor tensión marital que un matrimonio entre un hombre no migrante y una mujer migrante.

Capítulo 2

El duelo por la lengua

2.1. Características del duelo por la lengua

2.1.1. La diversidad lingüística

El lenguaje es un sistema organizado de símbolos vinculado al pensamiento. Desde la perspectiva de las relaciones entre lenguaje y pensamiento, es de destacar la hipótesis Sapir-Whorf, que considera que el pensamiento se encuentra totalmente condicionado por el lenguaje, y las lenguas se encargan de las percepciones y los modos de entender el mundo.

Según el modelo de Sapir-Whorf, estamos a merced de la lengua particular con la que nos expresamos. El lenguaje constituye un indicador especialmente sensible de la cultura de un pueblo. Estas hipótesis se inscriben en el denominado «relativismo lingüístico», muy matizado por lingüistas como Tuson (1984) y Marina (2000), que, al revisar la bibliografía sobre el tema, plantean que las estructuras de la totalidad de las lenguas parecen ser igualmente hábiles para reflejar todos los aspectos de la realidad, y que si no poseen términos para determinadas áreas se debe a que no les son de utilidad.

La denominación de la realidad limitaría la comunicación entre personas de diferentes culturas. El lenguaje constituye una de las grandes dificultades para la comunicación a nivel transcultural.

2.1.1.1. Diferencias relevantes entre aspectos de las diversas lenguas

Donde las diferencias entre las lenguas resultan más evidentes es en el componente léxico. Es famoso el caso descrito por Boas (1911) sobre los esquimales, que tienen cuatro términos para denominar la nieve: uno para la que cae, otro para la que está en el suelo, etcétera. Es obvio que esa información es muy relevante para la vida de ese grupo humano, pero, como señala Tuson (1984), seguro que no tienen tantos términos para el cultivo de la vid.

Sin embargo, el léxico es la parte más superficial de una lengua, ya que, aunque se ganen o se pierdan palabras, seguirá siendo la misma si no se producen cambios en los niveles fonológico, morfológico y sintáctico. Como señala Marina (2000), es posible que algunas palabras no tengan correspondencia exacta en otro idioma, pero la representación semántica sí la tiene. De todos modos, hay palabras que van ligadas a la concepción del mundo de una cultura determinada (por ejemplo, la palabra autoestima) y son difíciles de traducir a otra lengua, ya que están vinculadas a una cosmovisión concreta.

Otro tema clásico de la lingüística cultural es el de la denominación de los colores. Se sabe que, cromáticamente, hay unos seis mil tonos. Por supuesto, ninguna cultura tiene nombres para todos ellos. Simplemente, se califican los colores que son útiles para la vida social.

Desde el punto de vista de la abstracción, hay lenguas con numerosos términos abstractos (amor, temporalidad, solidez...) y otras que refieren estas cualidades a objetos concretos: no hay un discurso general referido a la solidez o el amor. Boas (1911) señala que, para los kwakiutl de Canadá, la palabra amor aparece solamente relacionada con una situación amorosa concreta.

En todas las lenguas aparece una constelación de palabras que unidas significan lo mismo que el concepto, expresan una misma realidad. Así, el pintupi, un idioma aborigen australiano, posee el concepto de tristeza referido a situaciones concretas; por ejemplo, la palabra *watjilpa* significa tristeza y preocupación por el país y por los familiares, y es diferente de los términos que expresan tristeza por otras situaciones. En el lenguaje de los pitjantjatjaras, las palabras que indican tristeza también hacen referencia al tipo concreto de ella; por ejemplo, el fracaso de los deseos concretos que afectan a la persona que lo siente. Como señala Marina (2000), cada cultura expresa los sentimientos de acuerdo con su peculiar manera de entender la vida.

> A menudo se ha citado el alemán como ejemplo de lengua abstracta y el chino como ejemplo de lengua concreta, pero no debe deducirse de ello que las lenguas occidentales son las más abstractas. Hay lenguas no occidentales que generalizan aún más: es el caso del tahitiano, que no tiene un término específico para la tristeza porque la engloba en una palabra de contenido semántico mucho más amplio, que incluye también la soledad y la nostalgia: *pe`a`pa*.

En cuanto a la morfosintaxis, el orden en que se estructuran las partes de la oración puede relacionarse con las actitudes de una determinada cultura hacia su entorno; por ejemplo, poner en primer lugar el sujeto o el objeto podría indicar a cuál de los dos se da más importancia en esa cultura. O el hecho de que en árabe, esloveno y otras lenguas haya dos plurales, uno para dos personas y otro para más de dos, puede indicar determinadas características de las relaciones humanas en dichas culturas.

Con relación a los verbos, hay culturas, como la de los hopis, que «no tienen tiempos verbales. No tienen una idea del continuo en el que todo en el universo procede de algo anterior y evoluciona hacia el futuro a través del presente. Pero ese lenguaje tiene formas gramaticales para diferenciar entre lo que el individuo dice realmente (lo manifestado, lo objetivo) y lo que hay detrás de lo que dice (lo no manifestado)» (Whorf, 1975). La idea que se persigue es que en la comunicación se dan varios mensajes a la vez. Este planteamiento es radicalmente freudiano y haría las delicias de cualquier psicoanalista.

Otra área sumamente interesante es la que tiene que ver con la concepción del tiempo y del espacio; por ejemplo, con relación a los síntomas disociativos, una sintomatología que se ve con frecuencia en los inmigrantes y cuyo diagnóstico es complejo de valorar.

Existen grandes diferencias culturales en la noción del tiempo. En algunas culturas la temporalidad es circular, como la naturaleza (las estaciones, el sol que sale cada día). En la concepción hindú del mundo, el tiempo puede ser superado, el tiempo es una rueda que da vueltas entre los vastos ciclos de la creación (sarga) y de la destrucción (pralaya). Existen eras (yugas) que se corresponden con las vidas del Brahma. Cada ciclo se va deteriorando al final desde la perspectiva moral de conocimiento y bienestar. Actualmente estamos en el punto más bajo del ciclo. También en las culturas africanas se señala que el pasado no es pasado, sino presente.

En este sentido, la valoración de síntomas como la confusión no es fácil y podríamos decir irónicamente que a veces puede estar tan confuso el paciente como el terapeuta (en este caso, con relación al diagnóstico). Pero también hay diferencias culturales a la hora de valorar lo espacial: culturas como la de los hopis no siguen ni siquiera el sistema geométrico euclidiano.

Todos estos aspectos muestran la complejidad de la psiquiatría transcultural.

No se sabe con exactitud cuántos idiomas hay en el mundo, pero se calcula que más de siete mil. Hay países, como Camerún, que tienen más de doscientas lenguas. La Unesco ha editado un mapa en el que se pueden consultar los datos de todas las lenguas del planeta: http://www.unesco.org/languages-atlas.

Según la ONU, cada dos semanas muere una lengua y el 43% de las lenguas actuales está en peligro de extinción, aunque también hay lenguas extinguidas que han resucitado, como el hebreo.

2.1.2. Vivencias y dificultades en torno al aprendizaje de una nueva lengua

El aprendizaje de la lengua (o lenguas) del país de acogida tiene muchos aspectos gratificantes, pero también requiere esfuerzo. La evolución no nos ha dotado especialmente para el aprendizaje de lenguas más allá de los primeros años de la vida (de ahí el gran negocio de las academias de lengua). Se calcula que hay que dedicar como mínimo unas tres mil horas al aprendizaje de una nueva lengua.

En la migración se ha de elaborar, por un lado, la disminución o pérdida de contacto con la lengua materna y, por otro, la parte de esfuerzo que supone aprender y adaptarse a la nueva lengua del país de acogida.

Un elemento muy importante en relación con el cambio lingüístico es la motivación. El hablante de lenguas mayoritarias suele tener menos motivación para cambiar de lengua... En España ha habido entrenadores ingleses de fútbol que no han dicho ni hola en castellano (del catalán y el vasco ni hablemos). Sin embargo, muchos inmigrantes de procedencia balcánica o caucásica, que están acostumbrados a expresarse en tres o cuatro lenguas, suelen hablar con fluidez en pocos meses la lengua del país de acogida.

Hemos observado que, si a los inmigrantes no se les enseña bien la lengua y no consiguen aprenderla, se sienten fracasados y, dado que ya tienen baja la autoestima, el fracaso en el aprendizaje de la lengua hace que baje aún más. El resultado es que no quieren seguir estudiándola. La experiencia de su aprendizaje se convierte en algo doloroso y acaban rechazando la lengua del país de acogida, lo que dificulta la integración.

Hay toda una tradición que ha enfatizado la importancia de la lengua: «Los límites de tu lengua son los límites de tu mundo», señalaba Heidegger, muy en la tradición alemana. Pero, tal como señalaremos, el campo de la comunicación es más amplio que el campo de la lengua, por ejemplo con relación a la expresión no verbal. De todos modos, la ciencia se expresa a través del lenguaje.

2.1.3. *La expresión no verbal*

Aunque queda bien establecida la importancia de la lengua, no toda la comunicación se expresa a través de ella. Así, cuando algo es muy intenso, muy impactante, se dice que es indescriptible, que no hay palabras para expresarlo (Epstein, 1979). La expresión no verbal (los gestos) constituye la parte más relevante de la comunicación (más del 80%). Cuando hablamos con alguien, más que en las palabras, nos fijamos en la gestualidad, que es donde se encuentra la credibilidad del mensaje.

En la semiología psiquiátrica se valora en gran medida la gestualidad, la psicomotricidad. Muchos de estos gestos son universales, expresiones ligadas a los sentimientos humanos básicos. Gestos que expresan actitudes defensivas, agresivas, de poder (por ejemplo, levantar los brazos como señal de éxito) son incluso comunes a otras especies, como los chimpancés y los gorilas. Obviamente, esta posibilidad universal de comunicación gestual es una ayuda en el trabajo a nivel transcultural, pero hay que tener cuidado porque en la expresión gestual hay particularidades culturales, como comentaremos.

De todos modos, en esta área de la expresión no verbal, a nivel biológico, hay situaciones que favorecen la confusión: se utilizan los mismos músculos faciales para llorar que para reír, tal como demostró el propio Darwin: la naturaleza es muy ahorradora y utiliza el mismo mecanismo para dos funciones distintas. De hecho, es indistinguible una foto de alguien que ríe a carcajadas de alguien que llora a rabiar. Lo mismo ocurre con los gemidos del orgasmo, que son similares a los del dolor (de ahí que los niños puedan interpretar que los papás se están haciendo daño).

Respecto a los síntomas depresivos, como señala McNeill (1999), todas las culturas tienen reglas de exteriorización, normas relativas al esperado control de la apariencia facial. Estas normas explican, por ejemplo, por qué la nobleza polaca se pasaba el día llorando o por qué los escandinavos son menos expresivos que los mediterráneos.

> Una de las expresiones faciales más culturales es la sonrisa japonesa, ligada a que los japoneses viven en islas muy pobladas, por lo que es muy importante la cortesía como lubricante de la vida social. Como se ha dicho, «llevan la sonrisa pintada en la cara». Se ha comprobado que los japoneses, cuando están a solas, expresan las emociones básicas (miedo, rabia...) de modo similar a las demás culturas, pero en la vida social enmascaran las emociones negativas sonriendo con mayor frecuencia. Incluso sonríen cuando están deprimidos o hablan de algo doloroso... De hecho, no son muy amantes de las sonrisas porque saben que son falsas. «De ahí que mientras que los occidentales sonreímos al posar para las fotos, ellos exhiben un semblante neutro y serio» (McNeill, 1999; Marina, 2000). En japonés hay términos como *honne*, que significa «lo que se piensa de verdad y nunca se dice», y *tatemae*, que significa «la fachada ante el otro».

La expresión de las emociones está muy condicionada culturalmente. Así, si en el funeral de su jefe una secretaria exterioriza más dolor que la propia viuda, lo más probable es que dé lugar a rumores y comentarios malintencionados. La viuda que llora resalta el vínculo con el fallecido y, antropológicamente, se señala que este llanto tiene una segunda lectura, ya que clarifica también quiénes son los herederos.

Como señala Daniel McNeill (1999): «En la expresión facial de la tristeza el rostro da la sensación de colgar, las cejas caen, aunque los ángulos internos se elevan un poco, para formar un leve remate triangular. Las arrugas se juntan en la mente, motivo por el que muchos escritores han señalado que ahí reside la aflicción. La boca cae debido a un fruncimiento y los rasgos se aflojan. La cara se alarga, hay hipomimia y un tono muscular pasivo». Esta expresión facial es universal. Incluso se ha visto en chimpancés y otros mamíferos que una cara triste despierta sentimientos de compasión y ayuda.

Pero también existen grandes diferencias culturales en los gestos: eructar es para los árabes una señal de bienestar y agradecimiento por la comida; para los orientales el toqueteo al que nos sometemos los occidentales es molesto («aquí preguntas algo en la calle y te cogen, te tocan...», explicaba azorada una pakistaní).

2.2. Evaluación del duelo por la lengua

2.2.1. Evaluación de los factores de riesgo en salud mental en relación con el duelo por la lengua

Los factores de riesgo, en este caso, son todos aquellos elementos relacionados con la lengua que incrementan el riesgo de padecer problemas de salud mental. Hay que tener en cuenta dos perspectivas:

1. Lo que ha acontecido antes de que el inmigrante salga de su país: la vulnerabilidad.
2. Los problemas que ha tenido el inmigrante una vez que ha emigrado, las dificultades que ha tenido en el país de acogida: los estresores.

Para la evaluación de los factores de riesgo en salud mental seguiremos la escala Ulises (Achotegui, 2007).

2.2.1.1. Vulnerabilidad en el duelo por la lengua

Se evalúa el grado de limitaciones que tenía el sujeto antes de emigrar y que, una vez que ha emigrado, pudieran constituir un obstáculo para la elaboración del contacto con la lengua del país de origen y el aprendizaje de la lengua del país de acogida.

Segunda parte

VULNERABILIDAD EN EL DUELO POR LA LENGUA
¿QUÉ SE EVALÚA?
Se evalúa el grado de limitaciones que tenía el sujeto antes de emigrar y que, una vez que ha emigrado, pudieran constituir un obstáculo para la elaboración del contacto con la lengua del país de origen y el aprendizaje de la lengua del país de acogida.

ÁREAS	EXPLICACIÓN DEL ÍTEM	0, 1, 2
Limitaciones físicas que dificultan la elaboración del duelo por la lengua	– Limitaciones físicas leves que no constituyen un obstáculo relevante para la elaboración del duelo por la lengua; por ejemplo, pequeñas dificultades fonéticas (no pronunciar bien la *r*...) .... 0 – Limitaciones físicas relevantes pero no incapacitantes: hipoacusia, problemas visuales.... .... 1 – Limitaciones físicas incapacitantes: retraso mental, demencia... 2	0, 1, 2
Limitaciones psíquicas que dificultan la elaboración del duelo por la lengua	– Limitaciones psíquicas leves que no constituyen un obstáculo relevante para la elaboración del duelo por la lengua; por ejemplo, ser algo tímido y retraído, pero poder relacionarse para aprender la lengua .... 0 – Limitaciones psíquicas relevantes pero no incapacitantes: depresión, fobia social o retraso mental moderado que dificulta el contacto para el aprendizaje de la lengua – Asimismo, dislexia o disgrafia. .... 1 – Limitaciones psíquicas incapacitantes: retraso mental, demencia... 2	0, 1, 2
Limitaciones sociales previas a emigrar que dificultan la elaboración del duelo por la lengua	– No existen limitaciones sociales relevantes .... 0 – Ser analfabeto. .... 1 – Emigrar con más de 65 años 2	0, 1, 2

RECUENTO: Si se puntúa 0 simple
  Si se puntúa 1 complicado
  Si se puntúa 2 extremo

en una sola área o en la suma de varias áreas

En el duelo simple, las limitaciones físicas y psíquicas son leves y no constituyen un obstáculo relevante para la elaboración del duelo por la lengua: por ejemplo, pequeñas dificultades fonéticas (no pronunciar bien la *r*...), ser algo tímido y retraído, pero poder relacionarse para aprender la lengua.

En el duelo complicado, las limitaciones físicas y psíquicas son relevantes pero no incapacitantes: hipoacusia, problemas visuales, depresión, fobia social, retraso mental moderado, dislexia, disgrafia, hiperactividad, déficit de atención, analfabetismo, emigrar con más de 65 años.

En el duelo extremo hay limitaciones físicas y psíquicas incapacitantes: parálisis cerebral, retraso mental, demencia...

2.2.1.2. *Estresores en el duelo por la lengua*

Son los obstáculos externos al inmigrante con los que se ha encontrado en los seis últimos meses y que le dificultan el aprendizaje de la nueva lengua. No se valora la actitud del inmigrante hacia la lengua (si le gusta más o menos...), sino los obstáculos externos que le dificultan o impiden la elaboración del duelo migratorio de la lengua.

Los estresores simples son dificultades menores que vive el inmigrante en el país de acogida.

Estresores complicados son:

1. En el ámbito social, tener pocas relaciones con los autóctonos, lo que le dificulta aprender y practicar la lengua del país de acogida. Por ejemplo, un inmigrante que vive en un barrio en el que apenas contacta con autóctonos, pero aun así, con esfuerzo, puede ir aprendiendo la lengua del país de acogida.
2. Dificultades para acceder al aprendizaje de la lengua porque su grupo familiar lo obstaculiza (por ejemplo, el caso de las mujeres pakistaníes de cultura muy tradicional que apenas tratan con autóctonos) o porque tiene serias limitaciones de acceso a los medios para

Segunda parte

ESTRESORES EN EL DUELO POR LA LENGUA
¿QUÉ SE EVALÚA?
– Los estresores en el duelo por la lengua son los obstáculos externos al inmigrante con los que se ha encontrado en los seis últimos meses y que le dificultan el contacto con su lengua materna y el aprendizaje de la nueva lengua.
– No se valora la actitud del inmigrante hacia la lengua (si le gusta más o menos...), sino los obstáculos externos que le dificultan o impiden la elaboración del duelo migratorio de la lengua.

ÁREAS	EXPLICACIÓN DEL ÍTEM	0, 1, 2
Ámbito personal	– Tiene trato con autóctonos y puede aprender la lengua del país de acogida, aunque haya ciertas limitaciones para aprenderla .... 0 – Tiene pocas relaciones con los autóctonos y le cuesta aprender y practicar la lengua; por ejemplo, un inmigrante que vive en un barrio en el que apenas contacta con autóctonos, pero, aun así, con esfuerzo, puede ir aprendiendo la lengua. – Dificultades para acceder al aprendizaje de la lengua porque su grupo familiar lo obstaculiza; por ejemplo, el caso de las mujeres pakistaníes de cultura muy tradicional que apenas tratan con autóctonos. .... 1 – El inmigrante no se relaciona con los autóctonos y está muy aislado; por ejemplo, un inmigrante sin papeles que no contacta con autóctonos porque está escondido. 2	0, 1, 2
Ámbito social	– Tiene limitaciones sociales menores para acceder al aprendizaje de la lengua; por ejemplo, está en condiciones de aprenderla y puede estudiarla, pero no todas las horas que quisiera ...... 0 – Tiene serias limitaciones de acceso a los medios para el aprendizaje de la lengua; por ejemplo, porque trabaja muchas horas y apenas tiene tiempo para estudiar, pero, aun así, con esfuerzo, puede ir aprendiéndola .... 1 – No tiene acceso a los recursos de aprendizaje de la lengua del país de acogida; por ejemplo, un inmigrante sin papeles que tiene miedo de ir a lugares públicos, a cursos de lengua, por el temor a ser detenido 2	0, 1, 2

RECUENTO: Si se puntúa 0 simple
Si se puntúa 1 complicado
Si se puntúa 2 extremo

en una sola área o en la suma de varias áreas

el aprendizaje de la lengua (por ejemplo, porque trabaja muchas horas y apenas dispone de tiempo para estudiar).

Aun así, en todos los casos, con esfuerzo, puede ir aprendiendo la lengua. Siguiendo la metáfora de la barrera, es una barrera que se puede saltar.

Los estresores extremos se dan a nivel social cuando el inmigrante no se relaciona con los autóctonos, está muy aislado y no tiene acceso a los recursos de aprendizaje de la lengua del país de acogida. Por ejemplo un inmigrante sin papeles que no contacta con autóctonos porque está escondido, ni va a cursos de lengua.

> Al preguntar a un inmigrante sin papeles por cómo le iba el aprendizaje de la lengua, me respondió: «Doctor, en el trabajo clandestino se habla muy poco, ¿sabe usted? No nos da por hablar».

2.2.1.3. *Intensidad del duelo por la lengua*

El duelo simple es el que se da en todo inmigrante que debe esforzarse por el aprendizaje de una nueva lengua poseyendo unas capacidades normales y en un contexto facilitador. Como se dice en Eslovenia, en la gramática, por cada norma hay cien excepciones. O no hay regla sin excepción: cada lengua tiene sus dificultades (el francés los acentos, el español los verbos...).

El duelo complicado tiene que ver con situaciones como déficits en las capacidades lingüísticas (el 25% de los niños, especialmente los varones, padecen dislexia, disgrafia, y presentan dificultades en la lectura o en la escritura). Las personas mayores, analfabetas o de bajo nivel cultural también tienen más dificultades para aprender nuevas lenguas. Los programas de integración lingüística deben tenerlo en cuenta. En los niños, el aprendizaje simultáneo de varias lenguas tampoco facilita las cosas, sobre todo si no tiene un elevado nivel de capacidad o el medio es poco posibilitador. Así, por ejemplo, en España hay comunidades en las que hay niños que estudian la lengua propia de la comunidad en la escuela, y utilizan el castellano en la calle, el bereber en casa, el árabe clásico en la mezquita, el inglés y el francés como lenguas añadidas... Es obvio que en estos casos se han de implementar programas específicos si hay niños con problemas de aprendizaje.

El duelo extremo tiene lugar cuando el inmigrante, bien por sus graves limitaciones propias (retraso mental, psicosis, accidente cerebrovascular, sordera, etcétera), o bien por hallarse en un medio muy hostil (sin papeles, sin contacto con autóctonos), carece de las condiciones necesarias para el aprendizaje de la nueva lengua.

Evidentemente, hacer referencia al duelo por la lengua no quiere decir que el inmigrante deba renunciar a su lengua materna, aunque está comprobado que los hijos de los inmigrantes tienden a perderla.

2.2.2. *Evaluación de la elaboración del duelo por la lengua*

Para el estudio de la elaboración del duelo migratorio por la lengua contamos con un instrumento denominado el test del kayak (Achotegui, 2017b). Se trata de un test basado en la teoría evolucionista que analiza el grado de adaptación de las conductas. En este caso se analiza la elaboración del duelo migratorio.

El test del kayak considera que hay ocho grandes estrategias en la elaboración de los duelos:

1. Funcionamiento de control, que llevado al extremo desadaptativo da lugar al funcionamiento obsesivo.
2. Funcionamiento de asertividad, que llevado al extremo desadaptativo da lugar al funcionamiento paranoide.
3. Funcionamiento de retirada, que llevado al extremo desadaptativo da lugar al funcionamiento esquizoide.

4. Funcionamiento de autocrítica, que llevado al extremo desadaptativo da lugar al funcionamiento depresivo paranoide.
5. Funcionamiento de repensar, que llevado al extremo desadaptativo da lugar al funcionamiento depresivo confusional.
6. Funcionamiento de descanso, que llevado al extremo desadaptativo da lugar al funcionamiento de pasividad.
7. Funcionamiento de exploración, que llevado al extremo desadaptativo da lugar al funcionamiento de desorganización.
8. Funcionamiento de acción, que llevado al extremo desadaptativo da lugar al funcionamiento maníaco.

Para conocer más detalles sobre el test del kayak se puede consultar la web http://josebaachotegui.com/testkayak/.

2.3. Intervención en el duelo por la lengua

En la intervención en salud mental, los problemas de comunicación lingüística se convierten en un obstáculo importante al realizar el trabajo terapéutico. Cuando un paciente te dice tres veces seguidas que sí, es muy probable que no te haya entendido.

2.3.1. El peligro del sobrediagnóstico

Cuando hay problemas de comunicación lingüística entre el profesional y el paciente, existe el riesgo de sobrediagnosticar, tal como señalaron los estudios clásicos de Marcos (1976).

Esta situación es muy comprensible porque en la naturaleza de la intervención médica está la prudencia y descartar todas las posibilidades de enfermedades que puede tener el paciente, incluyendo, por supuesto, las más graves.

> Si llega a la consulta un paciente que habla una lengua que el médico no conoce y le señala con el dedo que le duele el pecho, el médico deberá tener en cuenta todas las posibilidades relacionadas con el dolor en el pecho. Pero al no poder comunicarse por no hablar la misma lengua, el médico deberá descartar que ese dolor no pueda ser, por ejemplo, un infarto y pedirá una serie de pruebas. Sin embargo, si el paciente habla la misma lengua que el médico y le explica que en realidad le duele el pecho porque se ha dado un golpe con una puerta, el médico, evidentemente, actuará de una manera mucho menos medicalizadora.

2.3.2. Intérpretes y mediadores

Los intérpretes y mediadores desempeñan un papel positivo en la intervención, pero no por ello exento de dificultades. Los trabajos de Collazos *et al.* (2008) corroboran este planteamiento, señalando que se ha de preparar bien a estos profesionales. Esta formación es necesaria, ya que, a no ser que estén bien entrenados, una tercera persona puede interferir en el proceso terapéutico. Además, es frecuente que el intérprete se vea afectado por lo que explica el paciente, ya que le hace revivir su propio duelo migratorio.

> Recuerdo el caso de una intérprete (una refugiada iraní) que acompañaba a la consulta a un refugiado de su mismo país. Al escuchar el terrible relato del paciente, se angustió enormemente y pretendía «montar» un *meeting* contra el régimen del país de origen en la sesión.

Por otra parte, hay diferencias culturales entre los intérpretes, que oscilan entre una excesiva concisión y el extremo opuesto. Conocí a un intérprete procedente de una cultura muy expresiva, traductor del ruso, que, cuando el paciente decía apenas unas palabras, él hablaba medio minuto. Además, en comunidades no muy grandes en las que sus miembros se conocen, el intérprete puede despertar recelos. No es infrecuente que el paciente te haga saber que si está la intérprete no quiere seguir en la sesión porque desconfía de su profesionalidad.

No es conveniente que los niños hagan de intérpretes en las visitas de los padres, especialmente en los casos de depresión o psicosis, por la confusión de roles. Ya hemos señalado en el duelo por la familia que en la migración hay bastantes niños hipermaduros (y otros en el extremo opuesto, con graves alteraciones de conducta).

Además, el uso del intérprete duplica el tiempo de la sesión y existe el riesgo de que tanto el paciente como el terapeuta acaben despistándose en los períodos de las traducciones. Lo ideal es que el intérprete traduzca frase a frase. Obviamente, es muy importante formar terapeutas bilingües, biculturales, ya que conocen bien las simbolizaciones de las dos culturas y ofrecen un modelo de identificación más próximo (Aponte, 1996).

2.4. La interculturalidad en el duelo por la lengua

Esta interculturalidad se expresaría en el contacto entre las diferentes lenguas del mundo, que se da con gran intensidad en el marco de la globalización.

Este contacto no está exento de tensiones porque las lenguas más habladas tienden a imponerse sobre las otras. Ya señalábamos en el primer apartado de este duelo que el 43% de las lenguas está en peligro de extinción. La humanidad ha vivido separada los últimos cien mil años y esto ha dado lugar a la generación de numerosas lenguas porque el grupo que salió de África se dispersó por todo el planeta. Ahora, con la globalización, hemos vuelto a encontrarnos y hay que lograr que este encuentro sea respetuoso y permita conservar en lo posible la diversidad lingüística.

> Con relación a las dificultades de la comunicación intercultural, hay una anécdota, cien veces contada, convertida ya en leyenda, acerca de cómo a veces el autóctono no facilita al inmigrante que se suelte en la nueva lengua, que se familiarice con la lengua del país de acogida. Así, un compañero que había estado un tiempo de profesor en París, me explicaba que todas las tardes, casi a la misma hora, solía ir a una panadería cercana a comprar el pan, la famosa *baguette*. Y cada tarde se repetía la misma escena. Entraba en la panadería, en la que solía estar la misma dependienta, y le pedía una *baguette*. La dependienta ponía cara de asombro, de sorpresa total, como si le hubiera pedido algo inaudito, y decía: «¿qué?, ¿cómo?». Nuestro amigo tenía que repetir varias que quería una *baguette* e incluso la acababa señalando con el dedo. Al final, la dependienta decía: «¡Ah, una *baguette*!».

Capítulo 3

El duelo por la cultura

3.1. Características del duelo por la cultura

Utilizamos aquí el concepto de cultura en el sentido más amplio, que abarca los valores, la concepción del mundo, los hábitos alimentarios, la forma de vestir, el ocio, la religión, etcétera.

Dentro del área de la cultura, la comida es un elemento muy importante. De hecho, en el cuestionario sobre los siete duelos que utilizamos en el SAPPIR (Servicio de Atención Psicopatológica y Psicosocial a Inmigrantes y Refugiados, del Hospital Sant Pere Claver de Barcelona, ubicado en la zona del puerto y al pie de la ladera de Montjuic de Barcelona), al preguntar por el tema de la cultura nos hemos encontrado con que, con frecuencia, lo primero que nos han respondido ha sido lo referente a la comida. No es sorprendente, dado que la propia palabra cultura proviene de cultivo, término ligado a la idea de comida.

Aunque la lengua está muy vinculada a la cultura, no es lo mismo lengua que cultura: así, un español y un cubano hablan la misma lengua pero pertenecen a culturas diferentes.

En la migración, el tema cultural es muy relevante, y más en una sociedad avanzada como la actual, en la que la actividad cultural se ha convertido en una parte central de la vida social y tiene incluso una gran repercusión económica.

3.1.1. *La diversidad cultural*

Al igual que hemos señalado al hacer referencia a las lenguas, la gran variedad de culturas provendría de que los humanos, tras el «Out of Africa», hemos vivido separados, teniéndonos que adaptar a todo tipo de climas y contextos. Cada cultura es una adaptación a un contexto determinado que se ha hecho buscando la máxima eficacia.

Pero la cultura no es algo estático, inmutable. Se construye y se deconstruye en un proceso permanente de adaptación a un medio, a un contexto cambiante, y más en un mundo como el actual, un mundo globalizado (como hemos podido ver con el COVID-19), que vive continuos cambios tecnológicos.

3.1.1.1. *Las diferencias culturales en la concepción del funcionamiento mental*

En muchas culturas, cuando se incumplen las normas del grupo, se produce un temor al castigo más que un sentimiento interno de culpa. Se teme que el individuo sea víctima de la magia, del mal de ojo. Y ante este peligro deberá buscar remedios también mágicos. En la cultura occidental, sobre todo de matriz protestante, la culpa es muy relevante y se considera que es un elemento central en trastornos mentales como la depresión.

> Atendimos a un paciente marroquí que se consideraba víctima del mal de ojo por parte de una tía suya, porque no se había casado con su prima, tal como le había planteado la familia, sino con otra mujer de la que estaba enamorado. Ya en la noche de bodas se encontró mal. A pesar de haber ido a varios marabouts, no conseguía hacer desaparecer el mal de ojo. No tenía sentimiento de culpa por haber infringido la norma del grupo que le impedía casarse con otra persona que no fuera la establecida. De lo que tenía miedo era de ser castigado por ello.

Otra diferencia se estructuraría en torno a la manera de afrontar la vida. Hay culturas, denominadas apolíneas, que valoran el control, el orden, la mesura, y otras, denominadas dionisíacas, que valoran más la expresión de las emociones, la intensidad de las vivencias (Benedict, 1934).

También hay diferencias en relación con el control de la incertidumbre. La incertidumbre extrema genera una ansiedad intolerable. Por ello las sociedades la combaten:

1. A través de la religión (incertidumbre existencial).
2. A través de las leyes (incertidumbre de las conductas de los demás).
3. A través de la tecnología (incertidumbre de la naturaleza).

Las culturas basadas en las religiones orientales tienen menos tendencia al control de la incertidumbre.

Otra diferencia tendría que ver con la relación mente-cuerpo, que en la cultura occidental es muy importante, mientras que en la mayoría de las culturas constituye una unidad. De ahí que la mayoría de los inmigrantes expresen su sintomatología de forma muy somatizada, junto a sintomatología psicológica.

En la mayoría de las culturas, el ser humano forma parte de la naturaleza, está integrado en ella, con una perspectiva ecológica. Por el contrario, en la cultura occidental, de raíz bíblica, basada en el «procreaos y dominad la tierra» del Génesis, se considera que la naturaleza se halla al servicio del ser humano. Esta es una de las raíces de la historia de destrucción de la naturaleza que ha llevado a cabo la cultura occidental.

Hay culturas, como las orientales, que consideran que no es adecuado expresar abiertamente las emociones por la presión que supone imponer los propios sentimientos a los demás. Igualmente, se cree que si la expresión de las emociones no es equilibrada favorece la enfermedad.

3.1.1.2. Las diferencias culturales en la concepción del funcionamiento psicosocial

Existen diferencias en cuanto a la valoración de la importancia del grupo en relación con el individuo.

En muchas culturas se consideran más relevantes los intereses del grupo que los sentimientos o deseos de la persona (Hofstede, 1999). La identidad de la persona se relaciona ante todo con el grupo al que pertenece. Los roles personales y la pertenencia al grupo constituyen la base de la identidad personal, y la vida interna del individuo no está tan valorada. Ello se debe a que, a nivel evolutivo, en circunstancias difíciles de supervivencia, se ha seleccionado el funcionamiento grupal porque, si cada individuo funciona por su cuenta, no es posible salir adelante.

> Recientemente, el periódico *La Vanguardia* mostraba la noticia de que un grupo de más de trescientos gitanos había acampado durante días en la zona sur de Barcelona, en un solar de las afueras, junto al Hospital de Bellvitge. Cuando la policía municipal acudió a preguntarles qué hacían allí, les respondieron: «Es que hemos venido a acompañar al tío Manolo a hacerse unas pruebas al hospital, es que no queríamos que viniera solo».

También hay diferencias culturales respecto al grado de jerarquía; por ejemplo, sociedades en las que se trata a los niños más como iguales, dejándoles autonomía para que se encarguen de sus propios asuntos, y sociedades en las que el respeto a los padres y los mayores se considera fundamental.

3.1.2. El estrés aculturativo y el choque cultural

El estrés relacionado con el cambio en los aspectos culturales, el estrés aculturativo, es un tema clásico, central, en el estudio de las migraciones, pero en el contexto actual, en la nuevas migraciones del siglo XXI, los estresores familiares y sociales han adquirido mucha mayor importancia.

Entre el estrés aculturativo y el estrés familiar y social existen numerosos vasos comunicantes, ya que, con frecuencia, los conflictos de tipo social tienden a expresarse a través del campo de la cultura y la identidad.

Cuando el inmigrante se mantiene en contacto con su grupo de pertenencia y tiene menos estrés aculturativo, el riesgo de psicosis es más bajo; es decir, estar en contacto con el grupo de pertenencia es un factor protector desde el punto de vista de la salud mental.

Sin embargo, se da a la vez la situación opuesta, ya que también se ha visto que, cuando el inmigrante sale poco del ámbito de su grupo de pertenencia, tiene más dificultades para poder tener éxito en su proyecto migratorio, para prosperar, ya que el progreso se relaciona con un contacto profundo con la sociedad de acogida.

El DSM-V dedica un amplio apartado a explicar los aspectos relacionados con el estrés aculturativo, pero con una idea de cultura rígida y haciendo referencia a conceptos como la raza (página 749), inaceptables en el mundo actual, en el que está claro que todos los seres humanos formamos parte de un único grupo: el homo sapiens sapiens.

El cuadro relacionado con el estrés aculturativo se denomina «Dificultad de aculturación» (código V62.4, página 724) y se enmarca en la sección «Otros problemas que pueden ser objeto de atención clínica» (a la que hemos hecho referencia en el capítulo 3 de la primera parte), en relación con los aspectos culturales, pero no hace ninguna otra mención a los aspectos emocionales de la migración, recogidos en el concepto de duelo migratorio. Sin embargo, se señala explícitamente que el epígrafe «Dificultad de adaptación a una cultura nueva» está relacionado con la emigración.

El estrés aculturativo llevado al extremo da lugar a un choque cultural. En este caso, la tensión es muy intensa y este es uno de los argumentos que utiliza la psiquiatría más culturalista para explicar el trastorno mental fundamentalmente en relación con los temas culturales. El estrés aculturativo ha sido investigado, entre otros autores, por Francisco Collazos *et al.* (Collazos, 2008), dada la importancia que tiene en la salud mental.

En las migraciones actuales, el estrés aculturativo continúa teniendo una gran relevancia, pero, dadas las circunstancias extremas en las que tiene lugar la migración, otros estresores de la cultura también han cobrado una gran importancia: el estrés relacionado con las rupturas familiares, el estrés vinculado al miedo en los viajes migratorios, la indefensión que viven los inmigrantes...

3.1.3. El riesgo de utilizar el concepto de cultura en el sentido fuerte del término, por su sesgo determinista

Si se utiliza la cultura en el sentido fuerte del término, ¿en qué se diferencia del concepto de raza? Raza es un concepto determinista, además de discriminativo y jerarquizado, en cuanto que plantea que hay grupos superiores a otros.

Con este sentido del concepto de cultura, cualquier persona queda fijada en su rol cultural: así, un mandinga ha de actuar siempre como mandinga, en una visión que ha sido criticada como colorista y neocolonialista.

Ya hemos planteado que cultura es construcción y deconstrucción, no una foto fija.

3.1.4. Biopolítica, migración y cultura. La perspectiva de los Cultural Studies

Al hacer referencia al duelo por la cultura en los inmigrantes, hay que tener en cuenta que el propio concepto de cultura se halla enmarcado en un contexto de relaciones sociales, económicas, de poder; en suma, en un contexto político (Zapata-Barrero, 2004). De ahí la importancia de la perspectiva de los denominados Cultural Studies.

El concepto de Cultural Studies fue acuñado en 1964 en el programa de doctorado en estudios literarios de la Universidad de Birmingham, creándose el Center for Contemporary Cultural Studies (CCCS) en el marco de los replanteamientos acerca del concepto de cultura que se produjeron tras los grandes cambios que supuso la Segunda Guerra Mundial y el surgimiento de la sociedad de consumo. En 1974 surge la sección Women's Studies.

En su fundación destacan las obras de Raymond Williams (antropólogo), Richard Hoggard (profesor de estudios literarios) y Edward Thompson (historiador).

Los Cultural Studies cuestionan la valoración de la cultura que había realizado el marxismo clásico con su célebre diferenciación entre infraestructura y supraestructura: la infraestructura, vinculada a los medios de producción, determinaría la supraestructura, donde se ubican la cultura y la ideología. Así, la cultura no sería sino un mero reflejo de los medios de producción.

Esta crítica ya se había producido en el marxismo en las obras de Georg Lukács y Lucien Goldman, pero en los Cultural Studies va más allá y, desde el materialismo cultural, se plantea la autonomía relativa de la supraestructura. En esta línea se desarrollan los planteamientos de Louis Althusser, quien, desde el marxismo estructural, considera que hay que repensar el concepto de ideología, que abarcaría una pluralidad de aspectos como la religión y los medios de comunicación, y plantea el concepto de «aparato ideológico del estado».

Sin embargo, el gran empuje a los Cultural Studies lo desarrolla Antonio Gramsci (1938), un filósofo italiano marxista que morirá en las cárceles de Mussolini tras años de prisión. Gramsci desarrolla un concepto clave de la política social y cultural contemporánea: el concepto de hegemonía.

Con el concepto de hegemonía, Gramsci plantea que los elementos culturales poseen un lugar muy relevante en la historia social. Considera que el concepto de hegemonía tiene dos significados:

1. El proceso a través del cual surge un gran acuerdo que lleva a una clase al poder, proceso caracterizado por lo que Gramsci denomina «revolución del sentido común», que da lugar a una transformación ideológica, a una modificación de la concepción del mundo.
2. Un ejercicio de poder caracterizado por un equilibrio entre la sociedad civil y la sociedad política.

Gramsci plantea la necesidad de un frente cultural, más allá del frente económico y del frente político. Desde esta perspectiva, la integración cultural de los inmigrantes ha de ubicarse en estos marcos sociales y políticos.

Estos planteamientos son desarrollados posteriormente por Ernesto Laclau, filósofo argentino posmarxista que señala la importancia del control de la construcción de los significantes, la importancia de los significantes vacíos en la lucha cultural. Rechaza reducir lo ideológico a lo económico En su libro *Hegemonía y estrategia socialista* (1965), escrito en colaboración con Chantal Mouffe, cuestiona la relación de clase dominante con ideología dominante.

También son relevantes los trabajos de Stuart Hall (2019 [1980]), que considera que la sociedad es un «campo discursivo totalmente abierto», teniendo en cuenta que las condiciones materiales son necesarias pero no suficientes en una práctica histórica bien entendida. Se ha de pensar en las condiciones materiales en su forma discursiva determinada, no como un absoluto fijo, desde un marco de indeterminación.

Gramsci (1938) plantea las interrelaciones entre ideología y sentido común, y considera que no son meros repertorios de ideas falaces, sino elementos que ya están insertados en la vida, dentro del funcionamiento de los grupos sociales. Gramsci plantea que la hegemonía es la capacidad de un grupo social para ejercer una función dirigente, interpelando a otros colectivos a través de una reconfiguración del sentido común, de un desplazamiento de los límites de lo que considera legítimo o deseable en el ámbito político. Para él, la ideología es más bien una forma de sentido común, enraizada en nuestras formas de vida, que aceptamos acríticamente y desempeña un papel importante en la subordinación aceptada.

Para Gramsci, la subordinación ideológica de la clase trabajadora no proviene del adoctrinamiento de la burguesía, sino que tiene raíces más complejas que se relacionan con el sentido común. Como señala Rendueles (2016), la hegemonía no son meros repertorios falaces que reflejan automáticamente los intereses materiales de las clases dominantes y que colonizan como un virus la mente de los subalternos.

Es muy interesante desarrollar estos aspectos en relación con la integración de los inmigrantes en la cultura del país de acogida. Pero ¿en qué cultura, en qué marco hegemónico?

Para Gramsci, la idea de hegemonía tiene que ver con el modo en el que «una clase social se convierte en grupo dirigente mediante una combinación de liderazgo ideológico, coerción y movilización de intereses compartidos que dan lugar al consentimiento de los subordinados. Las estructuras culturales y simbólicas, como la religión y las ideas políticas, no están exactamente en la cabeza de la gente, son normas, compromisos y pasiones que impregnan las instituciones de la vida social» (*Cuadernos de la cárcel*, 1938).

Señala que el principal medio no es la coerción, como planteó el marxismo clásico, sino la escuela, la iglesia..., buscando consensos. El control se ha ejercido más a través de las ideas que de la fuerza.

3.1.5. *Expresiones del duelo por la cultura*

El inmigrante suele tener complejos sentimientos en relación con su cultura de origen y con la cultura del país de acogida. Cómo escribía Borges, solo es verdaderamente nuestro lo que hemos perdido.

La vestimenta, especialmente el velo, es uno de los temas conflictivos del duelo por la cultura. Como expresión de la tensión que se pretende generar en torno a este tema, en el ayuntamiento de Vic (Barcelona), un concejal de un partido antiinmigración, curándose en salud, exigió en un pleno municipal que se prohibiera terminantemente en la ciudad el uso del burka. El alcalde, asombrado, le preguntó si había visto alguna vez a alguien con burka en Vic, a lo que el concejal contestó que no, pero sin inmutarse añadió: «Por si acaso alguna vez apareciera alguien». Resulta ocioso comentar que con estos criterios de prohibir todo tipo de situaciones imaginables la legislación sería infinita.

En todo caso, en el debate del velo casi nunca se tiene en cuenta a las personas que viven el conflicto y que además son menores: se publican sus fotos, su biografía... El lado humano de la migración no cuenta; solo cuentan las ideas y, cuanto más radicales son, mayor es el titular.

El duelo por la cultura se inscribe en el debate sobre la integración, la asimilación, el multiculturalismo y la interculturalidad, que forma parte de la agenda política (volveremos a él cuando hablemos del duelo por el grupo de pertenencia). Desde el punto de vista psicológico, la integración y la asimilación requieren que el inmigrante admire la cultura del país de acogida, se identifique con ella, la valore. Por esta razón, a muchos latinos no les resulta fácil la integración en el modo de vida anglosajón, al que ven con menos valores familiares, demasiado centrado en lo material, con menos alegría.

También hay diferencias culturales en la propia manera de expresar el duelo, incluso en los colores que utilizan para manifestarlo: así, el luto es blanco en China y Japón, rojo en la Roma clásica, azul en Siria...

3.1.5.1. *La relevancia del factor religioso*

Las vivencias religiosas y la práctica de la religión son otro elemento a tener en cuenta en la migración. En muchos casos hemos visto que la religiosidad actúa como factor protector en la elaboración del duelo migratorio, ya que dota al sujeto de una explicación para sus dificultades y sufrimientos, posibilita la existencia de rituales compartidos para elaborar el duelo y favorece el desarrollo del capital social, de gran importancia para el éxito de la integración del inmigrante. Recuerdo el caso de una inmigrante del este de Europa a la que pusimos en contacto con la iglesia de su zona y en poco tiempo estableció contactos que le fueron muy útiles para salir adelante.

Desde el punto de vista psicosocial, la religión aporta valores, red social, coherencia, un relato, una narrativa ante las adversidades. Obviamente, la religión también se puede vivir en la migración de un modo fundamentalista (radicalismo que se puede dar en cualquier religión, como bien conocemos en España) en relación con personalidades con rasgos paranoides o megalomaníacos, aunque no hay que olvidar que los contextos de exclusión social incrementan en gran medida ese riesgo.

La antropóloga Adriana Kaplan explicaba que un grupo de subsaharianos pedía como ayuda biblias antes que mantas.

Sin embargo, también hay inmigrantes que han recibido una educación totalmente alejada de los conceptos religiosos, de modo que para ellos no es un factor relevante. Una persona procedente de un país del este me comentaba que, al visitar una iglesia, había preguntado muy sorprendida al ver un cáliz expuesto en una vitrina: «Y esa copa ¿dónde la han ganado?».

3.1.5.2. *La valoración del tiempo*

La valoración del tiempo también está muy relacionada con la cultura. El modelo occidental dominante se basa en el *time is money*. En África se dice que viendo cómo camina una persona se sabe si ha estado en Europa o no.

En otras culturas se valora más el tiempo pasado, la tradición. En el duelo por la lengua hemos señalado numerosos aspectos sobre la valoración del tiempo que se expresan a través de las normas gramaticales y el léxico.

3.1.5.3. Aspectos cognitivos de la elaboración del duelo por la cultura

Desde el punto de vista cognitivo intercultural destacan los trabajos de Nisbert (2003), que muestra cómo las culturas occidentales son más analíticas y las orientales más holísticas. Así, ante la visión de un estanque, mientras que los occidentales se fijan en los elementos aislados (se dedican fundamentalmente a contar cuántos peces hay), los orientales se fijan sobre todo en el conjunto y la relación entre los componentes (los colores, la forma del estanque, la armonía entre las partes y las proporciones). Es decir, delante de una misma realidad (en este caso un estanque), los orientales se fijan en los aspectos de conjunto, en los aspectos estéticos del estanque, y los occidentales se apresuran a contar cuántos peces hay y si son gordos o no.

Tipos de cultura desde el punto de vista cognitivo

Culturas holísticas
- Ven preferentemente el conjunto y la relación entre los componentes.
- En un estanque se fijan en las proporciones, en si hay armonía entre las partes.

Culturas analíticas
- Ven preferentemente los elementos aislados.
- En un estanque se fijan en cuántos peces hay.

R. E. Nisbert: *The Geography of Thought*, Free Press, Nueva York (2003).

> **Diferencias culturales a nivel cognitivo**
>
> Diferencias en la clasificación de los objetos
> - Según sus similitudes y relaciones (occidentales).
> - Según su pertenencia a categorías (orientales).
>
> Tipo de razonamiento
> - Lógico: se busca lo que es verdadero o falso. Tipo de pensamiento occidental.
> - Dialéctico: se acepta la contradicción. El ejemplo serían los proverbios chinos. Humor.

R. E. Nisbert: *The Geography of Thought*, Free Press, Nueva York (2003).

3.1.5.4. *Los valores*

Los valores son uno de los temas más complejos de manejar en el trabajo en salud mental con los inmigrantes.

En las culturas tradicionales se enfatiza la importancia de los antepasados, planteamiento que coincide con los postulados de la psicogenealogía, que los considera elementos que poseen una gran importancia en la construcción de la personalidad. Así, ocupamos en la fantasía el lugar de un abuelo o un tío que han sido relevantes en la historia familiar, llevamos sus nombres, etcétera. Cabe señalar también la importancia de los valores compartidos (Bilbeny, 2002).

Los valores sirven de criterio de evaluación de lo que es bueno o justo (Chataigné, 2014).

En el modelo de Schwartz (1990) se considera que los valores tienen las siguientes características:

1. Son creencias fuertemente vinculadas a los afectos: la amistad, por ejemplo.

2. Se relacionan con objetivos deseables. Son la expresión de motivaciones que sirven para conseguir fines específicos: la seguridad, la autonomía...
3. Trascienden las situaciones específicas. Por ejemplo, la responsabilidad se aplica al trabajo, la familia... Las actitudes y las normas se relacionan con situaciones particulares.
4. Son intrínsecamente positivos. Sirven de criterio de evaluación de lo que es bueno o justo. En general, son inconscientes, salvo cuando surge un conflicto.
5. Están estructurados jerárquicamente según el orden de importancia, que es estable. La justicia social puede ser considerada un valor superior al poder social.
6. Su importancia relativa guía la acción. Según qué valores predominen, tomamos las decisiones.

Para Swartz, los 10 valores básicos serían:

1. El poder: vinculado al estatus social, el prestigio, el reconocimiento social, la riqueza, la autoridad.
2. El logro: vinculado al éxito personal; sentirse competente, influyente.
3. El hedonismo: vinculado al placer y a la gratificación sensual.
4. La estimulación: búsqueda de novedades, desafíos, situaciones excitantes, audacia.
5. La autonomía: vinculado a la independencia en la acción y en el pensamiento; poder explorar, crear, escoger.
6. El universalismo: comprensión, protección y aprecio de todas las personas de la tierra. Búsqueda de la igualdad, la paz, la justicia social, la unidad con la naturaleza, la sabiduría, la belleza.
7. La amabilidad: preservar y mejorar el bienestar de las personas que nos rodean. Valoración de la lealtad, la honestidad, la indulgencia, la amistad.

8. La tradición: respeto por las ideas preconizadas por la cultura tradicional, la religión y las costumbres.
9. La conformidad: moderar todo lo que pueda molestar a los demás y transgredir las normas sociales. Se valora la cortesía, la autodisciplina, la obediencia.
10. La seguridad: se valora la estabilidad de la sociedad y de las relaciones personales. Se valora el orden social.

Estos 10 valores son universales porque responden a tres necesidades básicas de toda la especie humana:

1. Necesidades biológicas.
2. Necesidades de coordinación de interacciones sociales.
3. Necesidades de supervivencia y continuidad en una sociedad.

Estos 10 valores se basan en la combinación de dos dimensiones:

1. Trascendencia de sí (que incluye universalismo y cuidado de los otros) como opuesta a afirmación (que incluye poder y éxito).
2. Apertura al cambio (que incluye autonomía y estimulación) como opuesta a conservación (que incluye tradición, conformidad y seguridad).

Para Swartz los valores:

1. Se dan igual en hombres que en mujeres, pero estas tienen más cuidado de los otros y más universalismo que los hombres. Los hombres puntúan más en poder, estimulación y éxito.
2. Son relativamente independientes de las situaciones específicas. Las normas sociales no.
3. Con la edad se incrementa el conservadurismo y disminuye la apertura al cambio: por eso emigrar y adaptarse a un nuevo país no es fácil.

4. El nivel de instrucción correlaciona positivamente con autonomía y estimulación, y negativamente con conformidad y tradición.
5. Universalismo y, en menor medida, cuidado de los otros correlacionan con el voto de izquierda, y tradición, poder, conformidad y seguridad con el voto de derecha.

El tema de los valores es uno de los aspectos más complejos de manejar en la relación terapéutica con la población inmigrante, porque reduce en gran medida el campo de intervención, ya que hay una serie de temas difíciles de plantear sin entrar en conflicto con los valores que trae el inmigrante.

3.2. Evaluación del duelo por la cultura

3.2.1. *Evaluación de los factores de riesgo en salud mental en relación con el duelo por la cultura*

Los factores de riesgo, en este caso, son todos aquellos elementos relacionados con la cultura que incrementan el riesgo de padecer problemas de salud mental. Hay que tener en cuenta dos perspectivas:

1. Lo que ha acontecido antes de que el inmigrante salga de su país: la vulnerabilidad.
2. Los problemas que ha tenido el inmigrante una vez que ha emigrado, las dificultades que ha tenido en el país de acogida: los estresores.

Para la evaluación de los factores de riesgo en salud mental seguiremos la escala Ulises (Achotegui, 2007).

3.2.1.1. Vulnerabilidad en el duelo por la cultura

Se evalúa el grado de limitaciones que tenía el sujeto antes de emigrar y que, una vez que ha emigrado, pudieran constituir un obstáculo para el contacto con la cultura de origen y con la cultura del país de acogida.

VULNERABILIDAD EN EL DUELO POR LA CULTURA
¿QUÉ SE EVALÚA?

Se evalúa el grado de limitaciones que tenía el sujeto antes de emigrar y que, una vez que ha emigrado, pudieran constituir un obstáculo para el contacto con la cultura de origen y con la cultura del país de acogida.

ÁREAS	EXPLICACIÓN DEL ÍTEM	0, 1, 2
Limitaciones físicas que dificultan la elaboración del duelo por la cultura	– No hay limitaciones físicas .... 0 – Limitaciones físicas relevantes pero no incapacitantes: hipoacusia, problemas visuales..... .... 1 – Limitaciones físicas incapacitantes: retraso mental, demencia... 2	0, 1, 2
Limitaciones psíquicas que dificultan la elaboración del duelo por la cultura	– Limitaciones psíquicas leves, compatibles con la elaboración de este duelo: ser una persona algo tímida y retraída, pero capaz de establecer nuevas relaciones .... 0 – Limitaciones psíquicas relevantes: depresión, fobia, personalidad dependiente, personalidad esquizoide... .... 1 – Limitaciones psíquicas incapacitantes: psicosis, retraso mental, demencia. Historia personal traumática: malos tratos, abusos sexuales reiterados, situaciones de guerra y violencia que le han afectado muy de cerca 2	0, 1, 2

RECUENTO: Si se puntúa 0 simple
Si se puntúa 1 complicado
Si se puntúa 2 extremo

en una sola área o en la suma de varias áreas

La vulnerabilidad en el duelo por la cultura no sería tan relevante como en otros duelos, como el duelo por la familia y los seres queridos o el duelo por los riesgos físicos. Se limitaría a los casos en los que la persona que emigra haya vivido situaciones de tensión tan intensas que hayan dado lugar a alteraciones de sus capacidades cognitivas. Por suerte, esto solo ocurre en casos extremos, aunque en nuestra consulta del SAPPIR hemos visto algunos.

El analfabetismo y la falta de escolarización también suponen, en sentido estricto, vulnerabilidad en el duelo por la cultura, pero existen numerosas capacidades en los seres humanos para subsanar esos déficits si hay medios para formar a los emigrantes.

3.2.1.2. *Estresores en el duelo por la cultura*

Los estresores que hay que valorar son:

1. Los obstáculos externos al inmigrante con los que se ha encontrado en los seis últimos meses y que le dificultan el contacto con su cultura de origen y con la nueva cultura; por ejemplo, que se le dificulte o impida tener relación con los autóctonos y no pueda conocer la cultura ni participar en las actividades culturales.
2. Las tensiones y quejas del inmigrante en relación con la cultura autóctona; por ejemplo, las típicas comparaciones sobre la comida, las costumbres o la manera de ser. Solo se valoran los obstáculos objetivos para contactar con la cultura autóctona.

Existen bastantes o muchas dificultades para que los inmigrantes contacten con la cultura de origen o puedan mantener su cultura. Las situaciones de exclusión social o de discriminación, que con frecuencia viven muchos inmigrantes, dificultan el acceso a los bienes culturales, especialmente en el caso de los inmigrantes indocumentados.

Los estresores simples en el duelo por la cultura son limitaciones menores para el contacto con la cultura del país de acogida.

ESTRESORES EN EL DUELO POR LA CULTURA
¿QUÉ SE EVALÚA?

Los estresores en el duelo por la cultura son los obstáculos externos al inmigrante con los que se ha encontrado en los seis últimos meses y que le dificultan el contacto con su cultura de origen y con la nueva cultura; por ejemplo, que se le dificulte o impida tener relación con los autóctonos y no pueda conocer la cultura ni participar en las actividades culturales. Las tensiones y quejas del inmigrante en relación con la cultura autóctona; por ejemplo, las típicas comparaciones sobre la comida, las costumbres o la manera de ser. Solo se valoran los obstáculos objetivos para contactar con la cultura autóctona.

ÁREAS	EXPLICACIÓN DEL ÍTEM	0, 1, 2
Ámbito personal	Puede contactar con la cultura del país de acogida 0	0, 1, 2
	Le cuesta contactar con la cultura del país de acogida; por ejemplo, un inmigrante que vive en un barrio en el que apenas tiene relación con los autóctonos. Dificultades para contactar con la cultura del país de acogida porque su grupo familiar lo obstaculiza; por ejemplo, el caso de las mujeres pakistaníes de cultura muy tradicional que apenas tratan con autóctonos 1	
	El inmigrante no se relaciona con los autóctonos y está muy aislado; por ejemplo, un inmigrante sin papeles que no contacta con autóctonos porque está escondido 2	
Ámbito social	Tiene limitaciones sociales menores para acceder al aprendizaje de la lengua; por ejemplo, está en condiciones de aprenderla y puede estudiarla, pero no todas las horas que quisiera...... 0	0, 1, 2
	Tiene serias limitaciones de acceso a los medios para el aprendizaje de la lengua; por ejemplo, porque trabaja muchas horas y apenas tiene tiempo para estudiar, pero, aun así, con esfuerzo, puede ir aprendiéndola.................... 1	
	No tiene acceso a los recursos de aprendizaje de la lengua del país de acogida; por ejemplo, un inmigrante sin papeles que tiene miedo de ir a lugares públicos, a cursos de lengua, por el temor a ser detenido 2	

RECUENTO: Si se puntúa   0   simple
                 Si se puntúa   1   complicado
                 Si se puntúa   2   extremo

en una sola área o en la suma de varias áreas

Los estresores complicados se producen cuando al inmigrante le cuesta contactar con la cultura del país de acogida porque vive en un barrio en el que apenas tiene relación con los autóctonos, porque su grupo familiar lo obstaculiza (por ejemplo, las mujeres pakistaníes de cultura muy tradicional que apenas tratan con autóctonos), o porque trabaja muchas horas y apenas tiene tiempo de ir al cine o al teatro.

En los estresores extremos, el inmigrante está muy aislado. Es el caso de un inmigrante sin papeles que no tiene relación con los autóctonos porque está escondido.

3.2.1.3. Intensidad del duelo por la cultura

Al igual que en el caso del duelo por la lengua, se considera que cualquier persona que emigra tiene capacidades para establecer contacto con la nueva cultura, si no tiene déficits personales previos y se encuentra en un medio que no obstaculiza dicho contacto. El inmigrante ha de elaborar el duelo por la disminución o la pérdida de contacto con la cultura de origen, y esforzarse por contactar y adaptarse a la nueva cultura.

Desde la perspectiva de la intensidad del duelo, habría que diferenciar:

1. Duelo simple: el inmigrante puede contactar y relacionarse sin problemas tanto con la cultura del país de acogida como con la cultura del país de origen.
2. Duelo complicado: hay dificultades, pero superables. Con relación a la religión, el duelo puede convertirse en extremo en casos como los de los inmigrantes musulmanes que tropiezan con grandes obstáculos para poder desarrollar sus prácticas religiosas. Dado que todas las grandes religiones actuales poseen códigos morales parecidos, basados en la compasión y la ayuda mutua, no hay duda de que constituyen un valioso punto de encuentro común entre las personas. Por tanto, son incomprensibles los innumerables obs-

táculos que se ponen a la construcción de mezquitas, lugares muy importantes no solo desde el punto de vista del respeto a las creencias de los ciudadanos, sino también desde la perspectiva de la socialización de los inmigrantes. Como señala M. Chaib, farmacéutico líder de la inmigración magrebí en Catalunya, en esta comunidad solo hay oratorios, la mayoría en garajes y lonjas insalubres. Se atribuye a Napoleón la frase «por cada cura que quito he de poner 10 guardias».
3. Duelo extremo: el inmigrante se encuentra imposibilitado para el contacto con la cultura del país de acogida. Se daría cuando hay una persecución de la cultura del inmigrante en el país de acogida.

3.2.2. Evaluación de la elaboración del duelo por la cultura

Para el estudio de la elaboración del duelo migratorio por la cultura contamos con un instrumento denominado el test del kayak (Achotegui, 2017b). Se trata de un test basado en la teoría evolucionista que analiza el grado de adaptación de las conductas. En este caso se analiza la elaboración del duelo migratorio.

El test del kayak considera que hay ocho grandes estrategias en la elaboración de los duelos:

1. Funcionamiento de control, que llevado al extremo desadaptativo da lugar al funcionamiento obsesivo.
2. Funcionamiento de asertividad, que llevado al extremo desadaptativo da lugar al funcionamiento paranoide.
3. Funcionamiento de retirada, que llevado al extremo desadaptativo da lugar al funcionamiento esquizoide.
4. Funcionamiento de autocrítica, que llevado al extremo desadaptativo da lugar al funcionamiento depresivo paranoide.
5. Funcionamiento de repensar, que llevado al extremo desadaptativo da lugar al funcionamiento depresivo confusional.

6. Funcionamiento de descanso, que llevado al extremo desadaptativo da lugar al funcionamiento de pasividad.
7. Funcionamiento de exploración, que llevado al extremo desadaptativo da lugar al funcionamiento de desorganización.
8. Funcionamiento de acción, que llevado al extremo desadaptativo da lugar al funcionamiento maníaco.

Para conocer más detalles sobre el test del kayak se puede consultar la web http://josebaachotegui.com/testkayak/.

3.3. Intervención en el duelo por la cultura

Los aspectos culturales del paciente deben integrarse también en el marco de la relación terapéutica, ya que forman parte de la identidad del sujeto. Sabemos que la cultura es el filtro a través del cual se expresan las emociones y los síntomas. No respetar su cultura constituye una forma de desvalorización del mundo del inmigrante, que refuerza el sentimiento de exclusión social que afecta a estos grupos humanos.

3.3.1. La cultura desde la perspectiva evolucionista. Todos los seres humanos compartimos la misma historia evolutiva y las mismas necesidades básicas

Tal como señala la psicología evolucionista, las diferencias entre los grupos humanos existen, pero no deben ser sobrevaloradas.

El paciente de otra cultura no es como plantean algunos culturalistas radicales, casi como un marciano. Posee las mismas necesidades psicológicas básicas que cualquier ser humano, marcadas por la evolución y la selección natural: apego, seguridad, valoración, rol social, etcétera.

La identidad cultural del sujeto es un proceso de construcción y deconstrucción personal que siempre hemos de respetar, por lo que debemos evitar caer en estereotipos en relación con las culturas de los inmigrantes y las minorías.

Al atender a los inmigrantes, tampoco se ha de caer en el exotismo, en una visión esnob, que añora el *revival* colonial de los imperios (Moro *et al.*, 2004). En este sentido, Amina Bagach (2005) señalaba agudamente que estaba observando cómo a los inmigrantes marroquíes en España se les aplicaban a veces los mismos prejuicios con los que se trataba, en los años sesenta, a los inmigrantes españoles en ciertos medios asistenciales suizos: se decía que en Suiza a los españoles no se les podía aplicar la psicoterapia ni tratamientos psicológicos, dada su visión del mundo basada en la magia, la brujería, la superstición...

Así, en ciertos ambientes suizos se consideraba que los tratamientos psicológicos eran solo para los suizos, que estos sí pertenecían a una cultura moderna, avanzada, racional, que comprendía los aspectos psicológicos. A los españoles había que aplicarles aquelarres, rituales esotéricos, conjuros. Quizás se puede correr el riesgo de aplicar estos mismos criterios «sin más» a los inmigrantes magrebíes, o africanos en general, ahora en España.

La cultura tradicional, tal como hemos señalado en el capítulo 2, considera que la enfermedad proviene de incumplir normas del grupo, como no tener en cuenta a los antepasados, no tratar bien a los padres o dar envidia. Entonces el paciente teme que el damnificado haya recurrido a la brujería para ponerle enfermo. Pero esto no significa que todo extracomunitario pertenezca necesariamente a ese mundo, del mismo modo que la mayoría de los inmigrantes españoles que iban a Suiza tampoco basaban su salud en la magia y la hechicería. En todas las sociedades occidentales hay un porcentaje relevante de personas que creen en los curanderos.

A veces nos cuesta entender que los aspectos culturales deben integrarse en el conjunto de elementos de la situación social del sujeto. A un inmigrante africano indocumentado, que estaba padeciendo aquí grandes adversidades y desgracias, le pregunté si pensaba que estaba afectado por el mal de ojo y me contestó: «Mire usted, doctor, no se confunda. A mí el mal de ojo no me lo han echado en África. A mí el mal de ojo me lo han echado las leyes que tienen ustedes en este país».

3.3.2. El descentramiento con relación a la propia cultura. El respeto de las diferencias culturales como respeto al otro

En cuanto al abordaje de las diferencias culturales, hemos de partir de la base de que existe un gap, una distancia cultural que no debe ser menospreciada ni sobrevalorada. Se ha de tener una actitud de «descentramiento» de la propia cultura, que es una especie de filtro, de gafas graduadas con las que observamos el mundo.

Actuar como si no pasara nada crea una situación de falsedad, de estar fuera de la realidad, algo totalmente opuesto al trabajo terapéutico, que consiste fundamentalmente en conectar al individuo con la realidad, incluida por supuesto la realidad de la relación asistencial. Tampoco debe resaltarse la distancia cultural, como plantea la etnopsiquiatría radical, considerándola como algo insalvable, ya que esto supondría pensar que es imposible la comunicación directa entre seres humanos.

Es preciso acercarse con respeto a los aspectos culturales relacionados con la magia o el mal de ojo. Muchas veces el paciente, antes de entrar en ellos, tantea al terapeuta esbozando una media sonrisa, avergonzado, comentando que son cosas de su país, como queriendo decir que son propias de un país atrasado. Es importante no «picar» ante este sondeo porque es un tanteo del paciente para ver si se respeta su cultura, si se le acepta realmente. Tan solo si lo percibe, nos explicará sus vivencias en relación con la magia.

Está bien acercarse preguntando indirectamente sobre la suerte, la mala suerte, si cree que lo que le pasa tiene que ver con una mala suerte especial. La preocupación por la suerte constituye una vivencia humana universal.

De todos modos, no se ha de presuponer cuál es la perspectiva cultural del inmigrante: su grado de integración puede ser muy variable. A este respecto recuerdo la anécdota de un paciente marroquí que me explicó que había probado terapias psicoanalíticas, conductistas, sistémicas..., es decir, conocía muy bien las técnicas de la psicología, sin duda mucho mejor que bastantes autóctonos. Ante esta situación le pregunté: «¿Ha hecho también terapia humanista?». Me miró asombrado y me dijo: «Humanista... ninguna... porque todos cobraban».

3.3.3. *Intervención desde la perspectiva transcultural y etnopsiquiátrica*

Siguiendo el modelo de Frank de los aspectos comunes a todas las formas de ayuda psicológica (relación de confianza, espacio de ayuda, mito y rito compartido), podemos observar que resulta problemático en la intervención transcultural al tener dificultades en compartir con el inmigrante la explicación de lo que le pasa, al tener marcos explicativos diferentes, al haber discordancia acerca de la explicación del trastorno y cómo abordarlo.

Obviamente, muchos aspectos son interculturales y los compartimos con personas de otras culturas (que se ha de ser honesto y respetuoso con las personas, etcétera). Son los valores comunes a todas las religiones que surgen en el mismo período de la evolución, la denominada por Jaspers «revolución axial», hace unos dos mil o tres mil años.

La perspectiva transcultural es más psicologicista, mientras que la perspectiva etnopsiquiátrica es más culturalista y tiene a veces componentes radicales, como en la obra de Tobie Nathan (1999).

Desde una perspectiva psicodinámica transcultural (Roheim, 1982), podríamos decir que la brujería y el mal de ojo son objetos malos que deben ser integrados por el objeto bueno. Otras personas de la cultura del paciente también han sido víctimas de la brujería y han encontrado el «antídoto» con el ritual que les ha curado. ¿Por qué el paciente no lo encuentra? ¿Por qué no confía en la bondad de las intervenciones de magia que ayudan a tantos otros miembros de su comunidad y que, según su propio modelo cultural, deberían poder resolver el conflicto? En nuestra opinión, porque el paciente no confía en un «objeto bueno» que integre el objeto malo (la envidia, la falta que ha cometido con su comunidad, etcétera).

En muchos casos, el paciente referirá que no se fía del curandero, que este solo busca dinero, que ya no es como antes, que su mal es demasiado antiguo y se encuentra demasiado fijado para poder ser modificado. En definitiva, expresiones de desconfianza hacia el objeto bueno (las capacidades del sujeto y de las personas que le quieren y le han querido).

Se ha de añadir a renglón seguido que tampoco se trata de hacer «chamanismo de ambulatorio», ni de hacer de aprendices de brujo. Los trabajadores de la salud mental trabajamos en el marco ético de la ciencia, en el marco de unos saberes científicos, no en el marco de la brujería o el chamanismo. Eso sí, en el marco del respeto, aunque crítico, de otras visiones de la realidad.

Los ritos de la cultura del paciente para vencer la enfermedad no son incompatibles con nuestras técnicas de tratamiento. De hecho, el paciente acude a nuestra consulta, es decir, está abierto a escucharnos. Nuestra medicina y la medicina tradicional pueden complementarse.

La medicina tradicional busca curar la «causa última» existencial, espiritual, del trastorno; la medicina occidental va por otro lado (Bon, 1998; Sow, 1978). Las dos pueden ir de la mano con el objetivo último de mejorar la calidad de vida del paciente. En el islam, el marabout es el curandero. El nombre viene de morabita, monje guerrero de los siglos XI y XII. Interviene sobre los djinn árabes (los dir pakistaníes).

En la cultura árabe, frente a los djinn están los cheik, los marabouts. Al ir a visitarles se busca la baraka, la salud. El marabout da de beber safara, agua con la que se han lavado los textos coránicos, que cura. Los médicos no pueden tratar a los djinn porque son invisibles. El genio de la lámpara maravillosa de Aladino, en *Las mil y una noches*, es un djinn. Los djinn prefieren hombres gordos y ricos para vivir mejor. En la tradición islámica hay una perspectiva diferente del trauma infantil o los problemas psicológicos.

Tal como hemos señalado, se ha de valorar asimismo el grado de aculturación de la persona, ya que no debe presuponerse que todos los inmigrantes mantienen intacta, pura, la cultura de origen que ha sido criticada por dejarse atrapar por el exotismo en relación con otras culturas.

Por otra parte, esta realidad del curanderismo tampoco es tan exótica: muchos pacientes autóctonos también acuden a curanderos. Cerca de Barcelona hay un famoso curandero que posee un centro que tiene hasta aparcamiento gratuito para los clientes. Y en nuestra sociedad hay programas de radio y televisión de gran audiencia sobre magia y curanderismo.

Los orientales, como muchas tradiciones culturales, valoran mucho más el uso de la metáfora. En la cultura occidental, a partir de Aristóteles, hay una tendencia a rechazarla.

En las poblaciones de origen latino se valora más la empatía, la proximidad: si no hay un contacto previo amable y personal, el paciente no se siente cómodo (D'Ardenn, 1997; Luong Cân Liêm, 2004). Con relación a esta comunidad, es muy importante respetar sus nombres. Una chica argentina me decía: «Entre todas las cosas que he perdido, me han quitado hasta uno de mis nombres. ¡Tengo dos!».

Toda cultura es una realidad muy compleja y, lamentablemente, el inmigrante mantiene con frecuencia determinadas tradiciones, pero pierde el contacto con otras que podrían serle de interés (Gailly, 1991; Guerraoui y Troadec, 2000). Así, por ejemplo, el inmigrante puede sufrir temores respecto a acciones inadecuadas según su modelo cultural, y tener miedo de ser víctima del mal de ojo, prohibiciones, etcétera, pero no sabe cómo afrontar esa realidad para superarla utilizando los recursos que tiene la propia cultura para resolver esos problemas (Aponte *et al.*, 1995).

Atendimos en el SAPPIR a una chica de origen asiático que no podía casarse con su novio, de su misma etnia, porque las dos familias estaban enemistadas desde hacía generaciones. La solución transcultural fue organizar un acto de desagravio para vencer el conflicto generado siglos atrás.

La perspectiva etnopsiquiátrica tiene un planteamiento interdisciplinar: utilizar la técnica de varias sillas en círculo con coterapeutas de diferentes disciplinas, con terapeutas mestizos, eclécticos y políglotas, que representan la alteridad y señalan la complementariedad entre todos los planteamientos (Moro, 98). De todos modos, es obvio que implementar este tipo de tratamientos supera habitualmente los recursos de la mayoría de los servicios de atención a inmigrantes.

Para Tobie Nathan (1999), en la migración falla el «doble cultural»: las otras personas de nuestra cultura son nuestros dobles, ya que tienen nuestros mismos códigos posturales, tono, distancia al hablar... Todo eso falla en el nuevo contexto de la migración. Este planteamiento lleva el choque cultural hasta su versión más extrema. Para Nathan, se ha de superar la valla cultural, «la clôture». La transferencia solo puede elaborarse en un grupo multiétnico de coterapeutas.

Para Kleimann (1989), la terapia es negociación: el terapeuta anima al paciente a dar su propia versión de la realidad. Las dos versiones se complementan, la del paciente y la del terapeuta.

En Sudáfrica, tras el fin del *apartheid*, se integraron curanderos tradicionales en la medicina pública. Esta fue una reivindicación popular tras los largos años de dominio de los blancos. Los colonos blancos les habían impuesto la medicina occidental, prohibiendo y desvalorizando la medicina popular y tradicional.

La psicoterapia occidental tiene poco ritual: está muy racionalizada, y el ritual es muy importante en el modelo de Frank que hemos mencionado anteriormente. Esta realidad, de tener poco en cuenta los aspectos rituales, puede favorecer que los pacientes de otras culturas presenten dificultades para integrarse en el tratamiento. De hecho, los pacientes inmigrantes y procedentes de minorías tienden a abandonar los tratamientos (Veret *et al.*, 1983; London y Devorn, 1988; Mazzeti, 1994). Los negros son los que más interrumpen los tratamientos (O'Sullivan, 1989; Sue, 1977) y los que van a menos sesiones (Aponte, 1997). Si es alto el abandono en medicina, en psiquiatría lo es más, y en psiquiatría transcultural incluso más.

Las culturas comunitaristas, como las de los balineses y los esquimales, han aprendido a no valorar las emociones de tristeza o rabia en relación con las vivencias del grupo. En la cultura china hay un refrán que dice: «Sé sordo y mudo»: expresar las emociones, especialmente la ira, es malo para las energías del cuerpo y se puede enfermar.

Se ha de ser cuidadoso con los aspectos culturales en la comunicación no verbal. Mirar directamente a los ojos es una pauta cultural más propia de árabes e hispanos. Hay culturas en las que los hombres se desnudan enseguida delante de otro hombre, algo que en la cultura hispana es visto como inadecuado; esta situación la he presenciado varias veces con pacientes pakistaníes. Los nativos americanos interpretan como negativo que se les dé la mano con energía: ellos lo hacen muy suavemente.

Hay dos tipos de terapias: las task-oriented y las insight-oriented (D'Ardenne y Mahtani, 1999). En la intervención transcultural puede ser más útil el segundo tipo. Muchas veces, la expectativa del paciente inmigrante es solucionar problemas concretos, no analizar complejos problemas psicológicos que requieren un gran trabajo psicoterapéutico.

En la psiquiatría transcultural es muy importante el denominado «Caso del indio de las praderas», Jimmy Picard, descrito en 1951 por George Devereux. Se trata de un hombre de 30 años, agradable, robusto, que tenía fobia al agua, algo común en los indios de las llanuras. Pertenecía a una cultura próxima a los cheyenes (en el libro les llama indios lobo por confidencialidad). Estableció una buena relación personal con Devereux. Tenía apertura mental y se

> esforzó por curarse. Se explica cómo las terribles condiciones de vida de las reservas favorecen el alcoholismo. Jimmy, cuando tenía cinco años, había vivido la muerte de su padre, un hombre muy trabajador, del que hablaba con mucho cariño. Su madre tenía 70 años y vivía todavía. En la intervención de Devereux es de destacar la actitud de gran respeto por la cultura de Jimmy.

Al analizar los grupos culturales, se ha señalado clásicamente (Aponte *et al.*, 1995) que los orientales, en general, valoran más que otros colectivos la jerarquía, que se mantenga una distancia formal y una actitud más directiva del terapeuta. Demasiada camaradería les podría resultar desconcertante. No se sienten cómodos hablando de sentimientos.

Por el contrario, las poblaciones de tipo latino o mediterráneo prefieren la empatía y la proximidad. Si no hay un contacto previo amable y personal (la cháchara), el paciente no se siente cómodo y puede inhibirse.

3.3.4. *La perspectiva de la competencia y la formulación culturales*

El DSM-V, en la línea del DSM-IV, dedica una sección a la temática de la competencia y la formulación culturales en el trabajo de atención a personas de diferentes culturas (Beiser, 1996; Mezzich, 1996).

El DSM-V propone la entrevista de formulación cultural, que evalúa de modo sistemático las siguientes categorías:

1. La identidad cultural del individuo con relación a los grupos de referencia raciales, étnicos o culturales.
2. La conceptualización cultural del malestar, teniendo en cuenta los constructos culturales en los que se mueve cada persona.
3. Los factores de estrés y los rasgos culturales de vulnerabilidad y resiliencia.

4. Los elementos culturales de la relación entre el individuo y el profesional que le atiende.
5. La evaluación cultural global.

Así mismo, el DSM-V, en la entrevista de formulación cultural, plantea una guía para el entrevistador, señalando los siguientes puntos a tener en cuenta en la intervención terapéutica:

1. La definición cultural del problema.
2. Las percepciones culturales de la causa, el contexto y el apoyo.
3. El estudio de los factores culturales que afectan al afrontamiento personal y a la búsqueda de ayuda en el pasado.

Con relación a los conceptos culturales del malestar, plantea tres niveles de análisis:

1. El de los síndromes.
2. El de las expresiones.
3. El de las explicaciones.

También cuestiona el planteamiento de los síndromes dependientes de la cultura que el DSM había recogido en las ediciones anteriores: síndromes como el Dhat, el Koro o el Karoshi.

3.4. La interculturalidad en el duelo por la cultura

Desde la perspectiva de la interculturalidad, se ha de señalar que todas las culturas poseen numerosos aspectos comunes: comparten mucho más que lo que las separa. No existe una cultura A y una cultura B completamente diferentes que se encuentran de repente, sino que cada cultura es el resultado de una gran cantidad de interacciones previas a lo largo de la historia. Así, por ejemplo, considerar como gran novedad que se ha de trabajar en la interculturalidad de la cultura española con la magrebí resulta un planteamiento chocante, dado que gran parte de la historia de España está relacionada con la otra orilla del Mediterráneo, que, por cierto, está a 14 kilómetros. Así, según como se mire, no es que los magrebíes vengan; quizás es que vuelven.

Baste pensar que los últimos moriscos que salieron de España marcharon de la zona del delta del Ebro en el siglo XVII, y muchos de sus regadíos continúan intactos ahora que los magrebíes trabajan en los mismos campos y utilizan las mismas acequias que construyeron sus antepasados. Además, el 10% del castellano y el catalán está formado por palabras árabes. La interculturalidad ya se encuentra entre nosotros.

No suele tenerse en cuenta que todas las culturas comparten numerosos aspectos. Y no digamos entre dos países vecinos, con una historia en buena parte compartida, común. En España se podría decir de Marruecos: tan cerca y tan lejos. Se impone la idea de la lejanía a pesar de que más de un millón de marroquíes o de personas de origen marroquí viven entre nosotros, aunque el contacto con la sociedad de acogida sea con frecuencia escaso.

Hace más de veinte años que atiendo en salud mental a marroquíes que viven en España y que especialmente ahora padecen situaciones muy difíciles tras la crisis del COVID-19. Hay una palabra que resuena una y otra vez en el consultorio, en la voz de esos hombres y mujeres: *hazin* (en masculino), *hazina* (en femenino). El sentimiento de tristeza.

En el mundo actual, aunque existen diferencias culturales, todos participamos de una nueva cultura global, formamos parte de una única gran subestructura, de un único modo de producción en el sentido marxista. Todos vivimos en un mundo global (Martínez, 2008).

En relación con la globalización, señalaría que en España es frecuente que en las pateras llegue algún inmigrante ataviado con la camiseta del Barça o del Madrid.

El contacto entre personas de diferentes culturas tiene una parte de enriquecimiento mutuo, pero también puede suponer dificultades y tensiones.

Desde esta perspectiva de la interculturalidad en el tema del duelo por la cultura, hay que tener en cuenta que el duelo migratorio es un duelo recurrente, tal como señalamos brevemente al hacer referencia a sus características específicas. Y esta tendencia a la recurrencia del duelo migratorio lleva al inmigrante a mirar atrás y mantener el contacto con su país de origen, con su cultura de origen, por lo que las políticas asimilacionistas con los inmigrantes, aparte de ser muy discutibles, son además muy poco realistas. Me explicaba una emigrante latinoamericana cómo en su ciudad de origen, de la que había emigrado mucha gente, habían puesto cámaras en las calles principales para que los que habían marchado pudieran saber qué pasaba en la ciudad.

Capítulo 4

El duelo por la tierra

Otro de los cambios que vive el inmigrante tiene que ver con la temperatura, la luminosidad, los olores, los colores, los paisajes, la humedad..., lo que podemos denominar «la tierra». Todos ellos son aspectos que poseen gran relevancia a nivel emocional, porque los seres humanos somos muy sensibles a todo lo que nos rodea, ya que es fundamental tener un buen contacto con el medio para que pueda producirse una adaptación exitosa.

De hecho, el propio sistema nervioso se construye en relación con el medio que rodea al niño, porque el ser humano nace inmaduro y se va desarrollando en función del contexto en que vive. Las sinapsis, las conexiones entre las neuronas, son diferentes según el medio en el que vive el sujeto.

Desde la perspectiva psicoanalítica, la tierra representa los padres, los antepasados. Se habla de la madre patria. Como decía Borges, nuestra patria es la infancia, una etapa en la que el niño se relaciona de modo muy intenso con los padres y todo lo que le rodea.

El inmigrante ha de elaborar el duelo por los aspectos con los que se había vinculado a la tierra que deja atrás, y la adaptación a la nueva tierra.

4.1. Características del duelo por la tierra
4.1.1. La importancia afectiva del paisaje
4.1.1.1. La luminosidad

La luminosidad tiene una gran relevancia emocional. El ojo es una de las partes externas del organismo que más rápidamente se conectan al cerebro, dada la importancia que la visión posee para la adaptación. Los nervios ópticos de cada ojo convergen en el quiasma óptico y ofrecen información del grado de luminosidad al hipotálamo. La luminosidad proporciona cuantiosa información sobre el medio que nos rodea e influye notablemente en el estado de ánimo.

El duelo por la tierra se relaciona con la disminución de la luminosidad. Sabemos, tanto a nivel arqueológico como a nivel genético, que los humanos provenimos de África, de lugares con mucha luminosidad, y adaptarnos a espacios menos luminosos no nos resulta fácil.

Hasta tal punto tenemos necesidad de luminosidad que en países del norte de Europa, como Suecia y Noruega, se instalan en los bares y lugares públicos focos de luz muy intensa para estimular a los clientes «apagados» tras meses de oscuridad en el interminable invierno nórdico.

> En Umea, una ciudad a casi 400 kilómetros al norte de Estocolmo, el ayuntamiento instaló, en 30 de las paradas de autobuses de la ciudad, lámparas de fototerapia y se invitó a los usuarios a pasar unos minutos frente a ellas mientras esperaban el autobús. En unos meses se duplicó el número de usuarios del autobús en la ciudad. Se recomendaba estar 30 minutos mirando a la luz (a la que se habían filtrado los rayos ultravioleta).

Una muestra de la importancia de la luminosidad sería el regreso en masa de los emigrantes españoles que marcharon en los años cincuenta y sesenta del siglo pasado a los países nórdicos: tanto daba que ganaran mucho más o disfrutaran de un envidiable sistema de protección social. Juntados unos ahorros, el sol de España era más valioso que todo aquello junto. Apenas quedan inmigrantes españoles en Suecia (casi todos casados con suecas y con segunda residencia en España). En los años noventa tuve ocasión de entrevistarme con estos emigrantes en Suecia, y en privado te decían que les gustaría regresar a España. Millones de personas del norte de Europa tienen segundas residencias en el cálido sur. Prácticamente nadie del sur tiene una segunda residencia en el norte de Europa.

Se ha relacionado el efecto antidepresivo del mar con la gran luminosidad que refleja su enorme masa de agua. Esta podría ser una de las razones por las que el mar nos atrae tanto. La nieve también es buena reflectora de la luz y tiene el mismo efecto, lo que contrarresta los aspectos depresivos del frío y la oscuridad.

También se ha relacionado la luminosidad con la precocidad de la menarquía: a los nueve años en el África subsahariana, frente a los 19 entre las esquimales por la influencia de la luz sobre las hormonas sexuales.

La luminosidad, recibir la luz del sol, ha sido tan importante en la evolución que nuestro cuerpo está muy adaptado a este hecho y a sus propiedades saludables (M. Rius, 2013):

1. Al activar el sudor, ayuda a eliminar toxinas, ácido úrico, sodio y grasas mal metabolizadas.
2. Incrementa la regeneración muscular (mejora la irrigación y favorece la regeneración de las fibras musculares, la nutrición del músculo).
3. Tiene un efecto analgésico: los rayos infrarrojos alivian los dolores artríticos.
4. Incrementa la producción de hormonas sexuales.
5. Mejora la respiración por la vasodilatación de los vasos pulmonares.

6. Es fundamental para la síntesis de la vitamina D (a través de la radiación ultravioleta), necesaria para la absorción del calcio por los huesos.
7. Ayuda a regular el colesterol.
8. Disminuye la inflamación.
9. Regula la serotonina e incrementa la producción de endorfinas.
10. Disminuye el porcentaje del cáncer, sobre todo de colon, próstata y mama.
11. Estimula la producción de glóbulos rojos.
12. Es antiinfecciosa, ya que los rayos ultravioleta matan hongos y virus (pero en otoño y en invierno el sol llega con muy poco ángulo y no permite captar los rayos ultravioleta).
13. Protege de enfermedades autoinmunes.
14. Baja la tensión arterial porque produce óxido nítrico, que dilata los vasos sanguíneos.

De hecho, ya los asirios y egipcios desarrollaron la helioterapia como tratamiento de numerosas enfermedades.

De cualquier modo, como pasa con todo, también el sol tiene aspectos negativos, especialmente si se toma en exceso, ya que favorece el hipotiroidismo, las alteraciones de la piel y la nefritis.

La psicología evolucionista plantea que la ausencia de luz y las bajas temperaturas favorecen en muchos animales la hibernación, que es una conducta de detención de la actividad, de pasividad, que tiene aspectos equivalentes a la depresión. Desde la perspectiva evolucionista se ha considerado que la depresión podría ser una estrategia para detenerse, para no gastar energía cuando no hay posibilidad de obtener recursos, como hacen los osos al hibernar.

4.1.1.2. La temperatura

Ligada a la luminosidad se encuentra la temperatura, que afecta a nivel emocional al sujeto, sobre todo cuando emigra a lugares muy fríos, dado que procedemos de África y no estamos adaptados a las bajas temperaturas. Los estudios de psicología de la felicidad señalan que, correlacionando todas las variables interrelacionadas con ella, las personas que viven en climas cálidos son más felices.

> Nuestros receptores de temperatura corporal están regulados a 27,7 grados, la temperatura media de la sabana africana durante los últimos millones de años. En aspectos como la temperatura, seguimos siendo primates africanos.

Por eso decimos que hace buen tiempo cuando luce el sol y hace calor (a un oso polar seguramente le parecería que hace mal tiempo).

En relación con los cambios de luminosidad y temperatura están las denominadas depresiones estacionales, que constituyen una temática controvertida para el diagnóstico. En la mayoría de los casos se dan desde el inicio del invierno hasta la primavera, pero el DSM-V no las recoge como trastornos. Tal como se señala en el apartado anterior, se relacionarían con la conducta de detener la actividad si no hay posibilidad de obtención de recursos.

4.1.1.3. *Los paisajes*

Para la mayoría de los inmigrantes su tierra, sea un secarral o una verde pradera, «es la más bonita del mundo», expresando así las profundas identificaciones de la tierra con las figuras parentales que hemos señalado anteriormente.

En la *Odisea* (canto IX), Ulises dice: «Ítaca no se eleva mucho sobre el mar, Ítaca es áspera, pero yo no puedo hallar cosa alguna que sea más dulce que mi patria y los padres, aunque habite en una casa opulenta, pero lejana, en un país extraño, apartado de aquellos».

La tierra es el espacio físico con el que nos hemos identificado en la infancia. En las canciones españolas de la migración de los años sesenta y setenta (por ejemplo, las de Juanito Valderrama), era muy frecuente hacer referencia al país de acogida como «tierra extraña».

La tierra es más el mapa físico que el mapa político. La tierra no es algo abstracto, ideológico: es aquella fuente, aquel árbol, aquella plaza de la niñez... que se han grabado profundamente en nuestro inconsciente. Como decía una persona que tras la guerra se encontró con que la ciudad en la que vivía había cambiado de país: «Qué bien que ya no tengo que aguantar aquellos horrorosos inviernos de antes».

Baroja (2004), en *Las inquietudes de Shanti Andía*, expresa la añoranza de Lúzaro: «Sentía el recuerdo intenso de un monte, de una peña, de un hayal». La tierra, desde esta perspectiva, es la patria chica, no algo abstracto.

También en esta línea, el escritor árabe Mahmud Darwish escribía: «¿Qué es la patria? Una casa, un caballo y un olivo». Otro ejemplo de la valoración de lo local, lo visual y lo olfativo, frente a lo teorizado, lo tendríamos en Dalí, que, basándose en lo ultralocal —su territorio del Ampurdán—, creó obras de arte universales.

4.1.1.4. Los colores

Los colores constituyen otro elemento interesante desde la perspectiva psicológica. Muchos emigrantes nos han explicado en la consulta el cambio que les ha supuesto venir de zonas en las que hay paisajes con colores muy intensos, muy vivos (por ejemplo, las selvas amazónicas), a otras con colores más tenues. Un colombiano me decía: «Aquí me parece a veces que todo está como desteñido, apagado». Este ambiente colorista se refleja también en la forma de vestir, que es diferente según las culturas. En algunas predominan los colores muy vivos, que pueden resultar incluso chillones para personas de otras culturas.

> Una emigrante dominicana me decía: «Doctor, no he visto nada más triste que una zapatería española. Todos los zapatos son negros, marrones... ¿Por qué no puede haber zapatos de color verde o amarillo cachumbo?».

4.1.1.5. *Los olores*

Los olores son también muy importantes, ya que están vinculados a aspectos biológicos en relación con el rinencéfalo o cerebro primitivo, que recibe su nombre de las capacidades olfativas, también conectadas con el sentido del gusto.

El olfato es un sentido muy desarrollado en la mayoría de los animales. En el caso del ser humano su importancia ha disminuido. Desde una perspectiva evolucionista, se considera que la disminución del olfato está relacionada con la domesticación del perro, que se ha encargado de la tarea de oler para los humanos. De cualquier modo, continúa siendo valioso respecto a las emociones y los recuerdos.

Hay un famoso texto en la literatura que recoge la importancia del sentido del olfato. Se trata de *Por el camino de Swann*, el primero de los siete libros que componen *En busca del tiempo perdido* de Marcel Proust, publicados entre 1913 y 1927. En él podemos leer:

> Hacía ya muchos años que, de Combray, solo quedaba en mí todo lo que había sido el teatro y el drama del momento de acostarme, cuando un día de invierno, al volver a casa, mi madre, viendo que yo tenía frío, me propuso que tomara, contra mi costumbre, un poco de té. Me negué primero y, no sé por qué, me desdije. Ella mandó buscar una de esas tortas bajitas y regordetas llamadas magdalenas, cuyos moldes parecen haber sido valvas ranuradas de veneras de peregrino. Pero en el instante mismo en que el sorbo mezclado con las migas de la torta tocó mi paladar, me estremecí, atento a lo que pasaba de extraordinario en mí. Un placer delicioso me

había invadido, aislado, sin la noción de su causa. Había vuelto, en un instante, las vicisitudes de la vida indiferentes, sus desastres inofensivos, su brevedad ilusoria, de la misma manera en que opera el amor, llenándome de una esencia preciosa: o tal vez esa esencia no estaba en mí, era yo mismo. Había dejado de sentirme mediocre, contingente, mortal. ¿De dónde había podido venirme esta poderosa alegría? Sentía que estaba ligada al gusto del té y de la torta, pero que lo sobrepasaba infinitamente, no debía de ser de la misma naturaleza. ¿De dónde venía? ¿Qué significaba? ¿Dónde aprehenderla? Bebo un segundo sorbo en el que encuentro casi lo mismo que en el primero, un tercero que me aporta un poco menos que el segundo. [...] Luego, por segunda vez, hago el vacío en ella, y le pongo delante el sabor aún reciente de ese primer sorbo, y siento estremecerse en mí algo que se desplaza, que querría elevarse, algo que había soltado el ancla a una gran profundidad; no sé lo que es, pero sube lentamente; siento la resistencia y escucho el rumor de las distancias atravesadas.

Cierto, lo que así palpita en el fondo de mí debe de ser la imagen, el recuerdo visual que, ligado a ese sabor, intenta seguirlo hasta mí. [...]

¿Ese gusto era el del trocito de magdalena que el domingo por la mañana en Combray (porque yo no salía hasta la hora de la misa), cuando iba a decirle buen día a su habitación, tía Léonie me daba después de haberlo embebido en su infusión de té o de tilo? [...] Pero cuando de un antiguo pasado no queda nada, después de la muerte de los seres, después de la destrucción de las cosas, solamente el olor y el sabor, más frágiles pero más vivaces, más inmateriales, más persistentes, más fieles, continúan aún vivos mucho tiempo, como almas, para recordar, para esperar, para anhelar, sobre las ruinas de todo lo demás, para llevar consigo sin desfallecer, en su gotita casi impalpable, el edificio inmenso del recuerdo.

Y cuando reconocí el gusto del pedacito de magdalena mojado en té que me daba mi tía (aunque no supiera todavía y debiera descubrir más adelante por qué ese recuerdo me daba tanta felicidad), enseguida la vieja casa que daba a la calle, donde estaba su habitación, vino como un decorado de teatro a sumarse al pequeño pabellón que daba al jardín.

Pocos textos, y menos de esa excepcional calidad literaria, recogen mejor la importancia emocional del olor.

Es de sobra conocida la importancia de los perfumes en la historia de la cultura o la relevancia que tienen las feromonas en la atracción sexual.

Hemos visto casos de inmigrantes que nos han explicado que para tener sensaciones olorosas semejantes a las de su tierra eran capaces de dar un gran rodeo a la ciudad a la que han emigrado. Como es sabido, el olor se utiliza cada vez más en publicidad de marcas por la capacidad que posee de penetrar en el inconsciente del sujeto.

Se ha señalado que el incienso utilizado en los rituales religiosos constituye un buen ejemplo de la identificación de una actividad con el mundo emocional. El olor es la llave de la memoria.

4.1.1.6. *El clima y las estaciones*

Los inmigrantes que provienen del trópico, donde apenas se notan las estaciones, son sensibles a los frecuentes cambios de temperatura que vivimos en Europa. La causa de las estaciones es la cantidad de sol que se recibe durante el año, que en el trópico es casi siempre la misma.

En cualquier caso, se trata de cambios que pueden ser tolerados sin problemas, salvo en personas con vulnerabilidad previa, como señalaremos más adelante al hacer referencia a la evaluación.

Obviamente, no es lo mismo crecer en un desierto, en los polos o en una selva tropical. Nuestras propias sinapsis se van conformando en función del contexto en el que vivimos, para adaptarnos a ese medio.

Desde el punto de vista cultural, como señala Sapolsky (2008), las civilizaciones de los desiertos tienden a tener religiones monoteístas, frente a las culturas de las selvas, llenas de vida, que son politeístas.

4.1.1.7. *Nomadismo-sedentarismo*

Ya hemos señalado que los homo sapiens sapiens somos buenos emigrantes (*Science*, 2002). De hecho, esta es una de nuestras características diferenciales como especie. El nomadismo ha sido la tónica en la historia de la humanidad. Hay pueblos, como los gitanos, que nunca han tenido un territorio y que han sido terriblemente perseguidos, aunque jamás han invadido otros países.

La bandera gitana ya nos muestra su manera de vivir. Consta de dos franjas horizontales: una azul que representa el cielo y otra verde que representa el campo. En el medio hay una rueda de carro, que simboliza la libertad del pueblo gitano.

Se ha señalado que las sociedades nómadas son más igualitarias: apenas hay propiedades, no hay acumulación de riquezas y hay menos desequilibrios.

4.1.1.8. Campo-ciudad

Los que van del campo a la ciudad añaden al cambio de tierra el cambio de la cultura rural a la cultura urbana.

> Desde los famosos estudios de los años veinte del siglo pasado en Chicago, sabemos que el centro de las ciudades es el espacio en el que se concentra el mayor número de personas con trastornos mentales. La explicación de esta realidad es que en el centro se concentran los pequeños hoteles, las pensiones, las casas de huéspedes..., lugares de paso en los que viven personas que no tienen relaciones estables. Todo ello es muy complicado para la salud mental. No es lo mismo vivir allí que en un barrio cohesionado, con relaciones fuertes con los vecinos, o en un pueblo en el que incluso las redes familiares se entremezclan con las relaciones de amistad y constituyen un sólido engranaje de cohesión, tema al que volveremos al hablar del número de Dunbar.

Se plantea la cuestión de si las personas que viven en el centro de las ciudades, con pocas relaciones estables, enferman por este contexto de deficiencias en la vida relacional, o es que, como ya son así, personas con tendencia al desapego, van a vivir a esos lugares. Posiblemente los dos factores se combinan y se potencian.

4.2. Evaluación del duelo por la tierra

4.2.1. *Evaluación de los factores de riesgo en salud mental en relación con el duelo por la tierra*

Los factores de riesgo, en este caso, son todos aquellos elementos relacionados con la tierra (luminosidad, temperatura...) que incrementan el riesgo de padecer problemas de salud mental. Hay que tener en cuenta dos perspectivas:

1. Lo que ha acontecido antes de que el inmigrante salga de su país: la vulnerabilidad.
2. Los problemas que ha tenido el inmigrante una vez que ha emigrado, las dificultades que ha tenido en el país de acogida: los estresores.

Para la evaluación de los factores de riesgo en salud mental seguiremos la escala Ulises (Achotegui, 2007).

4.2.1.1. *Vulnerabilidad en el duelo por la tierra*

Se evalúa el grado de limitaciones que tenía el sujeto antes de emigrar y que, una vez que ha emigrado, pudieran constituir un obstáculo para el contacto con la tierra de origen y con la cultura del nuevo país de acogida.

VULNERABILIDAD EN EL DUELO POR LA TIERRA
¿QUÉ SE EVALÚA?
Se evalúa el grado de limitaciones que tenía el sujeto antes de emigrar y que, una vez que ha emigrado, pudieran constituir un obstáculo para contactar con la nueva tierra de acogida.

ÁREAS	EXPLICACIÓN DEL ÍTEM	0, 1, 2
Limitaciones psíquicas	– Limitaciones psíquicas leves: carácter no muy abierto a lo diferente 0	0, 1, 2
	– Limitaciones psíquicas relevantes: personalidad depresiva, depresión 1	

RECUENTO: Si se puntúa 0 simple
Si se puntúa 1 complicado
Si se puntúa 2 extremo

en una sola área o en la suma de varias áreas

De los siete duelos de la migración, este es el que suele tener menor intensidad, ya que los humanos poseemos una gran capacidad de adaptación al clima, razón por la cual nos hemos aclimatado a todos los hábitats del planeta, desde las tundras hasta los desiertos.

Solo se consideraría la vulnerabilidad complicada en relación con limitaciones psíquicas relevantes, como la depresión.

4.2.1.2. Estresores en el duelo por la tierra

Los estresores que hay que valorar en el duelo por la tierra son los obstáculos ambientales naturales objetivables que dificultan al inmigrante su adaptación a la nueva tierra. No se valoran aquí las comparaciones que el inmigrante efectúa respecto a la nueva tierra, hacia el nuevo paisaje: si le gusta más o menos, etcétera.

Solo se considerarían estresores complicados en el caso de emigrar a climas extremos.

Segunda parte

ESTRESORES EN EL DUELO POR LA TIERRA
¿QUÉ SE EVALÚA?
- Los estresores que hay que valorar en el duelo por la tierra son los obstáculos ambientales naturales objetivables que dificultan al inmigrante su adaptación a la nueva tierra, sobre todo la existencia de un clima extremadamente frío y oscuro.
- No se valoran aquí las comparaciones que el inmigrante efectúa con relación a la nueva tierra, el nuevo paisaje o el clima, es decir, si le gusta más o menos.

ÁREAS	EXPLICACIÓN DEL ÍTEM	0, 1, 2
Ámbito personal	– Emigrar a un país con un clima diferente del suyo; por ejemplo, lluvioso o menos cálido que su país de origen, pero sin que tenga una oscuridad o un frío extremos.................................... 0	0, 1, 2
	– Emigrar a un país con un clima muy frío y oscuro....... 1	
	(La emigración a climas que no sean extremos no se considera estresor complicado sino simple)	

RECUENTO: Si se puntúa   0   simple
Si se puntúa   1   complicado
Si se puntúa   2   extremo

en una sola área o en la suma de varias áreas

4.2.1.3. Intensidad del duelo por la tierra

El ser humano tiene una gran capacidad de adaptación. De todas maneras, cuando la persona presenta una vulnerabilidad por ser depresiva, o cuando emigra a un clima muy extremo, especialmente frío y oscuro, habría dificultades en la elaboración del duelo por la tierra.

Habitualmente se da el duelo simple porque los seres humanos estamos capacitados para adaptarnos al cambio de clima.

El duelo complicado tiene que ver con las circunstancias de emigrar hacia lugares más oscuros y fríos. Afectaría sobre todo a personas con tendencias depresivas. Pero habría que considerar que la nieve, al igual que el mar, al reflejar tanto la luz, tendría también un efecto antidepresivo.

El inmigrante suele mantener vínculos con su tierra de origen. En el País Vasco es conocido el caso de la familia Yrarrazabal, que han reconstruido piedra a piedra el caserío familiar en Chile, donde viven ahora.

Desde la perspectiva clínica consideramos que, a través de las fantasías del sujeto sobre la tierra, podemos ver muchos aspectos de su situación mental. Cuando una persona no quiere estar en un lugar tiende a magnificar sus aspectos negativos y lo vive como asfixiante y agobiante. Lo que desea es «salir corriendo».

4.2.2. Evaluación de la elaboración del duelo por la tierra

Para el estudio de la elaboración del duelo migratorio por la tierra contamos con un instrumento denominado el test del kayak (Achotegui, 2017b). Se trata de un test basado en la teoría evolucionista que analiza el grado de adaptación de las conductas. En este caso se analiza la elaboración del duelo migratorio.

El test del kayak considera que hay ocho grandes estrategias en la elaboración de los duelos:

1. Funcionamiento de control, que llevado al extremo desadaptativo da lugar al funcionamiento obsesivo.
2. Funcionamiento de asertividad, que llevado al extremo desadaptativo da lugar al funcionamiento paranoide.
3. Funcionamiento de retirada, que llevado al extremo desadaptativo da lugar al funcionamiento esquizoide.
4. Funcionamiento de autocrítica, que llevado al extremo desadaptativo da lugar al funcionamiento depresivo paranoide.
5. Funcionamiento de repensar, que llevado al extremo desadaptativo da lugar al funcionamiento depresivo confusional.
6. Funcionamiento de descanso, que llevado al extremo desadaptativo da lugar al funcionamiento de pasividad.

7. Funcionamiento de exploración, que llevado al extremo desadaptativo da lugar al funcionamiento de desorganización.
8. Funcionamiento de acción, que llevado al extremo desadaptativo da lugar al funcionamiento maníaco.

Para conocer más detalles sobre el test del kayak se puede consultar la web http://josebaachotegui.com/testkayak/.

4.3. Intervención en el duelo por la tierra

Dado que la problemática psicológica del duelo por la tierra es limitada porque los humanos poseemos una gran capacidad de adaptación, la intervención psicológica también es limitada.

La intervención tendría lugar en los casos de personas con antecedentes depresivos, con vulnerabilidad por ellos, afectados por vivir sobre todo en lugares con poca luz.

Desde el punto de vista psicológico, hay que comprender las vinculaciones que tiene el duelo complicado por la tierra con los elementos emocionales, sobre todo con las imágenes paternas relacionadas con el paisaje, la luminosidad, etcétera.

4.4. La interculturalidad en el duelo por la tierra

Todos los humanos compartimos la crisis que está viviendo el planeta por el cambio climático, que, además, está dando lugar a migraciones climáticas. En un mundo tan globalizado como el actual, en el que hay un gran movimiento de personas, la vivencia del cambio de tierra, de paisaje, de clima, es una realidad muy relevante. El turismo también mueve a un gran número de personas de unos países a otros.

4.4.1. El cambio climático

La problemática del cambio climático que estamos viviendo afecta a todos los seres humanos de todo el planeta, aunque la afectación sea mayor en unas zonas que en otras, como comentaremos en el siguiente apartado. Podemos decir que todos vamos en el mismo barco.

En el contexto del enorme desarrollo tecnológico que hemos vivido desde el inicio de la revolución industrial, hemos modificado numerosos aspectos del clima y estos cambios nos afectan a todos. El cambio climático es uno de los mejores ejemplos de hasta qué punto todos los humanos estamos interconectados. Lo que se hace en un lugar del planeta afecta a todo el planeta.

4.4.2. Las migraciones climáticas

Las migraciones climáticas constituyen otra problemática creciente del mundo actual, relacionada con el cambio climático.

Cada vez hay más grupos humanos que tienen que emigrar por las transformaciones que se están produciendo en sus países por el cambio climático.

Por ejemplo, hay islas de Indonesia que están siendo invadidas por el mar, o zonas como el sur de Europa o el centro y el norte de África que se están desertizando a marchas forzadas.

Se prevé que en los próximos años estas migraciones climáticas se incrementarán, así que urge evitar que el cambio climático siga adelante afectando cada vez a más zonas del mundo o, si no se puede evitar, dar cobijo a todas estas personas que se verán obligadas a emigrar.

4.4.3. El viaje como encuentro intercultural

4.4.3.1. El viaje como experiencia

El viaje como experiencia, como relato, como metáfora, está muy presente en nuestra cultura, por lo que en este texto será forzoso tener que escoger los tipos de viaje más relevantes entre los muchos existentes, centrándonos fundamentalmente en los más significativos desde la perspectiva de la salud mental.

En la maleta del viajero van sus pertenencias, sus objetos personales, pero lo que más pesa son sus sueños e ilusiones. Los viajes, las migraciones, las peregrinaciones y las exploraciones forman parte de la memoria colectiva de los seres humanos, de nuestra historia y nuestros referentes, del imaginario común de la humanidad.

Si el viaje no es explicado, si no es contado, si solo se dan unos fríos datos sobre él, queda en muy poco. Como escribía Sartre en *La náusea*: «Lo más banal deviene una aventura solo con ser narrado».

4.4.3.2. El viaje como transformación

El viaje es una experiencia vital que supone salir más allá de los confines del propio mundo, abrir la puerta a lo desconocido, al cambio, entrar en una situación en la que no se controlan muchas de las variables y los elementos que conforman la vida cotidiana del sujeto.

Obviamente, hay muchos tipos de viajes, pero lo que todos comparten, si de verdad hablamos de viaje, es constituir una experiencia de transformación.

Desde la perspectiva existencial, la perspectiva sin duda más profunda, el gran viaje, el viaje con mayúsculas, es la propia evolución, un camino lleno de sorpresas y acontecimientos inesperados. Un viaje cósmico que comenzó hace 13.700 millones de años con una gran explosión, a la que siguió una larga edad oscura, hasta que las cosas empezaron a mejorar con la aparición de las primeras estrellas (un comienzo sin duda impactante, pero que luego se ha ido dulcificando). La evolución podría compararse al curso de un río o un torrente: el agua va por donde se abre camino, por donde los materiales ofrecen menor resistencia. Y en ese proceso es difícil saber qué es bueno o qué es malo: hay que mirarlo todo con perspectiva. Así, por ejemplo, el tremendo impacto del meteorito que se abatió sobre el Yucatán hace 63 millones de años dio lugar a la inesperada extinción de los poderosos dinosaurios que dominaban la Tierra, y esa catástrofe abrió el camino a que los humanos seamos hoy la especie dominante. Pero ¿qué nos espera en este viaje, tras el próximo recodo del camino?

Un viaje cósmico que, incluso a nivel literal, es vertiginoso. La Tierra navega en el espacio a la endiablada velocidad de 150.000 kilómetros por segundo (no es raro que haya gente que se maree). Y encima parece que vamos acelerando; nos hallamos en plena fase de expansión cósmica.

Los humanos actuales, los más de siete mil millones que poblamos la Tierra, provenimos de un pequeño grupo de menos de 100 personas que hace 7000 generaciones vivía en la zona de Etiopía, en el este de África. En este viaje hemos colonizado todo el planeta, y hay humanos como nosotros adaptados a vivir tanto en los polos como en los desiertos. Y, por supuesto, este largo viaje ha conformado también la estructura de nuestra mente, tal como señalan la psicología y la psiquiatría evolucionista.

Tenemos pocas dudas de que no tardaremos mucho en ver a humanos como nosotros viajando y viviendo en el espacio. Y quién sabe si en contacto con extraterrestres, que, según los cálculos matemáticos de los cosmólogos, es prácticamente imposible que no existan. Sin duda, todos estos elementos de interculturalidad que analizamos aquí estarán presentes en dichas circunstancias, en dichos encuentros.

A nivel psicológico, la propia maduración del sujeto se plantea como un viaje a la emancipación, un viaje que tiene sus orígenes en el vientre materno, en una situación de completa dependencia de la madre, y va desarrollándose a través del parto, el destete, el control de esfínteres, la deambulación..., hacia la autonomía, hacia el ser adulto. Ese proceso se produce a través de una serie de cambios que tienen una parte de duelo por lo que se deja atrás. Marchar a otro lugar, especialmente la emigración, marchar a vivir más allá del ambiente familiar, supondría el máximo desarrollo de ese proceso de emancipación. Ser capaz de hallar un nuevo hábitat, un nuevo medio, es el máximo exponente de autonomía personal.

En la mitología, el gran viaje, el viaje con mayúsculas, como señala Carlos García Gual (2006), es el viaje al más allá, «es la empresa definitiva del héroe mítico, es la aventura por excelencia, la que aguarda al Elegido, la que solo él puede cumplir». Aunque a veces el héroe regresa sin nada en las manos, como les ocurrió a Orfeo y a Gilgamesh, siempre se regresa más sabio y transformado por las vivencias del gran viaje.

En nuestro mundo, instalado ya en el logos más que en el mithos, ese viaje al más allá sería sobre todo el viaje del científico que traspasa la realidad aparente, que ve «el otro lado del espejo», como Freud en su viaje hacia el estudio del inconsciente, un viaje lleno de incertidumbres y dificultades; o el viaje intelectual de Darwin hacia la definición de la teoría de la evolución, cambiando radicalmente el lugar del hombre en la naturaleza; o los viajes teóricos de Bohr, Einstein y los creadores de la teoría de la relatividad, que nos mostraron las nuevas y misteriosas realidades de los mundos cuántico y cósmico. Viajes que suponen entrar en territorios desconocidos, dejando atrás las certezas del viejo mundo de referencia.

Curiosamente, sin embargo, en el caso de Ulises, el viaje al más allá, al reino de Hades, en opinión de García Gual, no deja de tener un motivo un tanto banal, ya que viaja tan solo para preguntar por el camino de regreso a Ítaca. Sin embargo, en mi opinión, no es tan banal este motivo del viaje de Ulises al Hades, ya que para él lo fundamental es el vínculo con los suyos, el regreso a casa. Ulises se rebela contra el destino, contra los dioses, es profundamente humano. De ahí la fascinación que este mito ha ejercido y sigue ejerciendo generación tras generación. Mientras que Gilgamesh, instruido por la tabernera Siduri, busca la inmortalidad en su viaje al más allá, y logra conquistar en el fondo de las aguas de la muerte la planta de la vida eterna, que luego perderá, Ulises renuncia a la inmortalidad que le ofrece la maga Calipso si se queda con él. Ulises, el viejo pirata del Mediterráneo, solo desea regresar a su isla, estar con los suyos. Prefiere los hombres a los dioses. Es ante todo humano.

Sin embargo, como en todo, hay excepciones y grandes contradicciones en relación con los viajes y los viajeros: Immanuel Kant, el gran filósofo y epistemólogo, nunca salió de Königsberg, su ciudad natal, nunca viajó. No obstante, realizó una de las mayores aportaciones a la filosofía y la ciencia porque fue el primer humano que cuestionó radicalmente nuestra capacidad de conocer la verdad, mostró las limitaciones cognitivas que nos condicionan, planteando los denominados imperativos categóricos que dificultan nuestra capacidad para ver la realidad. Hay pocas aportaciones tan fundamentales como las de Kant y, sin embargo, provienen de alguien que nunca viajó. Quizás también se puede viajar por dentro de uno mismo, como hizo Kant, que fue capaz de cuestionar los cimientos mismos del conocimiento humano.

Además, el viaje es con frecuencia un proceso cíclico, como planteó el antropólogo rumano Mircea Eliade (1972, 1977) al introducir el concepto del «eterno retorno» en la línea de lo planteado por las filosofías orientales, que no entienden el tiempo como una flecha que va adelante, sino como un proceso circular.

Existen numerosas perspectivas con relación al viaje. Desde la perspectiva de la psicología y la psiquiatría evolucionista, el viaje del místico, del artista, supone entrar en un mundo desconocido, genial, que es capaz de integrar. Pero el místico y el artista saben encontrar el camino de vuelta, saben regresar. El psicótico, el neurótico, la persona con trastorno mental, desgraciadamente, no encuentra el camino de vuelta.

En el viaje puede haber contratiempos, problemas. En Barcelona se suele decir que el lugar más visitado por los turistas en la ciudad no son, como suele suponerse, la Sagrada Familia o el parque Güell, sino la comisaría del Raval, en el barrio viejo de Barcelona, lugar al que, en interminables colas, acuden cada día los turistas a denunciar los robos que padecen.

Hay un viejo chiste que resume muy bien los inconvenientes de los viajes. Tras el regreso de una larga estancia en un hotel, Abraham pregunta a su viejo amigo Salomón qué tal le ha ido. Y este le responde: «¡Ah! Si la sopa hubiera estado tan caliente como el vino, si el vino hubiera sido tan viejo como el pollo, si el pollo hubiera tenido la pechuga que tenía la recepcionista, si la recepcionista hubiera tenido las mismas ganas que la viejísima patrona...».

4.4.3.3. El viaje como encuentro con el otro

Vinculado al planteamiento del apartado anterior del viaje como transformación, es importante reseñar que la apertura mental que supone el viaje comporta afrontar el encuentro con el otro, con otras formas de vivir, de sentir. Precisamente ese encuentro será uno de los elementos centrales en el proceso de transformación.

Pero no siempre es fácil tolerar ese riesgo de apertura, ese riesgo de cuestionamiento de las propias certezas que supone encontrarse de verdad ante el otro, encontrarse cara a cara con otras culturas y otros mundos. Vamos a hacer referencia a algunos viajeros que han tenido esta sensibilidad hacia los otros y que contribuyeron a aproximar mundos.

Heródoto, un escritor griego procedente de la actual Turquía, realizó en el siglo v antes de Cristo un gran viaje por Egipto y todo Oriente Medio que recogió en su libro *Historias*. Navegó por el Nilo hasta la isla Elefantina, en la primera catarata, y realizó descripciones de la cultura egipcia que durante siglos fueron una de las principales fuentes para conocer la fascinante sociedad egipcia.

Marco Polo, un mercader veneciano, realizó en el siglo XIII un viaje de 23 años que describe en su libro *Una descripción del mundo*. Llegó a Catai, el nombre con que se conocía a China en Occidente, trabajó en la corte de Pekín con Kubai, el gran Khan, y realizó descripciones muy realistas —con la visión de un mercader— de lo que vio, aunque algunos aspectos poco claros de su relato han planteado dudas acerca de su verosimilitud. De todos modos, cuando, antes de morir, el fraile que le administraba los últimos auxilios espirituales le dijo que confesara ya de una vez sus mentiras sobre el viaje a China, Marco Polo le respondió: «¡No he contado ni la mitad de lo que vi!».

> Pocos años después del viaje de Marco Polo, otro gran viajero, un bereber, muy próximo geográficamente a nosotros, el tangerino Ibn Batuta, realizó en el siglo XIII un viaje de 24 años en el que recorrió 120.000 kilómetros y que le llevó también hasta Pekín. En su libro *Regalo a los observadores*, describe todo lo fascinante que ha visto en su largo viaje, que le había llevado por Tombuctú, Samarcanda, la Meca, Calcuta, Ceilán... Describe especialmente la enorme riqueza cultural del mundo islámico, que se hallaba en su mayor esplendor. Ibn Batuta regresa a Tánger no solo lleno de sabiduría, sino también inmensamente rico, algo poco frecuente entre los grandes viajeros.

Otro gran viajero, Cristobal Colón, llevaba consigo en su carabela, lleno de anotaciones, el libro del viaje de Marco Polo, convencido de hallar una nueva ruta por mar a la mítica Catai, nuestra China actual. Pero, como ocurre con los viajes, Colón encontró lo inesperado: el nuevo mundo, aunque murió creyendo que había encontrado la gran ruta directa hacia oriente. Por desgracia, el viaje de Colón abrió paso a un contacto con el nuevo continente que debería haberse efectuado de una manera mucho más respetuosa con sus habitantes.

También los chinos hicieron grandes viajes, aunque son poco conocidos para nosotros, dado nuestro enorme eurocentrismo. Así, a principios del siglo XV, el almirante chino Zheng He llegó desde Taiwán hasta las costas de África. Zheng He era musulmán y entró a los 10 años al servicio del emperador Ming, por lo que fue castrado siguiendo el protocolo de la corte. Utilizó las técnicas de navegación chinas, que eran mucho más avanzadas que las europeas: en el siglo VIII habían inventado ya la brújula, y poseían amplios conocimientos de cartografía.

Zheng He realizó siete grandes expediciones, superando el clásico aislacionismo chino.

En la primera expedición llevaba 63 grandes juncos, algunos de 137 metros de largo. Recorrieron toda la costa India, Indonesia, Tailandia... En uno de sus viajes llegó hasta la Meca, donde pudo realizar el Hach, la peregrinación que todo musulmán que pueda debe hacer. No eran viajes de conquista, sino de comercio, de exploración, de creación de redes de contacto, a diferencia de muchos de los viajes de los europeos, como los portugueses, en esa misma zona poco tiempo después.

Zheng He murió en el mar, y su libro de viajes *La visión triunfante de un océano ilimitado* fue perseguido cuando poco tiempo después China volvía a su ancestral aislamiento.

Como es bien conocido, la gran ruta de contacto entre Oriente y Occidente ha sido la Ruta de la Seda, que iba desde Xian en China hasta Siria y Turquía. A través de esta extensa ruta se comerciaba no solo con seda, sino con todo tipo de metales, piedras preciosas, especias, etcétera. Pero quizás lo más valioso que transitaba por aquellos caminos era algo difícil de cuantificar: la cultura. Así pues, la globalización viene de antiguo.

Como se ha dicho muchas veces, los prejuicios y el racismo se curan viajando.

4.4.3.4. El viaje como referente cultural y literario de la historia de la humanidad

La epopeya de Gilgamesh está considerada el primer gran relato de viajes de la historia y nos habla también de la experiencia transformadora del viaje.

Este poema babilónico, escrito más de 2000 años antes de Cristo, se inicia haciendo referencia a alguien que ha hecho un gran viaje, pero no se menciona el nombre del protagonista. Así, en la tablilla 1, columna 1, de la versión asiria del poema dice: «Quiero dar a conocer mi país a aquel que todo lo ha visto, a aquel que ha conocido lo profundo, que ha subido a todas las cosas, que ha examinado en su totalidad todos los misterios. A él, dotado de sabiduría, que lo ha conocido todo, que ha descubierto los secretos, que ha visto los misterios... Vuelto de un largo viaje, fatigado, pero sereno».

Gilgamesh, quinto rey de Uruk, tras haber luchado y vencido a Enkidu, se hace amigo suyo y juntos inician un viaje a la búsqueda de la inmortalidad, pero Enkidu muere en la lucha contra el toro de las tempestades que les ha enviado la diosa Ishtar, ofendida porque Gilgamesh ha rechazado sus proposiciones amorosas. Profundamente afectado por la muerte de su amigo, Gilgamesh marcha a la búsqueda de la planta de la inmortalidad que se encuentra en el fondo del mar. Sin embargo, cuando el héroe, tras encontrarla, se detiene en el viaje de regreso para darse un baño y deja su preciado tesoro en la orilla, una serpiente se lo roba. A pesar de su fracaso, Gilgamesh regresa a Uruk mucho más sabio y sereno, transformado por las experiencias del viaje.

De todos modos, el viaje por antonomasia ha sido siempre el de Ulises, que se relata en la *Odisea*. Con relación a este tema, remito al lector a mi libro *El síndrome de Ulises*, publicado en esta misma editorial.

Otro viaje de gran relevancia simbólica es el que realiza Abraham, a los 75 años, ya anciano, desde la ciudad de Ur, hoy en Irak, hasta Hebrón, en la actual Cisjordania. En ese gran viaje, Abraham sube al norte hasta la ciudad de Alepo, en la actual Siria, para luego descender hasta Hebrón.

La Biblia hace referencia a un viaje de mil millas, donde el número 1000 tiene un valor profético. El nombre Abraham significa «padre de muchos pueblos». Fue el padre de las tres grandes religiones monoteístas (cristianismo, judaísmo e islamismo).

El viaje de Moisés está descrito en la Biblia, en el libro denominado Éxodo, que narra el viaje de los judíos desde su salida de Egipto hasta la Tierra Prometida. En este viaje de 40 años, lleno de penalidades, pasan junto al monte Sinaí, donde Yahvé entrega a Moisés las Tablas de la Ley y establece una gran alianza con su pueblo elegido. Moisés, tal como describe el Deuteronomio, muere antes de llegar a la Tierra Prometida y su figura ha constituido siempre la imagen del líder que no llega a ver el final de su epopeya.

En este viaje se vivió el episodio del milagroso cruce del mar Rojo cuando, perseguidos por el faraón, los judíos contaron con la ayuda de Yahvé, que abrió las aguas para que pudieran pasar y las cerró al paso del ejército egipcio.

Aplicando el sentido del humor al viaje de Moisés, hay un viejo chiste judío que dice: «¿Cómo quiere usted que los judíos no le tengamos manía a Moisés si nos tuvo 40 años vagando por el desierto para acabar llevándonos al único lugar de Oriente Medio que no tiene petróleo?» (Rudy-Eliahu, 2003).

Como señala Joseph Campbell (1959), en todos los viajes míticos hay una serie de etapas, de fases, y cómo en el inicio del relato es perceptible que el héroe es consciente de los riesgos que supone el viaje. Este hecho se da en todos los grandes mitos, en todas las culturas. Campbell observa que se da una misma estructura en el mito:

- Primero hay una señal, algo que le lleva hacia un nuevo mundo. Es lo que Campbell denomina «la partida». La llamada de la aventura. Gautama Buda fue criado por su padre alejado de toda visión del sufrimiento hasta que los dioses le hicieron ver un viejo, luego un enfermo... Esa era la señal.
- Después el llamado se niega. Ulises, por ejemplo, se hace el loco cuando van a buscarle para que marche de su bella isla porque es consciente de las dificultades que entrañará ese viaje.

4.4.3.5. *Síndromes ligados a los viajes*

4.4.3.5.1. El síndrome de Stendhal

El nombre proviene de la descripción de un cuadro clínico que padeció en 1817 el escritor francés Stendhal al visitar Florencia y contemplar las obras de arte de la basílica de la Santa Cruz, que alberga las magníficas tumbas de Maquiavelo, Miguel Ángel y Galileo, y los frescos de Giotto, entre otras obras de arte.

Stendhal describe en su diario cómo, tras pasarse todo el día visitando obras de arte en Florencia, al salir de la basílica de la Santa Cruz le latía el corazón apresuradamente, estaba agotado, se tambaleaba, se ahogaba... El médico que le atendió ya le diagnosticó que padecía un cuadro de sobredosis de belleza.

En mi opinión, en las molestias que presentaba Stendhal no solo habría un componente de belleza, sino que la contemplación de las tumbas de varios personajes ilustres tuvo también un efecto psicológico en relación con las vivencias sobre la muerte, tal como él mismo describe en su diario, cuando dice que le impresionó encontrarse ante la tumba de hombre tan ilustres.

Como es sabido, Stendhal es uno de los apodos con los que escribía Henri Beyle, escritor francés nacido en Grenoble en 1783, que poseía una gran capacidad para el análisis psicológico de los personajes de sus novelas, entre las que destacan *El rojo y el negro* y *La cartuja de Parma*.

Stendhal quedó marcado por una infancia traumática a causa de la muerte de su madre, cuando tenía siete años, y el encarcelamiento de su padre durante la etapa del terror revolucionario. Se considera que estas circunstancias pudieron haber influido posteriormente en sus problemas psicológicos, denominados el síndrome de Stendhal, actuando como factor de vulnerabilidad.

El término síndrome de Stendhal fue acuñado en 1979 por la psiquiatra y psicoanalista italiana Graziella Magherini, y proviene de su experiencia asistencial en el servicio de salud mental de Santa María la Nueva, de Florencia, con el estudio de más de cien casos.

Se trata de cuadros de tipo ansioso con un fuerte componente psicosomático, aunque también se dan cuadros psicóticos. Se considera que en la mayoría de los casos se dan formas leves y parciales del síndrome.

4.4.3.5.2. El síndrome de Jerusalén

Tuve la suerte de hablar varias veces en Jerusalén con el descubridor de este síndrome, el doctor Yair Bar El (por desgracia, fallecido hace poco), y recuerdo perfectamente sus explicaciones sobre este cuadro.

No sin cierta ironía, el doctor Bar El solía decir que el caso típico para él del síndrome de Jerusalén consistía en que la policía le llamaba urgentemente en mitad de la noche porque habían encontrado en pleno desierto del Néguev a un hombre generalmente joven, ataviado con una simple túnica y un báculo, que decía ser san Juan Bautista y que llevaba días vagando por el desierto.

Sin embargo, la lista de identificaciones delirantes que se pueden dar en este cuadro es muy larga y abarca un gran número de personajes bíblicos, entre los que destacan Moisés, el rey David y Jesucristo. Se ha señalado el Muro de las Lamentaciones como un lugar relacionado con la aparición de este cuadro.

El doctor Bar El me explicaba que le llamaba la atención que se diera mucho más en cristianos protestantes que en católicos. La explicación radicaba en que, en su opinión, el cristiano protestante vivía de forma mucho más directa la relación con Dios, por lo que al estar varios días solo en Jerusalén, imbuido de la vivencia de hallarse en los mismos lugares relatados por la Biblia, se quedaba profundamente afectado.

Para el doctor Bar El, los católicos tienen un gran número de mediadores entre su conciencia y Dios, como los sacerdotes, los obispos y la confesión, pero los protestantes se relacionan directamente a través de su conciencia, lo que les hace mostrarse más sensibles en una situación como la de estar varios días en Jerusalén sintiendo la presencia de Dios en todas partes.

Relataba el doctor Bar El que se trataba de personas que, obviamente, tenían una vulnerabilidad previa y poseían características especiales. Este planteamiento ha sido demostrado por los trabajos de los doctores Kalian y Witztum, que aportaron pruebas de que los afectados por el síndrome de Jerusalén padecían previamente un trastorno mental. Ya hemos hecho referencia a este aspecto con anterioridad, cuando señalábamos la vulnerabilidad como el factor más importante para la aparición de trastornos mentales.

El síndrome de Jerusalén es un cuadro psicótico, con una florida sintomatología delirante y alucinatoria.

Se ha relacionado este cuadro con el síndrome de Stendhal y con el denominado síndrome de París, que se da en japoneses.

4.4.3.5.3. El síndrome del Camino de Santiago

También he tenido la suerte de conocer personalmente al doctor Jesús de la Gándara. Él y la doctora Maite Álvarez, del complejo asistencial de Burgos, describieron este cuadro tras el estudio de miles de peregrinos que realizan el Camino de Santiago.

Según los estudios sobre este cuadro, las hospitalizaciones tienden a ser cortas, máximo de 10 días, en relación con brotes psicóticos agudos. También hay formas menores de presentación, como trastornos de ansiedad agudos.

Tres factores se relacionan con la aparición de este cuadro:

1. La intensa fatiga que suele darse en este tipo de peregrinaciones.
2. Las fuertes vivencias de tipo místico que tienen lugar en el viaje.
3. La existencia de antecedentes psiquiátricos, tal como hemos visto al hacer referencia al síndrome de Jerusalén y al síndrome de Stendhal. Sin embargo, en el síndrome de Ulises no suele haber antecedentes y este dato coincide con que este cuadro no está conceptualizado como un trastorno mental.

Los males físicos y mentales de los peregrinos tienen una larga tradición. En Burgos, en la Edad Media, ya existían numerosos centros médicos para atender a los peregrinos.

Segunda parte

Los trabajos del doctor De la Gándara y de la doctora Álvarez van en la línea de los del filósofo y psicólogo francés Michael Foucault. En uno de sus primeros libros, *Historia de la locura en la época clásica* (1961), Foucault hace referencia al loco como peregrino y evoca la figura de la nave de los locos, un grupo de personas que estaban fuera de la sociedad, pero que también se consideraban peregrinos en busca de la razón, y por extensión de la razón del mundo, representando la conexión entre orden y caos.

Paradójicamente, podríamos decir que el peregrino puede caer enfermo en su viaje a Compostela, pero se ha de resaltar que el motivo del viaje es con frecuencia tratar de curar sus propios males. Así, el Papa Calixto II escribía que en el viaje a Santiago de Compostela se curaban los nefríticos, los frenéticos, los coléricos, los extraviados, los dementes...

El peregrino cuenta con el apoyo de una red de ayuda a lo largo del Camino de Santiago. Todavía hoy, en el monasterio de Roncesvalles, al caer la tarde, repican sin cesar las campanas para tratar de orientar a los peregrinos rezagados o perdidos que corren el riesgo de que les caiga encima la fría noche del Pirineo.

También en la mitología el viajero hace su camino protegido por los dioses: ni más ni menos que por las máximas divinidades del Olimpo, como Júpiter y Zeus. En la historia ha habido incluso numerosas leyes que obligaban a cuidar a los peregrinos. Asimismo, innumerables santos, amuletos, etcétera, protegen el sagrado viaje del peregrino. Podríamos decir que todos ellos forman parte de los denominados factores protectores, en este caso contra el síndrome del Camino de Santiago.

También nosotros hemos llegado al final de nuestro pequeño viaje sobre el mundo de los viajes. Solo espero que nos haya servido para recuperar algo de aquella capacidad innata que todos hemos tenido de niños para preguntar por todo, para interesarnos por todo, para hacer mil preguntas. Esa capacidad que los grandes viajeros nunca perdieron.

4.4.4. *El turismo de masas. El guiri como antítesis del viajero*

> El turismo de masas consiste en llevar gente que estaba mejor en su casa a lugares que estaban mejor sin ellos.

Frente a esta perspectiva transformadora del viaje, tenemos hoy ante nosotros el fenómeno del turismo de masas, uno de los pilares centrales de la sociedad de consumo, que constituye la antítesis del viaje tal como lo hemos planteado en los párrafos anteriores. El sujeto del mundo de hoy, tras vivir en un mundo controlado, dirigido, cuando finalmente sale de él, también lo hace en un viaje hiperprogramado, enlatado, en el que el estereotipo, el tópico y el prejuicio sustituyen a la mirada, a la escucha de lo desconocido.

Incluso, con frecuencia, el propio viaje del turismo de masas es una impostura: el turista va a parques temáticos que reproducen en cartón piedra lejanas pirámides, selvas, ciudades perdidas, y navega por simulaciones de ciudades surcadas de canales. Es un mundo Disney, sin riesgo alguno.

En el turismo de masas se evita encontrar al otro, tener que cuestionar el propio mundo. El viajero busca ese cuestionamiento, mientras que el guiri lleva una ruta marcada, sigue la banderita del guía que simboliza como nada su gregarismo, su sumisión a la norma social establecida. El tópico vende, refuerza la seguridad, permite hacernos creer que vivimos en un mundo que controlamos, sin riesgos.

El turista de masas va «a toda pastilla» visitando ciudades y países. De ahí el título tan acertado de aquella película: *Si hoy es martes, esto es Bélgica*. Ha de ver a todo correr y en medio de una multitud que esprinta, de un pasillo a otro, la Gioconda o la piedra Rosetta. Y no es extraño que aproveche la ocasión para hacer un selfish (lo he visto con mis propios ojos).

El turismo de borrachera (Lloret, Magaluf, Barcelona cada vez más), en el que hay quien nada más llegar comienza a beber incluso con una manguera conectada al barril de alcohol para emborracharse lo más rápidamente posible, sería ya el cenit del viaje a ninguna parte, de la nula conciencia de dónde se está, del nulo contacto con el país que se visita.

En relación con este tipo de turismo, me viene a la cabeza el caso que me explicaron de una mujer que refería lo maravilloso que había sido un reciente viaje en crucero, especialmente la cena de gala con el capitán. Recordaba sobre todo el momento, inolvidable para ella, en el que bajaba la suntuosa escalinata del barco (de cartón piedra), enfundada en su vestido de noche (alquilado para la ocasión), ante la expectativa del baile con el capitán del barco (con quien finalmente no bailó), y decía: «Mientras bajaba aquellas maravillosas escaleras, pensaba que estaba viviendo algo que en realidad no me correspondía, algo que no era para alguien como yo». Y tenía razón, porque todo era una comedia, una farsa.

El turismo es uno de los fenómenos más importantes del mundo actual. El desplazamiento de cientos de millones de personas comporta, lógicamente, emociones, tensiones, tanto entre los propios turistas como entre quienes los reciben.

Hay muchos tipos de viajes, pero, si de verdad hablamos de experiencia de contacto con nuevas realidades, todos comparten el ser una experiencia de transformación. La apertura mental que supone el viaje comporta afrontar el encuentro con el otro, con otras formas de vivir, de sentir. Precisamente ese encuentro será uno de los elementos centrales en el proceso de transformación. Pero no siempre es fácil tolerar ese riesgo de apertura, ese riesgo de cuestionamiento de las propias certezas que supone encontrarse de verdad con el otro, encontrarse cara a cara con otras culturas y otros mundos.

Capítulo 5

El duelo por el estatus social

El duelo por el estatus social abarca todo lo relacionado con los papeles, el trabajo, la vivienda, el acceso a la salud y las oportunidades de progreso. Junto al duelo por la familia, es el más relevante de los siete duelos.

5.1. Características del duelo por el estatus social

Este duelo es uno de los más importantes que se dan en la migración porque está íntimamente ligado al proyecto migratorio, que en la mayoría de los casos es un proyecto de mejora de las condiciones de vida.

La migración, en general, busca una mejora del estatus social, pero este aspecto no debe entenderse solo desde la perspectiva económica, sino también en relación con el acceso a los bienes culturales, a la libertad, etcétera. De cualquier modo, hay sujetos que también emigran por motivos amorosos o por otros aspectos personales.

5.1.1. La importancia de las expectativas y del proyecto migratorio

Las expectativas constituyen uno de los motores que dan fuerza al inmigrante para poder afrontar las dificultades que le presenta la migración.

Sin embargo, si no son adecuadas, si, por ejemplo, son excesivas, el cuento de la lechera, pueden dar lugar a enormes frustraciones que dificulten la elaboración del duelo migratorio.

5.1.2. La hipótesis dopaminérgica en relación con el proyecto migratorio

Las expectativas se han relacionado con el sistema dopaminérgico. Hay estudios que muestran parcialmente que el gen DRD4 (7r+) del receptor de dopamina está vinculado al éxito de la migración. Se le ha llegado a denominar, de modo poco riguroso, «el gen de la migración». Cuanto más activo es el gen DRD4 (7r+) del receptor de dopamina, más lejos tiende a emigrar un sujeto (Chen *et al.*,1999; Matthews y Buttler, 2011). Se considera que este gen, relacionado con la búsqueda de novedades, fue seleccionado por la evolución hace unos 50.000 años. Otros genes ya influían antes (COMT, DRD2...).

Fórmula química de la dopamina.

Como señala Lieberman (2021), investigadores de la Universidad de California, en un estudio que realizaron por todo el mundo, hallaron que las poblaciones que habían ido más lejos tenían más proporción de gen DRD4 largo. Quienes tienen el alelo largo del gen DRD4, el 7R, son más propensos a asumir riesgos.

> Los indígenas sudamericanos, uno de los últimos grupos en llevar a cabo una gran migración (ya que América fue el último continente que poblaron los descendientes del Out of Africa), tienen el alelo largo del gen DRD4 en mucha más cantidad que los nativos que viven en Norteamérica. Los nativos sudamericanos tienen un 69%

> de alelos largos, frente al 32% de los nativos norteamericanos. Los nativos de América Central están justo en medio, en el 42%. Se calculó que cada 1500 kilómetros de migración aumentaba un 4,3% el porcentaje de alelos largos.

Desde la perspectiva evolucionista, la explicación sería que los portadores de este alelo largo tienen más éxito en la migración y más éxito reproductivo; por lo tanto, se perpetúan más sus genes.

> Como señala Lieberman (2021), la dopamina tiene que ver con aquello que nos impulsa a buscar lo que no tenemos. Plantea este autor que hay dos maneras de contactar con la realidad: mirar hacia abajo, donde se encuentran las cosas que tenemos a mano (la mesa, el periódico...), y mirar hacia arriba, donde están las cosas que no tenemos y que debemos intentar conseguir planificándolas.

En relación con las cosas que están arriba, es donde interviene la dopamina, sustancia que te hace desear lo que aún no tienes.

Tenemos dos estrategias diferentes: una ante las cosas que tenemos y otra ante las cosas que no tenemos. La dopamina te impulsa a buscar cosas nuevas, te recompensa cuando sigues sus mandatos y te hace sufrir cuando no los cumples, señala Lieberman.

La dopamina es la fuente de la creatividad, pero también puede ser una fuente de la locura, de la adicción. Según Lieberman, la dopamina es el combustible para el motor de nuestros sueños, que nos lleva a buscar lo nuevo. Se da más en los humanos que en otros animales. Fue descubierta en 1957 por Katharine Montagu en un laboratorio cerca de Londres.

Solo una de cada diez millones de neuronas secreta dopamina (el 0,005%); sin embargo, es una molécula sumamente importante. De todos modos, se ha de tener en cuenta que los neurotransmisores actúan en combinación unos con otros, formando una especie de código, y hay que evitar los reduccionismos que hipersimplifican la realidad biológica.

La dopamina no está relacionada con el placer, sino con lo inesperado, con lo posible, con las expectativas. Así, se ha relacionado la dopamina con el enamoramiento, pero no con la pareja estable. Lieberman señala que el lema de la dopamina es «siempre más» y considera que los grandes creadores, como Miguel Ángel, eran muy dopaminérgicos, disfrutaban con la ilusión y la planificación.

El circuito dopaminérgico fue creado sobre todo para ayudarnos a conseguir alimentos y sexo, y ganar a los competidores. Se activa con lo inesperado. Busca explorar el entorno en busca de nuevas oportunidades y nuevas fuentes de alimento, cobijo y posibilidades de emparejarse.

El sistema dopaminérgico crea ilusión, pero, una vez conseguido el objetivo, deja de intervenir la dopamina. De alguna manera, la dopamina sacrifica el presente por el futuro.

Frente a la dopamina, ligada a la planificación del futuro, está la noradrenalina, que es la molécula del aquí y el ahora, del momento. La noradrenalina y la adrenalina son las moléculas de la lucha, de la defensa.

La dopamina también tiene que ver con la tenacidad para conseguir las metas, no solo con el deseo, sino con la fuerza de voluntad.

Sin embargo, la dopamina, que incita a ir siempre más allá de los límites, a explorar, también está relacionada con la locura. Se sabe que el gozo de la creación es una de las mayores fuentes de placer que existen.

Ha habido clásicamente un debate en la psiquiatría transcultural acerca de si hay un porcentaje muy reducido de inmigrantes que marchan con una personalidad paranoide, personas que no están bien en ningún lugar y tienen que seguir su camino.

5.1.3. *Personalidad y migración*

Se han realizado investigaciones que muestran la correlación existente entre el tipo de personalidad y la propensión a viajar, a emigrar. Como señalan Crawford y Campbell (2001), investigaciones en el este de Europa, con mil estudiantes, muestran que los *primary migrants* puntúan más alto en motivación de poder y altos objetivos, y tienen más reducida la motivación afiliativa. La búsqueda de altos objetivos se relacionaría con la capacidad para aceptar riesgos, como los que se asocian a la migración. Estos autores muestran los resultados de investigaciones en las que se pasan test de personalidad a cientos de alumnos que están estudiando en la universidad. Años después se repiten y se comparan los resultados del estudio de la personalidad de los que han emigrado y de los que no lo han hecho.

Las personas que emigran tienen centralidad por el trabajo y menor centralidad familiar. Pero se trata de un estudio de adultos jóvenes. Sin embargo, las mujeres no tienen menor afiliación, o sea que habría diferencia con los hombres, pero sí comparten deseos de logros.

Otros estudios en los países escandinavos muestran que las personas que tienden a emigrar tienen más altos índices de insatisfacción en la vida. En los hombres, a diferencia de las mujeres, hay altas puntuaciones en extraversión y neuroticismo.

5.1.4. *La pérdida de estatus social al emigrar*

En general, al inicio de la emigración se pierde estatus social («te pones el último de la fila», como nos explicaba un joven marroquí). El problema es que, en las migraciones del siglo XXI, para mucha gente no hay ni fila en la que ponerse. Si en el plazo de unos años el inmigrante no comienza a mejorar, se desmoraliza y entra en crisis. Siente que tanto esfuerzo no ha servido para nada. El inmigrante invierte con frecuencia en la migración los mejores años de su vida, pone en riesgo su salud, se endeuda, etcétera.

Muchos maestros, licenciados, profesionales en el país de origen se encuentran con que deben trabajar en el país de acogida como peones o cuidadores. Se sienten muy frustrados por su nueva situación, máxime cuando ven que no es posible salir de ella. Una mujer nos expresaba que no podía pasar delante de una escuela porque le recordaba que en su país de origen había sido maestra.

El inmigrante también ha de elaborar el duelo por ciertos aspectos de estatus que deja atrás (Espeso, 2007), ya que con frecuencia la casa en la que vivía en el país de origen era mejor. Esta circunstancia la hemos visto muchas veces en niños que han perdido su sitios de juego, por ejemplo.

> Desde la perspectiva del estatus social, una de las mayores fuentes de discriminación de los inmigrantes es la pobreza, la aporofobia. Así, existe aquel dicho de que «Un árabe es un moro con dinero». O, como escribía Cervantes, «El pobre está siempre en tierra extranjera».

Uno de los mayores problemas para los inmigrantes es el acceso a los papeles, a la legalidad. Para poder tener el permiso de residencia en España, se recurre de forma mayoritaria a demostrar el arraigo social. Son necesarios al menos tres años de residencia en el país, contar con una oferta de trabajo a jornada completa que cumpla con el salario mínimo, y presentar un informe de arraigo.

Esta situación da lugar a que los inmigrantes estén mucho tiempo en una situación de desprotección jurídica y social, y no es infrecuente que sean víctimas de abusos laborales.

Además, una vez obtenido el permiso de residencia y trabajo, se ha de renovar periódicamente, y puede perderse si la persona se queda sin trabajo.

Sin embargo, cuando comencé a trabajar en el SAPPIR, a principios de los años noventa, las cosas no eran así. En el tema de los papeles había una política mucho más permisiva. Es hacia el año 2000 cuando se cierran a cal y canto las fronteras, emigrar se hace cada más difícil y entonces planteo el concepto de síndrome de Ulises.

5.1.5. Trabajo y cultura

Con relación al estatus social y el trabajo, los aspectos culturales tienen una gran influencia. La cultura occidental valora mucho todo lo que tiene que ver con la posesión, la acumulación, el crecimiento sin fin. Eso se expresa también en sus relaciones con la naturaleza y está en la raíz de la problemática del cambio climático, de la destrucción de la naturaleza. Sin embargo, otras culturas tienen una visión más ecológica de la naturaleza, nos dan la lección de que hay valores mucho más importantes. Y no solo para nosotros, sino también para nuestro planeta.

Desde la antropología se ha señalado la obsesión de la cultura occidental por el trabajo, un valor muy arraigado sobre todo en la cultura protestante. Pierre Clastres señala que los yanomanis, nativos de la selva en Venezuela, trabajan dos horas al día contándolo todo: desplazamientos, preparación de los utensilios, etcétera, o que un esclavo romano trabajaba también unas dos horas al día.

5.1.6. Migraciones y globalización: no emigran igual ricos y pobres

Tal como están evolucionando las políticas migratorias en gran parte del mundo, es previsible que en no mucho tiempo emigrar con derechos sea una opción solo asequible para ricos, algunos profesionales muy delimitados y poco más. Los demás tendrán que conformarse, como mucho, con viajar a otros países como turistas el tiempo asignado, arriesgarse a vivir homéricas odiseas, siendo incluso criminalizados y dando lugar a un duelo migratorio extremo, lo que he denominado síndrome de Ulises.

En el caso español, estamos viendo cómo la lamentable situación que prácticamente impedía la migración con derechos a España a los inmigrantes que provenían de África, Asia o Latinoamérica se aplica también ahora a los propios españoles cuando queremos emigrar. Y es previsible que si la emigración se incrementara, como consecuencia de las repetidas crisis sociales, estas barreras se irían haciendo cada vez más altas, incluso dentro de Europa, por lo que la emigración podría llegar a convertirse en una situación de alto riesgo.

En el mundo de hoy, caracterizado por la enorme mejora de las comunicaciones, se están polarizando las condiciones en las que se da la migración y podemos llegar a encontrarnos ante dos grandes tipos de personas que emigran en situación opuesta:

1. Por un lado, los ricos que viven una migración incomparablemente mejor que la de épocas anteriores: pueden residir donde quieren, ir y venir cuando les place a su país de origen en pocas horas, traer a sus familiares... No se pierden ni la posibilidad de celebrar un cumpleaños en cualquier parte del planeta. Nunca emigrar fue tan fácil en un mundo cada vez más plano. Ahora mismo en España, si un extranjero se compra un piso o una casa, le otorgan la nacionalidad. (Aquí quiero puntualizar que el término emigrante se debe aplicar por igual a todo aquel que marcha a vivir a otro país, sea pobre o rico).
2. Por otro lado, esa otra gran parte de los ciudadanos del mundo que se encuentran con las fronteras cada vez más cerradas. El mundo de los muros, los fosos, las empalizadas para las personas, mientras casi todo lo demás —información, mercancías, capitales— va y viene sin cesar.

> El siglo XXI está trayendo consigo una grave erosión del derecho a emigrar. Derecho que se ha convertido en poco menos que retórico para gran parte de la humanidad, a pesar de estar recogido nada menos que en uno de los primeros artículos (el artículo 13) de la Declaración Universal de los Derechos Humanos de San Francisco de diciembre de 1948 en la que se dice textualmente: «Toda persona tiene derecho a circular libremente y a fijar su residencia en el

> territorio de un Estado... y a salir de cualquier país, incluso del propio, y a regresar a su país».

Pero no solo el derecho a emigrar está cada vez más restringido, sino que emigrar se está convirtiendo incluso en delito, tal como comenzó a suceder en Italia en 2009 con la denominada ley Maroni, con las políticas de Donald Trump en Estados Unidos y con la tendencia a considerar delito ayudar a los inmigrantes indocumentados.

De hecho, desde hace años el derecho a emigrar se ha monetizado. Si se tiene dinero, todas las fronteras son de papel. Si alguien tiene la solvencia de poder comprar una vivienda en otro país, las puertas se abren de par en par. Si el inmigrante lleva medio millón de euros, puede ser ciudadano de cualquier país del mundo. Si no, que se prepare para vivir la migración en situación extrema.

> A la monetización del derecho a emigrar la he llamado «efecto Jericó», por el conocido episodio bíblico en el que los hebreos llevan tiempo rodeando las invencibles murallas de Jericó, sin éxito. Pero cuando se organiza una procesión alrededor de las murallas y comienzan a sonar las trompetas, las murallas caen con estrépito. Algo así ocurre con las murallas contra la migración, que al sonar el tintineo del dinero hasta los más altos muros caen inmediatamente.

Es obvio que la migración, como todos los temas complejos de la vida social, requiere acuerdos entre todas las partes, normas consensuadas, planificación para proteger los derechos y el bienestar de todos los sectores implicados. Pero lo que no es aceptable es que vayamos hacia la práctica supresión para la mayoría de la humanidad de este derecho humano fundamental reconocido en la Declaración Universal de los Derechos Humanos.

Así pues, la emigración ha pasado, en apenas setenta años, de derecho a delito.

5.1.7. *Europa envejece a pasos agigantados*

La tasa de reposición, el número de hijos por mujer, ha bajado en España desde hace años a 1,3 hijos, y el incremento incesante de la edad de la población prefigura una sociedad cada vez más envejecida, con todas las consecuencias que ello supone para la vida social.

> En Europa se gasta más en pañales para viejos que para niños, hasta el punto de que en los supermercados la sección «Incontinencia» ha llegado para quedarse.

En este contexto se ha de señalar que ahora sí que es acertada la denominación de Europa como viejo continente, en el sentido de continente envejecido, no como se había usado el término hasta ahora en el sentido eurocéntrico de considerarnos la cuna de la civilización, ya que oculta que existieron otras civilizaciones florecientes muy anteriores a la nuestra. Baste recordar que, más de 2000 años antes de Cristo, en China había un debate filosófico tan avanzado que contaba con escuelas filosóficas que defendían todo tipo de ideas, entre ellas el ateísmo.

La propia investigación evolucionista —tanto los datos del ADN mitocondrial femenino como los del cromosoma Y masculino— nos muestra que Asia fue el primer continente que se pobló, mucho antes que Europa, que lo hizo bastante tarde, hace unos 40.000 años. Nuestros antepasados, tras salir de África, se dirigieron ante todo hacia Oriente. Esta es una de las razones por las que esta parte del mundo está mucho más poblada, porque sustentó numerosas civilizaciones (la hindú, la japonesa, la china...) hace miles de años.

Cuando hace unos años Alemania acogió a más de un millón de refugiados sirios, la prensa germana tituló «Llegan los hijos que no tuvimos», señalando el invierno demográfico que padecemos.

Pero lo más chocante es que, mientras vivimos esta situación de envejecimiento de la población en Europa, las fronteras están prácticamente cerradas y la migración supone para millones de personas un enorme sufrimiento humano, una odisea... a la que denominé en 2002 el síndrome de Ulises.

Además, solo con que se pusiera en marcha un programa estructurado de regularización de los indocumentados, se calcula que el Estado recaudaría con sus cotizaciones cerca de 2000 millones de euros. Solo con eso ya podríamos financiar mejores programas sociales, de salud, etcétera. Así nos va.

5.1.8. Los menores y la brecha digital

La gran crisis social desencadenada por el COVID-19 ha generado graves disfunciones en el sistema educativo. Disfunciones que se suman a las que ya existían anteriormente, como los relevantes déficits de financiación (en 2021, en España, se ha bajado del 5 al 4,2% del PIB el presupuesto de educación), la situación precaria de muchos trabajadores de la enseñanza o que España tenga el récord europeo en abandono escolar.

A estos déficits estructurales se ha de añadir, en el caso de la enseñanza a los menores inmigrantes, que el sistema educativo ha tendido a marginar en determinados centros a este grupo de alumnos, dándose un proceso de segregación de los alumnos inmigrantes e incrementándose los problemas para lograr una educación de calidad, que es una de las bases de la igualdad de oportunidades y de mejora del estatus social.

En nuestra consulta del SAPPIR, hemos visto casos de niños y adolescentes inmigrantes que en esta situación de crisis están perdiendo el tren de la formación, ya que por la ausencia de conexión a internet y la falta de ordenadores no pueden seguir la enseñanza online. Y lo que es aún más grave, por la propia situación de exclusión de estas poblaciones, a veces no son muy conscientes de las consecuencias que esto comporta.

Hemos visto casos de chicos que, al no tener conexión de internet en su casa, tenían que asomarse a las ventanas de su casa (a veces con peligro de caerse) buscando una posibilidad de conexión wifi con algún edificio cercano para poder seguir la actividad docente.

5.1.9. *El final del proyecto migratorio: el retorno*

En contextos de crisis, o si han conseguido ya los objetivos por los que emigraron, muchos inmigrantes deciden el regreso. Pero, en el tiempo de la migración, el emigrante ha cambiado, el país de origen también, y nos encontramos ante una nueva migración.

En mi experiencia, planteamientos rígidos en relación con el proyecto migratorio muestran inseguridad. Es más adecuado tener un proyecto migratorio fluido, abierto a reconsideración en función de los cambios que puedan producirse en la situación del inmigrante. He visto casos de inmigrantes que juraban que jamás volverían a su país de origen y que han regresado, y casos de inmigrantes, convencidos de que pronto regresarían, que han acabado quedándose. ¿A qué venía tanta convicción? A ambivalencias en el proyecto migratorio.

Pero el regreso del inmigrante es particularmente difícil cuando vuelve fracasado. Con relación a este retorno, tal como hemos señalado, con frecuencia los familiares y allegados en el país de origen son, lamentablemente, poco comprensivos con los inmigrantes, les exigen demasiado y no es extraño que incluso haya casos en los que los rechacen si vuelven con las manos vacías.

Es muy doloroso tener que hacer frente al fracaso del proyecto migratorio. Ante los familiares y la gente del país de origen, pero también respecto a las personas del país de acogida con las que se había establecido un vínculo.

> Me comentaron en una asociación cultural que se habían quedado muy asombrados al ver que una chica peruana, que durante mucho tiempo había estado participando activamente en la asociación, cuando se vivió la crisis del 2008 y las cosas se pusieron muy mal, tuvo que regresar a su país y ni siquiera fue a despedirse de ellos. Me decían: «Qué vergüenza debió de sentir, qué sentimiento de fracaso tan grande tuvo que tener, para que después de tanto tiempo de estar juntos, haciendo muchas cosas juntos, no pudiera ni siquiera decirnos adiós».

5.2. Evaluación del duelo por el estatus social

5.2.1. Evaluación de los factores de riesgo en salud mental en relación con el duelo por el estatus social

Los factores de riesgo, en este caso, son todos aquellos aspectos relacionados con el estatus social que incrementan el riesgo de padecer trastorno mental. Hay que tener en cuenta dos perspectivas:

1. Lo que ha acontecido antes de que el inmigrante salga de su país: la vulnerabilidad.
2. Los problemas que ha tenido el inmigrante una vez que ha emigrado, las dificultades que ha tenido en el país de acogida: los estresores.

Para la evaluación de los factores de riesgo en salud mental seguiremos la escala Ulises (Achotegui, 2007).

Segunda parte

5.2.1.1. Vulnerabilidad en el duelo por el estatus social

Se evalúa el grado de limitaciones que tenía el sujeto antes de emigrar y que, una vez que ha emigrado, pudieran constituir un obstáculo para elaborar la adaptación en temas de trabajo, vivienda, etcétera, en el país de acogida.

VULNERABILIDAD EN EL DUELO POR EL ESTATUS SOCIAL
¿QUÉ SE EVALÚA?

Se evalúa el grado de limitaciones que tenía el sujeto antes de emigrar y que, una vez que ha emigrado, pudieran constituir un obstáculo para elaborar la adaptación en temas de trabajo, vivienda, etcétera, en el país de acogida.

ÁREAS	EXPLICACIÓN DEL ÍTEM	0, 1, 2
Limitaciones físicas	– Posee capacidad física para trabajar, aunque tenga algunas limitaciones; por ejemplo, no ser lo bastante fuerte para realizar trabajos pesados................ 0 – Limitaciones físicas relevantes (diabetes, cardiopatía...) que dificultan desarrollar ciertos trabajos............ 1 – Incapacidad física grave: ceguera, parálisis............ 2	0, 1, 2
Limitaciones psíquicas	– Limitaciones psíquicas leves, compatibles con la elaboración de este duelo: ser una persona algo tímida y retraída, pero capaz de establecer nuevas relaciones .. 0 – Limitaciones psíquicas relevantes: depresión, fobia, personalidad dependiente, personalidad esquizoide..... 1 – Limitaciones psíquicas incapacitantes: psicosis, retraso mental, demencia................................ 2	0, 1, 2

RECUENTO: Si se puntúa   0   simple
                Si se puntúa   1   complicado
                Si se puntúa   2   extremo

en una sola área o en la suma de varias áreas

La vulnerabilidad simple a nivel físico sería la de una persona que posee capacidad física para trabajar aunque tenga algunas limitaciones: por ejemplo, no ser fuerte físicamente para trabajos pesados. A nivel psíquico habría limitaciones psíquicas leves compatibles con la elaboración de este duelo: ser una persona algo tímida, retraída, pero capaz de establecer nuevas relaciones.

La vulnerabilidad complicada se daría, a nivel físico, cuando hay limitaciones físicas relevantes (diabetes, cardiopatía...) que dificultan desarrollar ciertos trabajos; y a nivel psíquico, cuando hay limitaciones psíquicas relevantes (depresión, fobia, personalidad dependiente, personalidad esquizoide), pero que pueden ser superadas.

La vulnerabilidad extrema se produciría cuando hay una incapacidad física grave (ceguera, parálisis cerebral...) que impide trabajar; y a nivel psíquico, cuando hay limitaciones psíquicas incapacitantes (psicosis, retraso mental, demencia).

5.2.1.2. Estresores en el duelo por el estatus social

Estos estresores son los obstáculos que tiene el inmigrante en relación con los temas de trabajo, vivienda, papeles o acceso a oportunidades profesionales, que dificultan la elaboración del duelo migratorio. Todos ellos son obstáculos externos al inmigrante que le dificultan vivir dignamente y poder progresar en la sociedad de acogida.

Los estresores simples, en el ámbito personal, serían dificultades menores en las relaciones afectivas con los padres, los hijos, la pareja o las amistades en temas de vivienda o trabajo; y en el ámbito social y ambiental, dificultades menores de tipo económico o laboral, que afectan a la elaboración del duelo migratorio.

Los estresores complicados se producen, en el ámbito personal, cuando hay problemas relevantes en las relaciones afectivas con la familia o con los amigos en relación con la vivienda, el trabajo o el envío de dinero; y en el ámbito social y ambiental, con problemas como trabajar en malas condiciones o vivir hacinados.

Los estresores extremos en el ámbito personal se darían cuando el inmigrante no puede enviar dinero a la familia (aspecto fundamental

Segunda parte

ESTRESORES EN EL DUELO POR EL ESTATUS SOCIAL
¿QUÉ SE EVALÚA?

Los estresores en el duelo por el estatus social son los obstáculos que tiene el inmigrante en relación con los temas de trabajo, vivienda, papeles o acceso a oportunidades profesionales, que dificultan la elaboración del duelo migratorio. Todos ellos son obstáculos externos al inmigrante que le dificultan vivir dignamente y poder progresar en la sociedad de acogida.

ÁREAS	EXPLICACIÓN DEL ÍTEM	0, 1, 2
Ámbito personal	– Dificultades menores en las relaciones afectivas con los padres, los hijos, la pareja o las amistades en temas de vivienda o trabajo. 0	0, 1, 2
	– Problemas relevantes en las relaciones afectivas con la familia o con los amigos respecto a la vivienda, el trabajo o el envío de dinero 1	
	– El inmigrante no puede enviar dinero a la familia 2	
Ámbito social y ambiental	– Dificultades menores de tipo económico o laboral, que afectan a la elaboración del duelo migratorio 0	0, 1, 2
	– Problemas relevantes, como trabajar en malas condiciones o vivir hacinados. 1	
	– Trabajo en condiciones de explotación, infravivienda, dormir en la calle o no poder formarse por ser un indocumentado 2	

RECUENTO: Si se puntúa   0   simple
                      Si se puntúa   1   complicado
                      Si se puntúa   2   extremo

en una sola área o en la suma de varias áreas

del proyecto migratorio), trabaja en condiciones de explotación, vive en infravivienda o duerme en la calle.

5.2.1.3. *Intensidad del duelo por el estatus social*

El duelo simple por el estatus social se da cuando el inmigrante llega al país de acogida con sus derechos laborales reconocidos y con posibilidades de progresar, de acceder al mercado laboral, a la vivienda y a la sanidad, o sea, cuando emigra en buenas condiciones.

El duelo complicado se produce cuando, aunque el inmigrante goce de una estabilidad legal, tiene muchas dificultades para salir adelante por los prejuicios y las discriminaciones que viven los inmigrantes.

Desde la perspectiva del duelo por el estatus, como hemos señalado, incluso el inmigrante con papeles se encuentra con muchas trabas para encontrar empleos de calidad. Así, inmigrantes con más de cuarenta profesiones (abogados, maestros, ingenieros...) apenas trabajan aquí en cuatro: agricultura, cuidado de ancianos, servicio doméstico y construcción.

El buen nivel profesional de muchos inmigrantes se relaciona con el hecho de que emigran en gran medida clases medias, con frecuencia con un elevado nivel cultural (superior al de muchos autóctonos), clases medias empobrecidas por las crisis y la ausencia de oportunidades por las dictaduras que padecen sus países, con frecuencia sostenidas desde Occidente en el marco del poscolonialismo.

Un tema que afecta enormemente al proyecto migratorio es el de los accidentes laborales, que dejan secuelas físicas y psíquicas. En estos casos, todo el proyecto migratorio queda gravemente afectado. Atendimos un caso de un albañil de origen marroquí que, a raíz de una caída en el trabajo, quedó con secuelas (vértigos, paresias...) y sin poder trabajar, y desarrolló un brote de tipo psicótico, megalomaníaco y paranoide.

En la situación actual, como decía una compañera, a los que tienen los papeles se les puede considerar «los pijos» de los inmigrantes, al lado de los otros, que son una auténtica *underclass*, los nuevos Jean Valjean, los miserables de hoy de la gran novela de Victor Hugo.

El duelo extremo se expresaría hoy claramente en la figura del inmigrante indocumentado. El duelo extremo, en relación con el estatus, es una de las bases del síndrome de Ulises (véase *El síndrome de Ulises*, Achotegui, 2020), que tiene varios estresores básicos.

Muchos inmigrantes viven el fracaso del proyecto migratorio por los enormes obstáculos que presenta la sociedad de acogida. Y el fracaso en soledad aún es mayor.

Los requisitos para obtener los papeles son cada vez más rígidos en todo el mundo. Hemos visto, por ejemplo, como a raíz del Brexit muchos inmigrantes europeos, entre ellos no pocos españoles, han tenido que regresar porque no podían permanecer en el Reino Unido.

Pero, además de los que no tienen papeles, hay inmigrantes en situación de semilegalidad porque con la crisis económica no han podido renovar el contrato de trabajo, o ha habido errores en la administración. Y están también todos aquellos que tienen papeles, pero viven con un gran temor de perderlos. Los papeles se han convertido en la llave para la integración, hasta tal punto que una mujer del este de Europa que sufrió una grave mutilación en los atentados de Madrid del 11 de marzo, a raíz de lo cual le permitieron la regularización, declaró que el 11-M había sido el mejor día de su vida.

Con frecuencia, los inmigrantes son víctimas de engaños y estafas laborales, con contratos de trabajo falsos, o víctimas de explotación al tener una gran dependencia de los patronos para obtener trabajo.

Hemos visto casos de inmigrantes que no podían volver a su país de origen por temor a que los mataran a causa de las deudas que habían contraído para poder emigrar. Es el fracaso de un proyecto en el que han invertido todo: el dinero propio y muchas veces el de la familia o el clan (con intereses de usura), la salud, los mejores años de la vida...

Hace años que en países como España no hay regularizaciones. Ha habido siete en total. La primera la efectuó el gobierno de Felipe González en 1992: de 132.000 solicitudes se admitieron 108.000. La última regularización, con casi 500.000 inmigrantes, la llevó a cabo el presidente Zapatero en 2005.

El cierre de las fronteras obliga a los inmigrantes a vivir situaciones extremas, con las consecuencias que estos estresores tienen para el bienestar y la salud de estas personas. Pero en otros países la situación es aún peor, como en el caso de Francia, donde la última regularización se produjo en 1998 con apenas 90.000 personas. O en Estados Unidos, donde desde los años ochenta no ha habido ninguna. La última la hizo un presidente conservador, Ronald Reagan, aunque, como californiano, buen conocedor de la realidad migratoria. Actualmente hay más de 12 millones de personas sin papeles, bastantes de ellos hijos a su vez de sin papeles (los *dreamers*), denominados a veces, usando un lenguaje políticamente incorrecto, «la segunda generación de ilegales».

La situación de estos inmigrantes, aunque comparable en muchos aspectos con la de los autóctonos más desfavorecidos, tiene nuevos problemas añadidos, ya que carecen de muchos derechos que poseen los autóctonos: protección social, ayudas sociales, etcétera.

Como ha señalado Alain Touraine (2012) en relación con la exclusión social: antes la sociedad se dividía entre los de abajo y los de arriba; ahora, cada vez más, entre los de dentro y los de fuera del sistema.

Traen una mochila, una maleta con unos pocos enseres, pero llena hasta arriba de ilusiones. Lo que más abulta son sus sueños, los sueños de una vida mejor. Sueños rotos. Esta es la tierra en la que, lamentablemente, después de incontables esfuerzos, sus sueños vienen a morir.

La alimentación es una de las áreas que presentan más dificultades en la situación de duelo migratorio extremo, en parte por la pérdida de poder adquisitivo al tener que enviar una gran parte del poco dinero que tienen a sus familiares, en el país de origen. Consumir productos de baja calidad alimentaria, y además diferentes de los de su dieta en su país natal, también puede relacionarse con síntomas como la fatiga y las cefaleas que describí en el síndrome de Ulises. También en el área de la vivienda tienen grandes dificultades: hacinamiento, vivir en infraviviendas (viviendas a las que le faltan elementos básicos, como el techo o alguna pared) o, simplemente, vivir en la calle, sin cobijo.

La historia de la humanidad es en gran parte, como se ha dicho con frecuencia, la historia de las migraciones, la historia de hombres y mujeres que se pusieron en marcha y tuvieron la oportunidad de alcanzar nuevos horizontes. Sin embargo, en el mundo de hoy es cada vez más constatable que emigrar con oportunidades, con derechos, lleva camino de acabar siendo eso: historia.

Así ya hoy, por ejemplo, como señala el estudio Itineris, financiado por la Unión Europea, el 30% de los inmigrantes españoles que han llegado a Brasil en los últimos años están indocumentados. Es sabido que Brasil fue uno de los primeros países que comenzó a plantear la política de reciprocidad en las condiciones de aceptación de los inmigrantes, por lo que los españoles que emigran a este país son tratados con la misma moneda de dureza que los brasileños en España. Y, en esta línea, cada vez más países están restringiendo los derechos de los inmigrantes.

El drama es que posiblemente, en este contexto de fuertes barreras a la migración, la mayor parte de los emigrantes vivirá situaciones de exclusión y en muchos casos la migración será clandestina: soledad forzada, miedo, ausencia de oportunidades, indefensión..., es decir, los estresores que afectan radicalmente al inmigrante en situación extrema, tal como hemos señalado al hablar del síndrome del inmigrante con duelo migratorio extremo o síndrome de Ulises.

Una clara muestra de lo implacables que son las actuales políticas migratorias pudimos verla en los naufragios de Lampedusa, Canarias y el canal de la Mancha a finales de 2021. A nadie se le escapa que, si en vez de morir trescientos inmigrantes a la vez, lo hubieran hecho de uno en uno, no habrían merecido ni una sola línea en la mayoría de los periódicos.

Sin embargo, una reciente investigación de la Universidad Carlos III estima que el paso de una persona de situación irregular a regular puede repercutir en un aumento de alrededor de 3000 euros en los ingresos anuales del Estado. «De acuerdo con esta estimación, la medida aquí propuesta podría suponer un aumento total de ingresos para las arcas públicas de hasta 1500 millones de euros anuales» (*Público*, 12-7-2020).

Es obvio que la migración, como todos los temas complejos de la vida social, requiere acuerdos entre todas las partes, normas consensuadas. Pero lo que no es aceptable es que vayamos hacia la práctica supresión para la mayoría de la población de este derecho humano fundamental.

5.2.2. Evaluación de la elaboración del duelo por el estatus social

Para el estudio de la elaboración del duelo migratorio por el estatus social contamos con un instrumento denominado el test del kayak (Achotegui, 2017b). Se trata de un test basado en la teoría evolucionista que analiza el grado de adaptación de las conductas. En este caso la conducta que se analiza es la elaboración del duelo migratorio.

El test del kayak considera que hay ocho grandes estrategias en la elaboración de los duelos:

1. Funcionamiento de control, que llevado al extremo desadaptativo da lugar al funcionamiento obsesivo.
2. Funcionamiento de asertividad, que llevado al extremo desadaptativo da lugar al funcionamiento paranoide.
3. Funcionamiento de retirada, que llevado al extremo desadaptativo da lugar al funcionamiento esquizoide.
4. Funcionamiento de autocrítica, que llevado al extremo desadaptativo da lugar al funcionamiento depresivo paranoide.
5. Funcionamiento de repensar, que llevado al extremo desadaptativo da lugar al funcionamiento depresivo confusional.
6. Funcionamiento de descanso, que llevado al extremo desadaptativo da lugar al funcionamiento de pasividad.
7. Funcionamiento de exploración, que llevado al extremo desadaptativo da lugar al funcionamiento de desorganización.
8. Funcionamiento de acción, que llevado al extremo desadaptativo da lugar al funcionamiento maníaco.

Para conocer más detalles sobre el test del kayak se puede consultar la web http://josebaachotegui.com/testkayak/.

5.3. Intervención en el duelo por el estatus social

La intervención en el duelo por el estatus es una de las más importantes y complejas en relación con el trabajo en salud mental con los inmigrantes (López-Cabanas y Chacón, 1999; Bueno, 2005). Muchos inmigrantes que hemos visto en las consultas están muy afectados por las dramáticas condiciones sociales en las que están viviendo, e intervenir en esta área es muy complejo, razón por la cual vamos a desarrollar extensamente este apartado.

5.3.1. *Influencia de los factores sociales en la relación terapéutica*

La actividad clínica y asistencial con personas que viven situaciones de estrés crónico y exclusión social, especialmente inmigrantes que padecen estresores Ulises (rupturas familiares forzadas, lucha por la supervivencia, situaciones de miedo e indefensión, etcétera), nos muestra que la relación que establecen con los profesionales que les ayudan (médicos, psicólogos, psiquiatras, trabajadores sociales, personal de enfermería...) posee características especiales.

Es en este marco en el que hacemos referencia a «la relación terapéutica extendida o ampliada», que pretende describir que en estos casos la relación asistencial va mucho más allá de los cauces de la clásica relación de tipo médico o psicoterapéutico (centrada en la atención de los aspectos biológicos o psicológicos del paciente) e incluye demandas de protección física y social. Dado que las demandas médicas y psicológicas se encuentran inextricablemente unidas a las demandas sociales, si no son tenidas en cuenta, la intervención corre un gran riesgo de fracasar, algo que ocurre con demasiada frecuencia.

Sin embargo, el profesional sanitario ha recibido, en general, muy poca formación para trabajar en este tipo de relación terapéutica. Incluso con frecuencia la respuesta emocional del profesional (la contratransferencia) suele poseer evidentes elementos de confusión y ambivalencia ante estas demandas que percibe como «excesivas» a nivel profesional, ya que considera que sobrepasan su competencia técnica sanitaria.

5.3.1.1. ¿Qué es la relación terapéutica ampliada o extendida?

El planteamiento de que la relación entre la persona que pide ayuda y el profesional que la atiende constituye un elemento fundamental en la intervención terapéutica está muy presente no solo en la historia de la medicina y la psiquiatría occidentales, sino también en las medicinas de civilizaciones como la china y la hindú, y en las medicinas tradicionales. Sin embargo, en los casos en los que el paciente vive situaciones de estrés crónico y exclusión social, esta relación se halla alterada, modificada, y es necesario tener en cuenta estos cambios en la dinámica asistencial para intervenir adecuadamente. No se pueden aplicar sin más las reglas clásicas de la intervención terapéutica.

Denominamos «relación terapéutica extendida o ampliada» (Achotegui, 2007) al conjunto de las interacciones que el demandante y el profesional movilizan en la relación terapéutica en las situaciones de estrés crónico y exclusión social. (Al utilizar el término demandante queremos señalar que no todas las personas que acuden a los servicios de salud mental son enfermos mentales).

La relación terapéutica extendida tiene evidentemente una parte explícita (lo que el demandante puede expresar abiertamente), la petición de ayuda y la actitud de queja ante unos estresores que le abruman, pero posee otra parte inconsciente, que consideramos tanto o más importante, ya que, aunque no exprese abiertamente ante el clínico estas demandas (o lo haga de modo parcial), no dejan de estar presentes y de formar parte de las expectativas de la entrevista. Es lo que hay «debajo» de la demanda: lo que nos está expresando más allá de lo explícitamente verbal y que incluye los elementos transferenciales.

Esta demanda emocional inconsciente —que va más allá de la pura atención sanitaria que se da en todas las relaciones terapéuticas—, en el caso de las situaciones extremas posee características específicas: por un lado, su intensidad; por otro, el hecho de que estas demandas no pueden considerarse sin más, una expresión meramente regresiva o patológica relacionada con una alteración psicológica, sino la expresión de una demanda adaptativa. En los casos en los que el estrés crónico está emparentado con patología psiquiátrica se entremezclan las demandas irreales ligadas a la patología del sujeto y las demandas reales ligadas a la búsqueda humana de ayuda en las situaciones límite (no todo demandante tiene patología psiquiátrica aunque tenga varios síntomas, como en el caso del síndrome de Ulises).

Los componentes esenciales de esta relación terapéutica extendida serían la transferencia y la contratransferencia. Tal como la define el diccionario de psicoanálisis de Jean Laplanche (1981), la transferencia sería «el proceso a través del cual los deseos inconscientes se actualizan sobre ciertos objetos, dentro de un determinado tipo de relación establecida con ellos y de un modo especial dentro de la relación terapéutica». El paciente expresa en la relación terapéutica los patrones relacionales emocionales infantiles. (Aunque este proceso se da en su máxima expresión en el marco de la relación terapéutica, está presente en todas las relaciones, especialmente en las que tienen figuras de ayuda que nos evocan las relaciones parentales). Como es sabido, Freud consideró inicialmente la transferencia como una resistencia al éxito del tratamiento, un mecanismo de oposición al conocimiento del inconsciente, para más adelante comprender que era justamente la llave que permitía la curación, al posibilitar revivir y modificar en el contexto emocionalmente adecuado del tratamiento las experiencias infantiles perturbadas. (Por eso el autoanálisis no tendría el mismo éxito, ya que no se puede experimentar ni elaborar la transferencia).

La relación terapéutica extendida se expresa ante todo en la relación transferencial. Transferencia es un concepto tan utilizado y desarrollado que se ha convertido en polisémico. Proviene del psicoanálisis, pero se utiliza en las técnicas de psicoterapia en general. La transferencia es el proceso de transferir. «Es la actualización de vivencias inconscientes, infantiles y adultas». Se expresa en todas las relaciones humanas, sobre todo en las terapéuticas. Como señala Sandler, una visión de la evolución del concepto nos ayuda a matizar esta definición.

Si analizamos brevemente la evolución del concepto de transferencia, veremos que aparece muy pronto en la obra de Freud (1895). En un primer momento es considerada «un suceso desafortunado». Freud busca a través de la asociación libre el acceso a los recuerdos inconscientes y la transferencia es un obstáculo. Hasta tal punto que Breuer abandona el caso de Ana O. La transferencia es vista como resistencia. En 1914 introduce el concepto de «neurosis de transferencia», en sustitución de «la neurosis ordinaria del paciente». Se convierte ahora en el eje de la cura psicoanalítica, la llave del proceso terapéutico. Sandler señala que el concepto de transferencia ha ido ampliándose continuamente desde su inicio.

Si analizamos ahora la evolución social de la utilización de la clínica de la transferencia, veremos cómo el concepto de transferencia ha ido evolucionando en su aplicación, ampliando su campo social, desde las clases altas de la sociedad hasta los excluidos:

1. En la cura psicoanalítica: tratamientos de larga duración y muy costosos, accesibles en general a clases medias o altas de la sociedad.
2. En las psicoterapias: tratamientos que llegan ya a los ciudadanos de a pie.

Tras la Segunda Guerra Mundial aparecen los servicios nacionales de salud y se democratiza la atención en salud mental. Se adapta la interpretación y el manejo de la transferencia a tratamientos mucho más cortos.

En las intervenciones psicológicas con los excluidos, como los inmigrantes en situación extrema que expresan una transferencia especial, extendida, es esta la que debe tenerse en cuenta.

5.3.1.2. Elementos de la relación terapéutica extendida

Vamos a analizar a continuación los elementos que conforman esta relación terapéutica extendida, tanto desde el lado del paciente como desde el lado del terapeuta, centrándonos fundamentalmente en los aspectos conflictivos, que son los que más dificultades presentan desde el punto de vista asistencial.

5.3.1.2.1. En el demandante, el inmigrante

Destacaremos dos aspectos negativos:

1. La hostilidad (la transferencia negativa).
2. La expresión somatizada de la demanda (fatiga, cefalea, in-migraña...).

La hostilidad se expresaría en la relación terapéutica como desconfianza, recelo, temor, rabia. Las personas que viven situaciones de estrés crónico y exclusión social, como en el caso de muchos inmigrantes, llegan incluso a no diferenciar al profesional asistencial de otras personas de amplias capas de la sociedad de acogida (a las que el profesional pertenece), que los rechaza: asocia el terapeuta al patrono, al policía, al funcionario... Aunque el profesional tiene una función de ayuda, la persona en exclusión social no puede abstraerse del contexto social en el que tiene lugar la relación asistencial y lo coloca «en el otro bando».

Sabemos que existe una construcción social de la identidad. Así, el inmigrante tiende a agrupar a los que están dentro del sistema, por diferentes que sean, lo mismo que desde dentro se unifica a todos los inmigrantes como un solo grupo, cuando existen enormes diferencias entre los distintos colectivos y las situaciones personales.

Sin embargo, esta hostilidad está con frecuencia oculta bajo el manto de la sumisión amedrentada ante las repetidas vivencias de indefensión aprendida que dan lugar a que estas personas congelen los duelos que han vivido. Y es ante la figura del terapeuta o del trabajador de la red asistencial ante quienes se pueden expresar esos sentimientos que habitualmente se reprimen. Es como el caso del niño que se da un golpe en la guardería y, cansado de llorar y de que nadie le haga caso, congela el sufrimiento, pero cuando llega su madre se echa a llorar otra vez. La relación terapéutica es un espacio privilegiado de relación donde se expresa mejor que en ninguna otra parte esta queja. Pero lógicamente, si el profesional no entiende la situación, el mecanismo psicológico que la provoca, habrá problemas porque el inmigrante lo interpretará como un ataque personal y puede reaccionar inadecuadamente.

Se ha de tener en cuenta que las personas sometidas a situaciones de estrés crónico sufren una disminución de la autoestima (D'Ardenne y Mahtani, 1999). Los inmigrantes y las minorías (porque no se debería considerar inmigrante a quien ha nacido aquí, tenga la cultura que tenga) no se sienten reconocidos y aceptados por amplias capas de la sociedad de acogida. No hay que olvidar que siglos de racismo han introducido tanto en los occidentales como entre los propios colonizados la idea de desigualdad.

Como han escrito Kareen y Littlewood (1992), el racismo forma parte del sentido común de los blancos. Aunque los profesionales nos consideramos «los buenos» de esta película y creemos que no somos como el funcionario o el policía, en la mente del paciente, con frecuencia, formamos parte del mismo grupo.

La hostilidad y la transferencia negativa llegan al extremo de que incluso los mediadores, los intérpretes y los profesionales de origen inmigrante también suelen ser percibidos como personas que están al otro lado de la mesa, al otro lado de «la trinchera». Han sido denominados los «tíos Tom» (haciendo referencia al esclavo sumiso a su amo), tal como señalan D'Ardenne y Mahtani, 1999). Estas autoras llegan a decir que muchas veces el terapeuta es visto como alguien que está más del lado de los problemas que tiene el paciente inmigrante que como alguien que está del lado de las soluciones a sus problemas. Hasta tal punto esto es así que Kareen y Littlewood (1992) se plantean: ¿se analizaría un judío alemán con un alemán no judío?

Hay un dato que corrobora claramente lo que estamos señalando: el alto índice de abandono terapéutico de los inmigrantes y los grupos en exclusión social. Son plusmarquistas en los abandonos de los tratamientos, sobre todo los subsaharianos (Aponte *et al.*, 1995).

Las minorías no solo acuden menos a los servicios médicos, sino que abandonan el tratamiento en un porcentaje especialmente elevado (si esto ya pasa en toda la psiquiatría, en la psiquiatría transcultural aún más).

Varios factores aparecen como causa de estos frecuentes abandonos. Es importante explicar que el tratamiento es un proceso, no es algo que se efectúa de una sola vez, como puede ocurrir con los tratamientos de la medicina tradicional. Nos hemos encontrado en el SAPPIR con casos de pacientes que no acudían a la visita concertada y volvían a pedir visita tiempo después. Al preguntarles por qué no habían ido a la visita anterior, nos comentaban que no habían entendido por qué les habíamos citado si ya habíamos hecho el tratamiento.

La transferencia negativa se expresa en que el inmigrante bate todos los récords de incumplimiento terapéutico. El paciente muchas veces busca más ayudas sociales que psicológicas, a pesar de sus síntomas.

Ya hemos señalado que los profesionales nos colocamos en el papel de «buenos» en esta película; pero, ojo, el reparto de papeles lo decide el paciente. Percibiendo así a los profesionales no es extraño que los inmigrantes acudan poco a los servicios sanitarios: no vienen por temor a ser identificados dada su situación de ilegalidad, por desconocimiento de cómo acceder a la asistencia, y por desconfiar de que los profesionales asistenciales les comprendan y les atiendan adecuadamente.

De cualquier modo, como señala el psicoanálisis, la transferencia negativa no es «negativa» en sí misma para el tratamiento. Más bien al contrario, al ser explorada y analizada permite elaborar grandes conflictos psicológicos, tal como ha apuntado, por ejemplo, Echegoyen (1986). El problema técnico, en la perspectiva de la intervención terapéutica, estriba en la gran intensidad de esta transferencia negativa, en su «masividad», que dificulta enormemente la elaboración.

En relación con esta hostilidad, se tendría que señalar también la existencia de problemas de tipo ético. Porque si el tratamiento, como es obvio, se basa en la confianza, en la lealtad, en la sinceridad, ¿se debe decir la verdad a un perseguidor?

Un ejemplo de esta situación es la de inmigrantes a los que hemos conocido con varios nombres. Pero esta situación llega al paroxismo en el caso de los menores inmigrantes: no hace mucho me comentaban el caso de un adolescente al que se conocía por 28 nombres diferentes: uno por cada centro en el que había estado internado.

¿Qué relación terapéutica podemos establecer con alguien que no confía ni en darnos algo tan básico como su nombre? No parece un inicio muy prometedor para emprender un tratamiento (y tampoco se debe suponer que todos los profesionales poseemos unas habilidades terapéuticas extraordinarias).

La otra cara de la moneda de la hostilidad y el temor sería la idealización. Pero tampoco es una cara positiva. No es lo mismo idealización que relación positiva. Al igual que ocurre en la infancia, la idealización es un mecanismo que constituye la otra cara del temor y la hostilidad: en el mundo infantil es la otra cara del ogro, el monstruo, el perseguidor. Se basa en la negación de lo malo, en la ocultación de una parte de la realidad. Para D'Ardenne (1995), los inmigrantes tienden también a idealizar el poder de las técnicas occidentales y, dado que tienen la autoestima más baja que los autóctonos, incluso consideran que cuando no mejoran es porque son ellos los que fallan: ellos no valen, no son capaces, como los occidentales. Estos sentimientos favorecen, obviamente, el abandono del tratamiento. Como señala D'Ardenne (1995), «El terapeuta es visto más como una parte de los problemas del paciente que como una solución a sus problemas».

En cuanto a la expresión somatizada de la demanda, la medicina y la psicología psicosomática consideran que en las situaciones de estrés muy intenso, cuando el dolor psíquico desborda las capacidades de elaboración del sujeto, hay una tendencia a la somatización. Podríamos decir que las palabras ya no sirven. Sería una forma de evitar pensar, de negación del pensamiento, buscando la obtención de un beneficio secundario. Cuando los estresores y los problemas a los que se enfrenta un sujeto son inmensos, puede resultar «más rentable» no pensar. (Un viejo dicho judío señala: ponte una piedra en el zapato y se habrán acabado todas tus preocupaciones). También podría verse la somatización como una forma de pedir una ayuda más física, un cuidado más primitivo, más en la línea de lo maternal.

Uno de los síntomas somáticos más relevantes en estas situaciones es la cefalea. En nuestros datos del SAPPIR hemos visto que el 76,7 % de los inmigrantes visitados con el síndrome del inmigrante con estrés crónico y múltiple (síndrome de Ulises) tenían cefaleas crónicas. Estamos haciendo referencia a población joven. Tal como ha apuntado Benedittis (1990), la cefalea crónica se relaciona con la hostilidad reprimida, lo que nos devuelve al apartado anterior de la transferencia negativa. Una paciente marroquí nos decía que su cabeza era «como una bomba» a punto de estallar. En palabras de Pierre Marty (1951), todo esto nos lleva a la inhibición dolorosa del acto de pensar, con lo que se obtendría un beneficio secundario (ya he señalado que es tan frecuente la cefalea que para abreviar la denominamos «in-migraña»).

Las somatizaciones también se potencian unas a otras: el insomnio favorece la cefalea y la fatiga, y en el caso de los inmigrantes, como es bien sabido, las culturas no occidentales consideran que lo físico y lo mental constituyen una única realidad, frente al planteamiento dualista occidental.

La expresión somatizada hace que también sea muy difícil en algunos casos tratar estos síntomas que tienden a estar muy instalados —incluso enquistados— en el sujeto. Sin embargo, el que el inmigrante no inhiba la expresión psicológica del síntoma favorece en la mayoría de los casos que pueda ser tratado En la somatización pura hay un funcionamiento obstinado, pasivo-agresivo, muy difícil de modificar en las intervenciones terapéuticas. También sabemos que las clases populares, en las que los estresores crónicos y la exclusión social son muy relevantes, somatizan más, tienen menos introspección (Paéz y Casullo, 2000).

La relación terapéutica extendida se halla fuertemente somatizada. Sabemos que la cultura occidental separa radicalmente la mente del cuerpo. Descartes lo lleva al extremo. Desde Platón se considera que el cuerpo es la cárcel del alma. Si la hostilidad o el sufrimiento psíquico son muy intensos, tienden a somatizarse. La somatización también expresa la demanda de un cuidado físico, más primitivo.

5.3.1.2.2. Desde el lado del profesional

Hay que destacar dos aspectos:

1. La impotencia y la frustración.
2. El *burnout* del profesional

Es frecuente que, ante la hostilidad presente en la demanda de los pacientes que viven situaciones de estrés crónico y exclusión social, el profesional se vea embargado por sentimientos de impotencia y frustración, dadas las dificultades que entraña la respuesta terapéutica en estos casos. (Aquí se podría aplicar el concepto kleiniano de identificación proyectiva: hacer sentir al otro el malestar propio).

Hemos hablado de hostilidad de los pacientes. Podríamos decir que con frecuencia la hostilidad es mutua. Obviamente, la respuesta emocional, la reacción contratransferencial del profesional ante las demandas del paciente percibidas como «excesivas», no es fácil y puede manifestarse como:

1. Actitudes de rechazo: el profesional puede considerar que la situación que el paciente le plantea no le corresponde resolverla: «Estas demandas no son de mi ventanilla, de mi negociado». Puede plantearle que vaya con sus problemas al trabajador social, ante lo cual no es extraño que el paciente tenga la sensación de que no han comprendido que sus problemas son a la vez psicológicos y sociales.
2. Reacciones de tipo paternalista: compasión, lástima. Pero el paternalismo esconde elementos de tipo sadomasoquista que incrementan la baja autoestima de estas personas, ya que las inferioriza e infantiliza aún más. El paternalismo se halla ligado también a una defensa de tipo omnipotente ante las dificultades del paciente y puede ser la expresión de la sobreactuación como una formación reactiva frente a sentimientos de rechazo del profesional.

Como muestra de este tipo de actitudes, en un debate, en un lenguaje muy poco correcto, un compañero con una sólida formación biomédica explicaba: «Yo no he estudiado no sé cuántos años de medicina, el MIR y un máster en neuroimagen para acabar viendo a personas llenas de problemas sociales a las que no hay manera de quitar un dolor de cabeza, que son capaces de venir a la consulta en chándal, con aspecto de "pringaos"». Estas situaciones me recuerdan una escena de *La hoguera de las vanidades*, de Tom Wolf (1988), sobre cómo les va a los abogados formados en las grandes universidades de Estados Unidos cuando tienen que moverse en los ambientes populares: «En Yale te dan una visión académica, una visión global del derecho. Yale es fantástica para cualquier especialidad, a no ser que pretendas trabajar con gente que calza zapatillas deportivas».

Los estresores son un factor esencial de la enfermedad, que la mantienen y refuerzan, y son tanto o más relevantes que los factores biológicos y psicológicos. Ya Brown y Harris (1978) señalaron que en las mujeres con depresión los estresores psicosociales estaban prácticamente siempre presentes y constituían una parte esencial del conjunto de la enfermedad. Es como si los bomberos no desconectaran la corriente eléctrica en un incendio. No solo hay que poseer grandes escaleras, poderosas mangueras y arrojo. Es fundamental intervenir sobre lo que alimenta el fuego.

Hacer referencia a la importancia del planteamiento biopsicosocial está siempre presente a nivel formal en el discurso oficial de la psiquiatría. Pero, a la hora de la verdad, ¿cuándo se tocan los temas sociales? ¿Por qué apenas salen en el temario? Queda bonito mencionarlos en el discurso académico y ya está.

La contratransferencia del terapeuta tampoco es fácil. Todas las personas, de todas las culturas, tienen sus prejuicios hacia otros grupos humanos, y la contratransferencia debe elaborarse.

Una mala elaboración sería la expresión del rechazo a los inmigrantes o tomar actitudes discriminatorias hacia ellos. Por supuesto, estas posturas presentan claramente problemas de tipo ético. Pero también pueden adoptarse gestos inadecuados en el extremo opuesto, es decir, por tomar actitudes paternalistas o de sobreprotección ante los inmigrantes, actitudes que responderían a una negación o elaboración también inadecuada (aunque con menos gravedad) de la contratransferencia. El paternalismo supone un trato de tipo infantilizador a los inmigrantes, trato que no favorece el *empowerment*, el crecimiento personal, un objetivo muy importante de todo tratamiento.

En el peor de los casos hay hostilidad mutua.

Esta situación asistencial puede constituir un factor potenciador o facilitador de la aparición del *burnout* (síndrome del trabajador quemado) en el terapeuta, sobre todo cuando el sistema sanitario deja al profesional «solo ante el peligro».

El concepto del *burnout* fue acuñado en 1969 por H. B. Bradley, pero consiguió gran aceptación a partir de un artículo ya clásico publicado en 1974 por H. J. Freudenberger, en el que analizaba la desmoralización que se apoderaba de los voluntarios que trabajaban en el servicio de atención a toxicómanos en el East Side de Nueva York. Freudenberger (1974) observa cómo, al cabo de un año, muchos de estos jóvenes cargados de buenas intenciones acaban por presentar desmotivación, fatiga, cefaleas, molestias gastrointestinales, insomnio... El autor lo relaciona con que estos jóvenes altruistas habían ido comprobando cómo, a pesar de sus esfuerzos, los pacientes toxicómanos se resistían al cambio, eran impermeables a la intervención terapéutica.

Un aspecto importante a reseñar es que, cuando el profesional se siente apoyado, bien dirigido, en su trabajo, el efecto del *burnout* es mucho menor, pero, cuando se siente como un fusible del sistema ante los problemas sociales, su moral decae considerablemente. Como es sabido, el colectivo médico es uno de los más afectados por esta problemática.

Otro aspecto a tener en cuenta es la contratransferencia. De ahí la importancia de cuidar al cuidador: grupos Balint, grupos de apoyo a los profesionales, formación permanente, supervisión.

Es fundamental analizar en la relación asistencial qué hay «debajo» de la demanda: lo que el sujeto nos está expresando más allá de lo explícitamente verbal y que incluye los elementos transferenciales. Es obvio que un componente esencial de esta relación terapéutica extendida sería la transferencia y la contratransferencia.

Ya hemos señalado que, en las situaciones de estrés crónico y exclusión social que viven inmigrantes con el síndrome de Ulises, la relación terapéutica está modificada, ya que las demandas del paciente abarcan aspectos que van más allá de lo médico y lo psicológico e incluyen peticiones de protección y ayuda social, de ahí el concepto de «relación terapéutica extendida».

No tener en cuenta estos aspectos de la relación asistencial conduce con frecuencia al abandono del tratamiento, algo muy frecuente en inmigrantes, minorías y grupos excluidos socialmente.

5.3.2. Intervención en la exclusión social de los inmigrantes

El término exclusión social se ha convertido en omnipresente en el mundo actual, más aún en un contexto de incremento de las desigualdades (Markez, 2002; Vander Zanden, 1994; Milne, 1999). Es, sin duda, un concepto visual, evocador, pero puede ser cuestionado por ser ambiguo, blando, poco analítico y con un fuerte contenido metafórico.

Con relación al duelo por el estatus, la exclusión social es uno de los aspectos más relevantes, dadas las grandes dificultades de integración social que viven los inmigrantes: problemas de vivienda, de trabajo...

De todos modos, el término exclusión social ha sido criticado también por ser un pseudoconcepto que oculta la crudeza de realidades como la dominación, la explotación y la lucha de clases, porque pone un velo sobre los verdaderos problemas políticos y sociales. En esta línea, la exclusión social es un término cómodo que forma ya parte del lenguaje habitual de los organismos oficiales.

Es más, son con frecuencia instituciones de tipo financiero y bancario las que lideran los programas contra la exclusión social.

Clásicamente, al hacerse referencia a la problemática de los desfavorecidos, el concepto que se utilizaba era el de pobreza. Será fundamentalmente tras la publicación en 1974 del libro *Los excluidos, un francés de cada diez*, de René Lenoir, cuando el término exclusión social adquirirá resonancia.

El libro de Lenoir produce un gran impacto porque resalta y denuncia que, a pesar de que se viven años de progreso económico y social (lo que en Francia recibe el nombre de los 30 gloriosos, siguiendo la denominación del economista Jean Fourestier), sigue habiendo un elevado porcentaje de gente que continúa igual o peor que antes. Por lo tanto, deben revisarse los mecanismos de redistribución de la riqueza.

Tal como señala Subirats en la misma época y para referirse a la misma problemática, surge en Estados Unidos el concepto de *underclass* (infraclase). Sin embargo, sobre todo a partir de los años noventa, el concepto de exclusión social adquiere una enorme resonancia, que además no ha dejado de crecer desde entonces, dando lugar a lo que se considera no solo un nuevo paradigma, sino uno de los paradigmas dominantes de las ciencias sociales.

El éxito del concepto se relacionaría, desde la perspectiva positiva, con que nuestra sociedad considera esencial el respeto de los derechos humanos, y la exclusión resultaría intolerable con relación a estos valores de igualdad y progreso. Otro aspecto positivo del término exclusión social es que va más allá del clásico concepto de pobreza, ampliándolo más allá de los aspectos meramente económicos. El concepto está vinculado a las dificultades de acceso al mercado de trabajo, salud, educación, redes sociales, vivienda, cultura, servicios sociales y al pleno ejercicio de los derechos. Es un cúmulo de hándicaps. Se considera una metáfora espacial de la segregación en las sociedades urbanas.

Una de las razones del éxito del concepto proviene de que ha sido adaptado en la terminología oficial de los principales organismos internacionales (ONU, OMS...), así como de que forma parte de los programas de actuación de los organismos públicos, todo lo cual le confiere un gran poder de legitimidad. Por ejemplo, el Parlamento Europeo lo ha tenido presente en sus resoluciones, especialmente en la de 2003. Hoy en día casi resulta extraño encontrar informes oficiales, documentos de funcionarios o textos académicos que no utilicen el término exclusión social. Incluso son raros los ayuntamientos, diputaciones, gobiernos autonómicos, etcétera, que no posean un flamante programa contra la exclusión social. Es más, paradójicamente, tal como señalábamos, son con frecuencia instituciones de tipo financiero y bancario las que lideran programas contra la exclusión social.

A todo lo planteado habría que añadir un aspecto que, en mi opinión, ha contribuido en gran medida al éxito del concepto, y es que el término exclusión posee además una gran fuerza psicológica, ya que se asocia a la idea de abandono, muy importante a nivel afectivo, puesto que constituye un temor básico de todo ser humano. Exclusión es un término muy cargado emocionalmente, similar a los términos que se utilizan en el lenguaje publicitario, términos que enganchan rápidamente a nivel afectivo.

El contexto actual de la sociedad del conocimiento, de grandes cambios tecnológicos asociados a un fuerte incremento de las desigualdades, pone en situación de riesgo de exclusión a los individuos y los grupos vulnerables. Como factor añadido habría que señalar la fragilización de las redes familiares que se observa en las sociedades avanzadas. Además, tal como señala Beck (1983), ahora los problemas no afectan solo a un determinado grupo social, clásicamente vinculado a la pobreza, sino que pueden afectar a cualquier colectivo.

En esta línea se enmarcan los planteamientos acerca de la crisis y la desaparición de las clases medias en la sociedad actual. Ahora todos los grupos sociales se encuentran en situación de riesgo. Es la sociedad del riesgo. En un estudio efectuado en Francia el año 2005 por Emmaus, se señalaba que casi la mitad de los franceses expresaban temores de verse abocados a ser un día excluidos sociales, sin techo.

Pero el concepto de exclusión social, que con tanta frecuencia se aplica a los inmigrantes, a pesar de ser tan gráfico es también objeto de matizaciones y críticas, desde diversas perspectivas y de diferente calado. Que el término sea intrínsecamente ambiguo (exclusión de qué, por quién) y tenga un componente metafórico, evocador, en realidad es una de las razones que han favorecido su éxito. Sus contornos son vagos, no se sabe muy bien de qué se habla. Cada persona que habla de exclusión tiene su propia imagen del concepto. Pero todo el mundo lo emplea.

> Resulta obvio que exclusión significa estar fuera, pero no está tan claro que estas personas se encuentren realmente fuera del sistema, ya que no existen categorías de poblaciones o territorios radicalmente separados del resto de la sociedad. Así, como señala R. Castel (2004) en su conocido trabajo *Las trampas de la exclusión*, los

> excluidos participan plenamente de las relaciones de dominación y desigualdad, no están al margen de la dinámica social, ya que la sociedad incluida los tiene muy presentes para explotarlos o para inducirles al consumo, y los excluidos tienen muy presente en sus conductas a la sociedad que los margina. En realidad, los excluidos constituyen una parte muy importante del tejido social, incluso contribuyen a legitimar el sistema social, ya que el hecho de que estas personas excluidas no suelan votar, a pesar de sus problemas, y estén al margen de las organizaciones reivindicativas permite el mantenimiento del *statu quo* vigente, el mantenimiento del sistema de partidos políticos en el poder.

Castel recela del término exclusión porque considera que se ha convertido en un concepto blando, poco analítico, y propone que se use referido tan solo a los grupos que se hallan apartados físicamente de la sociedad (aunque no radicalmente separados), en espacios cerrados, como los presos o los internos de los manicomios.

Otros críticos más radicales, como Julien Freund, señalan que es un término consagrado por la mediocridad de las modas intelectuales y universitarias, un seudoconcepto que oculta conceptos mucho más duros, como dominación, explotación y lucha de clases, porque pone un velo sobre los verdaderos problemas políticos y sociales.

También se indica que las situaciones de exclusión son muy diversas y cambiantes, y comprenden un gran abanico de personas: son de una gran hetereogeneidad. Hay muchos tipos de exclusión: económica, cultural, laboral... La exclusión es como una hidra de muchas cabezas. Otros planteamientos apuntan que todas las sociedades, en cualquier tipo de sistema social, generan exclusión. Pueden cambiar los criterios de exclusión, las ideologías que los sustentan, pero no la existencia de la exclusión. Es la teoría del chivo expiatorio de R. Girard. Es más, se considera que la existencia de grupos excluidos, que haya alguien ahí fuera diferente, extraño, posee incluso una función aglutinadora, cohesionadora del resto de la sociedad

Para Damon (2009) sería más preciso introducir una tercera categoría entre los excluidos y los incluidos: la categoría de los vulnerables, los amenazados de exclusión. Es más realista plantear un continuum de situaciones que pretender separar artificialmente en dos grupos a la sociedad. Hay un peligro en los discursos actuales sobre la exclusión de la reificación del concepto. El concepto de exclusión debe entenderse relacionalmente, no sustancialmente. Dado que no es un concepto bien delimitado, sino metafórico, las medidas de la exclusión social son siempre imperfectas, incompletas, insatisfactorias.

De todos modos, como señala Damon (2009), a pesar de que el concepto tiene evidentes limitaciones en la descripción de la realidad, también es útil, dada su capacidad comunicativa en relación con determinadas situaciones, y es lícito plantearse si debe ser sacrificado en el altar de la pureza semántica. En mi opinión, se trataría fundamentalmente de ser más críticos con su utilización, teniendo siempre muy presente en qué contexto se está empleando, así como teniendo cuidado de no dejarnos seducir por su gran fuerza metafórica.

Respecto a la importancia de la exclusión en la salud mental sabemos (Irwin, R. y Lee, A., 2018; Read, J., 2004) que los niños que sufren carencias sociales tienen once veces más posibilidades de padecer psicosis y cuatro veces más posibilidades de padecer trastornos no psicóticos.

También sabemos (Harrison, G. *et al.*, 2001; Irwin, R. y Lee, A., 2018) que los niños de padres no psicóticos que han sufrido carencias sociales tienen siete veces más probabilidades de padecer psicosis. En este caso, el factor genético queda descartado.

5.3.3. *Importancia de la autoorganización de los inmigrantes*

Tal como he señalado más extensamente en el libro *Inteligencia migratoria* (2017a), las estrategias psicosociales para abordar todo lo que tiene que ver con el duelo por el estatus social se basan en buena medida en potenciar la autogestión y la autoorganización de los inmigrantes. El grupo autoorganizado de inmigrantes se convierte en algo muy importante a nivel psicológico no solo porque incrementa su autoestima personal y disminuye sus sentimientos de soledad y desesperanza, sino también porque la acción en grupo es mucho más eficaz: el grupo es más fuerte que el individuo aislado y obtiene mejores resultados en la lucha por una vida más digna, con plenos derechos como ciudadanos.

Hay que apoyar el que los inmigrantes se agrupen. Cuando hablamos de grupos, hacemos referencia tanto a grupos de tipo religioso (que ya hemos citado en el duelo por la cultura) o político (en los que se comparten ideas en un ambiente muy solidario), como a grupos culturales y deportivos, que no solo comparten las experiencias del juego, sino que permiten crear vínculos muy relevantes.

Es importante que las administraciones eviten las posturas de tipo paternalista, que no hacen sino inferiorizar al inmigrante y limitar sus posibilidades de desarrollo. El paternalismo es una forma de sadomasoquismo porque impide madurar al otro.

Con relación al paternalismo y a los grupos de inmigrantes, hay que destacar que a veces las entidades de autóctonos que ayudan a inmigrantes y refugiados (por ejemplo, en los campos de refugiados) tienen tendencia a preferir dirigirlos, antes que escuchar lo que plantean y favorecer que se autoorganicen. Es más cómodo y más fácil dirigir que escuchar.

> La dificultad de escuchar realmente al otro, en este caso a los inmigrantes, se da también con frecuencia a nivel terapéutico porque los profesionales tenemos dificultades para escuchar lo que dicen los pacientes, tenemos una serie de ideas preconcebidas de sus situaciones. Precisamente la idea del síndrome de Ulises surge al revisar sistemáticamente los síntomas por los que consultaban los pacientes y ver que no coincidían con lo que estaba previsto. Los inmigrantes traían

> síntomas como la cefalea y la fatiga, síntomas que no escuchábamos porque buscábamos otros síntomas más vistosos desde el punto de vista clínico.

También en relación con la problemática de explotación de los inmigrantes, es fundamental buscar apoyos jurídicos y legales para resolver esas situaciones. Lo mismo en el tema fundamental de la obtención de los papeles, de la regularización. Hay que contar con el respaldo de abogados, de asociaciones de apoyo a inmigrantes.

En cuanto a la intervención psicológica, es muy interesante la terapia narrativa, que el inmigrante reencuentre el hilo del proyecto migratorio que le llevó a la migración. Muchas veces están perdidos, desorientados.

5.3.4. *Intervención comunitaria*

Voy a intentar resumir en este apartado las experiencias y los planteamientos en programas de salud mental comunitaria llevados a cabo por la Escuela de Salud Publica de la Universidad de Berkeley y la Iniciativa de Salud de las Américas, que, como profesor invitado en la Universidad de Berkeley desde 2007 y asesor del programa, he tenido la oportunidad de conocer a fondo.

Como señala X. Castaneda, directora del proyecto, los programas parten de un modelo ecológico. Básicamente, parten del presupuesto de que, para lograr un impacto positivo en la salud y el bienestar de los migrantes y sus familias (individuos), se debe tener en cuenta el contexto en el que viven y trabajan (comunidad), las sociedades y/o países en los que estas comunidades se encuentran insertas (Estados Unidos/América Latina) y sus normas sociales.

No hay que olvidar la dimensión global que hoy en día vivimos como sociedad, con múltiples conexiones y dependencias (globalización) no solo de las mercancías y los medios de comunicación, sino también de las personas (familias transnacionales, binacionales). En este sentido, consideran que su trabajo es de carácter binacional y, por ello, involucran a instancias de ambos países (origen y destino).

El programa sensibiliza a los actores (líderes comunitarios, funcionarios y políticos, proveedores de salud, representantes gubernamentales, medios de comunicación, academia y líderes religiosos, entre otros).

El trabajo de las promotoras tendrá muy en cuenta los estrechos lazos que guardan los migrantes con sus comunidades de origen, con el fin de implementar programas eficientes para esta población, que muchas veces conserva una visión denominada «periférica» —que mantiene parte de su mente y de su ser en el lugar del que viene y con los seres queridos que dejó— y no le permite tener una visión «central» y enfocarse de lleno en su presente, en el lugar en el que está, y aprovechar al máximo sus condiciones actuales.

En el modelo de la Universidad de Berkeley, como señala Liliana Osorio, codirectora del programa, las intervenciones han de ser complementarias, sincrónicas y continuas. Buscan sumar los esfuerzos de salud pública que se han iniciado en los países de origen (y viceversa). Los migrantes traen consigo un capital de salud que debe cultivarse y complementarse localmente para que persista.

Por ejemplo, la mayoría de los hijos de los migrantes han sido vacunados de las vacunas básicas bajo el esquema nacional de las campañas de vacunación en sus países de origen. Al ingresar en el sistema educativo de Estados Unidos, se les exige que presenten los documentos donde constan las vacunas que se les han administrado. La ISA, en colaboración con otros socios, ha apoyado el desarrollo de una cartilla binacional de vacunas.

Las estrategias del programa de la Escuela de Salud Pública de la Universidad de Berkeley y la Iniciativa de Salud de las Américas se enfocan en cuatro áreas:

1. Acceso a los servicios. A través de la movilización de redes y recursos existentes, la ISA facilita el acceso a servicios de salud de los migrantes instrumentando diversas campañas de salud enfocadas a las necesidades específicas de las personas que migran. Los programas de esta área son: semana binacional, ventanillas de salud en los consulados, campañas de salud sobre temas específicos para la población migrante y la iniciativa binacional zacatecana de salud, entre otros.
2. Investigación. Nuestra meta en esta área es fomentar y auspiciar la investigación académica que permita elaborar políticas públicas relacionadas con poblaciones móviles. La ISA cuenta con varias estrategias, como el Programa de Investigación en Migración y Salud (PIMSA) y el Centro de Investigación en Migración y Salud (MAHRC, por sus siglas en inglés).
3. Formación y capacitación. El objetivo de esta área es mejorar la competencia cultural del personal médico y de los servicios de salud, así como de investigadores, estudiantes y líderes comunitarios. Entre los programas destaca el de inmersión cultural para estudiantes de UC de medicina y enfermería en México, jornadas de salud y curso de verano sobre salud global y migración.
4. Políticas públicas. El objetivo de esta área es promover cambios en las políticas públicas (en los países de origen, tránsito y destino) para reducir las disparidades en salud de los migrantes. Entre los programas más significativos están el seguro médico binacional, el foro binacional de políticas públicas sobre migración y salud global, y talleres para investigadores sobre cómo traducir resultados académicos en recomendaciones en políticas públicas.

En salud mental trabajan con un modelo que diferencia el estrés y el duelo en relación con el trastorno mental, evitando la medicalización y la psiquiatrización, desgraciadamente tan frecuentes en la práctica sanitaria actual, tal como muestra el siguiente esquema, extraído del libro de formación de las promotoras de salud de la Escuela de Salud Pública de la Universidad de Berkeley.

1. Estado emocional equilibrado	2. Problemas de salud mental (estrés, nerviosismo, tristeza)	3. Síndrome de Ulises	4. Trastornos o enfermedades mentales (ansiedad, depresión, estrés postraumático)	5. Crisis de salud mental (peligro para sí mismo o para otros)

Es importante conocer las diferencias entre los diversos estados de salud mental porque, para cada nivel o gravedad, la persona necesitará un tipo de intervención diferente.

5.4. La interculturalidad en el duelo por el estatus social

La globalización ha comportado un mercado mundial, lo que ha tenido ventajas, pero no se ha llevado a cabo teniendo en cuenta los intereses de la mayoría de los ciudadanos y ha generado muchísimas dificultades y distorsiones. Este intercambio entre los diferentes países muchas veces no se ha hecho teniendo en cuenta a los ciudadanos.

Lamentablemente, en la globalización, las grandes empresas han impuesto sus condiciones ventajosas para sus intereses, generando explotación laboral en numerosos países de África y Asia

Además, han dejado a muchos trabajadores de los países occidentales expuestos a una competencia tremenda, sin protección.

Capítulo 6

El duelo por el grupo de pertenencia

6.1. Características del duelo por el grupo de pertenencia

Las personas suelen identificarse con sus grupos de pertenencia y en la migración esa identificación se modifica al entrar en interacción con otros grupos. El inmigrante ha de elaborar el duelo de la disminución o pérdida de contacto con su grupo de pertenencia y a la vez el estrés de contactar y vincularse con un nuevo grupo de pertenencia.

Este duelo por el contacto con el grupo de pertenencia hace referencia a la identidad, los modelos de integración, los prejuicios, la xenofobia y el racismo.

6.1.1. La identidad como juego de espejos

Tal como nos muestra la historia evolutiva, debido a que la supervivencia fuera del grupo durante la evolución era prácticamente imposible, la tendencia a pertenecer a un grupo es un elemento muy importante de la mente humana.

Una expresión de esta tendencia la tendríamos en la importancia del comunitarismo en muchas culturas de los inmigrantes, o del patriotismo en todos los grupos humanos. Esta identificación con el propio grupo puede reforzarse si el contacto con otros grupos humanos es conflictivo, hay rechazo, discriminación, etcétera.

Como mostraron los trabajos clásicos de Robin Dunbar (2008), profesor de la Universidad de Oxford, los humanos tenemos un desarrollo cerebral adaptado para vivir en comunidades de unas 150 personas. Es el denominado «número de Dunbar», que correlaciona el volumen de la corteza cerebral con la capacidad social de una especie. Dunbar considera que ese es el número de miembros de un grupo humano que funciona adecuadamente.

Sabemos desde la perspectiva evolucionista que el tamaño de nuestro cerebro es mucho mayor del que nos correspondería en función de nuestro cuerpo de mamífero. Se calcula que es siete veces mayor de lo esperado. Este incremento del tamaño del cerebro tiene que ver con el manejo de una vida social muy compleja y requiere una gran capacidad cerebral. Es más, se considera que el trastorno mental está relacionado en gran parte con dificultades en la vida grupal.

Se ha denominado al número de Dunbar el número de la cohesión social, ya que todos sus miembros se conocen y hay una autorregulación entre ellos. Si se incrementa el número hay dificultades en la dinámica del grupo; de ahí la problemática de vivir en ciudades, por ejemplo. Dunbar también calculó que, por lo menos, un 42% del tiempo el grupo debía dedicarse a la socialización, a hablar unos sobre otros, actividad que incluye el chismorreo.

El debate en torno a la identidad suele generar fuertes tensiones grupales y sociales, hasta el punto de que hace sufrir a muchas personas (que, con frecuencia, a su vez hacen sufrir a otras). Obviamente, es un tema muy amplio, pero quiero referirme brevemente a tres reduccionismos, a tres sesgos, muy habituales, que considero que son negativos porque, al hipersimplificar el concepto de identidad, contribuyen a incrementar innecesariamente las tensiones que ya de por sí este tema comporta.

El primer reduccionismo es el que tiende a plantear la ecuación identidad = diferencia. Sin embargo, el propio término identidad hace referencia a lo que permanece, a lo que es idéntico a algo, «la conveniencia de cada cosa consigo misma» de los clásicos. Identidad proviene del latín *idem*, que significa lo mismo.

La identidad es un juego de espejos de semejanzas y diferencias. La identidad tiene que ver con lo que somos, con lo que nos define. ¿Cuánto somos de iguales y de diferentes? No es fácil responder a esta pregunta, pero solo quiero señalar que, si miramos a nuestros orígenes, sabemos desde la perspectiva evolucionista que desde hace apenas 7000 generaciones todos los humanos que poblamos hoy la Tierra nos hallamos vinculados por lazos de sangre, somos en realidad parientes.

Obviamente, la diferencia es una parte de la identidad. Se me objetará que hay quien la niega o le da muy poco valor, lo cual ciertamente también es problemático. Pero definir identidad como diferencia es confundir la parte con el todo. Como señala la teoría del significado, la identidad ha de entenderse más como una relación que como una propiedad.

Desde el punto de vista psicológico, por ejemplo, podemos ver cuánto sufren muchas personas porque se sienten muy diferentes de los demás, angustiadas por la extrañeza de sus sentimientos y fantasías. Sin embargo, pocas ideas son más erróneas que esta. Hoy conocemos por los estudios de psicología y psiquiatría transcultural que las patologías psiquiátricas son universales y que entre el funcionamiento psicológico sano y el patológico hay un continuum que se da en todas las personas, aquí y en la más remota aldea melanésica. Cuando el paciente puede afrontar ese narcisismo, no magnificar la diferencia y reconocer que es un ser humano más, que sus síntomas forman parte de las dificultades de resolución de los problemas de adaptación a la realidad que tiene cualquier otro ser humano, y puede entonces afrontar su realidad con serenidad, se siente mucho mejor.

El segundo reduccionismo es considerar la identidad como algo estático, fijo, inamovible. Cuando la identidad es dinámica, se halla en permanente interacción, es una construcción y deconstrucción en la que es muy importante, además, respetar y apoyar la libertad del sujeto para escoger, dentro de lo posible, su propio camino personal y lograr una identidad que fluya libremente. Hay un viejo chiste en el que un inglés le dice a un galés: «Yo nací inglés, he vivido inglés... y moriré inglés». A lo que el galés responde: «Qué poca ambición, ser incapaz de cambiar».

El tercer reduccionismo consiste en definir la identidad de la persona basándola tan solo en algún aspecto de todo el conjunto de elementos que la definen, sobrevalorando ese aspecto y no teniendo en cuenta que la identidad abarca numerosos elementos, podríamos decir que es poliédrica: aspectos anatómicos, fisiológicos, generacionales, sociales, de género, culturales, etcétera. Responder a la pregunta ¿Quién soy yo? no puede reducirse a delimitar un par de rasgos por importantes que se consideren. Así, incluso un aspecto tan relevante como el sexo, algo fuertemente anclado en lo biológico, posee un gran nivel de complejidad (bisexualidad, transexualidad, diferencias entre sexo y género, etcétera).

De hecho, para evitar el estigma en relación con la identidad, por ejemplo, en el área de la salud mental, se considera que no se debe decir que alguien es un esquizofrénico, sino que es una persona con esquizofrenia, porque ni siquiera un trastorno como la esquizofrenia puede, ni de lejos, definir a una persona.

En definitiva, asimilar identidad a diferencia, verla de modo estático y reducirla a un pequeño número de aspectos, favorecen convertir la identidad en una fuente artificial de conflictos y sufrimientos.

Con relación a la tendencia a considerar que la identidad del grupo es intocable porque es fija, se ha de señalar que la cultura que ahora no se quiere tocar también un día fue nueva y chocó con la anterior.

6.1.2. *El modelo integración-asimilación-multiculturalismo-exclusión. La interculturalidad*

En el área de las relaciones entre grupos humanos, desde el punto de vista de la identidad, son de destacar los planteamientos de Berry (2003), que desarrolla un modelo en el que describe las estrategias de aculturación, que para este autor son:

1. Asimilación: es el proceso en el cual el inmigrante renuncia a la cultura de origen para incorporarse completamente a la cultura del país de acogida.
2. Integración: vendría a ser una versión más *light* de la asimilación porque se permite que el inmigrante mantenga elementos de la cultura de origen que sean concordantes con los del país de acogida.
3. Separación: se basa en la idea de que cada comunidad viva de una manera autónoma su propia cultura sin mezclarse más que en los aspectos más fundamentales. Es la base del modelo multiculturalista anglosajón.
4. Marginalización: cuando la comunidad de inmigrantes queda completamente fuera del contacto con la sociedad. Esta situación puede acabar en la exclusión social.

A este planteamiento añadiríamos la interculturalidad, en la que hay un intercambio y una comunicación abierta y bidireccional entre los miembros de las diferentes culturas.

> Desgraciadamente, para una buena parte de los inmigrantes, integración, asimilación, multiculturalismo e interculturalidad son bonitas palabras que esconden la misma exclusión social. Exclusión en la Francia de la asimilación y exclusión social en la Gran Bretaña, los Estados Unidos y la Holanda del multiculturalismo. El racismo y la discriminación encuentran mil formas de expresarse y actuar más allá de las bonitas palabras de los discursos académicos y políticamente correctos.

Pero no solo hay derecho a la diferencia, sino, como ha señalado Manuel Delgado (1998), también hay derecho a la indiferencia, derecho a elaborar y construir la propia identidad con libertad, sin tener que dar explicaciones a nadie, sin tener necesariamente que escoger, sin tener que responder de dónde te sientes que eres.

También hay que distinguir diferencia de desigualdad. «Derecho a la diferencia, pero no diferencia de derechos».

6.1.3. *La existencia de prejuicios*

La existencia de prejuicios estaría relacionada con las actitudes de desconfianza hacia los otros grupos, con un exceso de identificación con el propio grupo, que ya hemos señalado (de ahí los chistes, que tanto nos gustan, que caricaturizan a los pueblos vecinos). Hasta cierto punto, estos aspectos no presentan demasiados problemas. Así, es habitual que los franceses se rían de los alemanes y que los alemanes se rían a su vez de los franceses. De todos modos, lo ideal es que cada grupo pueda reírse de sí mismo y compartir el humor de los vecinos. El problema surge cuando estas actitudes se traducen en conductas de xenofobia o racismo. De todos modos, a través de la psicología social sabemos que las diferencias interpersonales, intergrupo, son mucho más importantes que las diferencias entre los grupos.

La existencia del prejuicio ha sido intensamente estudiada en la psicología, señalándose que cumple funciones de simplificación de los análisis de la vida social, que se caracteriza por poseer una gran complejidad. Los prejuicios son atajos cognitivos para llegar antes a poner en marcha estrategias de adaptación ante realidades sociales muy complejas, ante las que se busca la simplificación. El problema surge cuando estas actitudes se radicalizan y se traducen en conductas de xenofobia o racismo. Una expresión del prejuicio es el tópico, el sambenito.

> Le preguntaron al escritor británico Chesterton: «¿Qué opina usted de los franceses?». Y respondió: «Pues no sé qué decirle. No los conozco a todos».

Como es sabido, el prejuicio, el tópico, solo se tiene en cuenta cuando refuerza la convicción; si la contradice, se pasa por alto.

Por suerte, también el tema de los prejuicios es la base de muchos chistes que hay en todas las culturas en relación con las culturas vecinas.

Hay un viejo chiste que recoge muy gráficamente los tópicos y prejuicios europeos:

> El cielo es un cocinero francés, un policía inglés, un ingeniero alemán y un amante italiano, todo ello dirigido por un suizo. El infierno es un cocinero inglés, un policía alemán, un ingeniero italiano y un amante suizo, todo ello dirigido por un francés.

Cuando nombraron a Obama presidente del país en plena crisis del 2008, el *New York Times* publicaba el siguiente chiste: «Como siempre, el peor trabajo de los Estados Unidos de América se lo han vuelto a dar a un negro».

También en esta línea, en unas recientes elecciones gallegas en España, el escritor Quim Monzó contó las veces que se había escrito en los medios de comunicación aquello de que «no se sabía si los gallegos subían o bajaban las escaleras». Un tópico muy popular en España. Casi nadie se pudo resistir a la fuerza del tópico.

6.1.4. *La xenofobia y el racismo*

La xenofobia y el racismo siguen constituyendo un enorme problema social, a pesar de que la tendencia a lo políticamente correcto tape en gran parte su existencia. Es una realidad que dificulta al emigrante la elaboración del duelo con relación al grupo de pertenencia.

La influencia del racismo en los inmigrantes es tan intensa, sobre todo en los niños (Fernando, 1995), que incluso acaban identificándose con él. Vimos el caso de un niño de origen magrebí que decía a otro en la escuela: «Cállate, moro de mierda».

El racismo no solo se expresa en actitudes explícitas, sino que además no se les alquila vivienda, se les discrimina por la forma de vestir, no se les da trabajo...

Se considera que el racismo continuado que viven los inmigrantes influye en el descenso de su autoestima, tal como se indica en los trabajos de D'Ardenne y Mahtani, que ya hemos citado.

Desde la perspectiva de la psicología del racismo, son muy interesantes los trabajos sobre el concepto de «personalidad autoritaria», desarrollados por Erich Fromm y Theodor Adorno, que la vinculó con el nazismo. Se trataría de personalidades con fuertes componentes instintivos que, al tener un yo débil, acaban sometidas a los dictados del superyó, de las normas sociales convencionales, como podrían ser las del nazismo.

Han sido siglos de colonialismo, de justificación, de que había gente a la que se la podía tratar como inferiores porque no eran como los blancos. No hace ni veinte años había un hombre negro disecado en un museo de Bañolas.

> Una muestra de la arraigada discriminación hacia los africanos es que, tal como señala el antropólogo Crespo, no se les denomina sudsaharianos (los que están al sur del Sáhara), sino subsaharianos (es decir, por debajo). A nadie se le ocurriría, sin embargo, hablar de sub-americanos al referirse a brasileños o chilenos.

Pero, lo mismo que en nuestras sociedades hay racismo, a los españoles se nos aplica la misma medicina en otros lugares. Así, en 1996, en una conferencia, pude escuchar cómo un profesor de Harvard clasificaba las razas en blanca, negra y muy negra. Había tres tipos de color de piel: la blanca (al norte de París), la oscura (entre París y el Sáhara) y la negra (al sur del Sáhara). Es decir que, según esta clasificación, los españoles no seríamos blancos, ya que consideraba que al sur de París todos éramos negros. Los italianos tampoco fueron considerados blancos en Estados Unidos durante mucho tiempo.

El racismo hacia los asiáticos se ha incrementado enormemente en Estados Unidos a raíz del COVID-19. El propio presidente Trump, en sus mítines, hacía corear a los asistentes Kung-Flu, basándose en la analogía con Kung Fu, el famoso personaje, y hablando abiertamente del virus chino.

Como nos señalaba un africano: «Los blancos habéis blanqueado la historia». ¿Cuándo nos han explicado que el mayor imperio que ha existido nunca fue el mongol, imperio que en el siglo XIII ocupaba casi toda Eurasia, casi todo el mundo conocido, y poseía un refinamiento enorme?

El racismo siempre ha estado ahí. Ya señala la Biblia: «No tratarás mal al extranjero ni le oprimirás porque vosotros también fuisteis extranjeros en tierras de Egipto» (Deuteronomio, 10, 19).

En la misma Biblia se muestra el racismo hacia los negros, como en el episodio del arca de Noé, cuando este prohibió el sexo a sus hijos para que no le llenaran aquello de descendientes, y lo mismo hizo con todos los animales. Solo desobedecieron el perro, el cuervo y su hijo Cam. En realidad, Cam estuvo con su mujer para ocultar que ella estaba embarazada del ángel caído Shemhazai. A pesar de todo, Dios le castigó haciéndole negro, castigó al perro dejándole unido a la perra tras la cópula, y al cuervo haciéndole inseminar por el pico.

En el mundo actual, no solo persiste activamente el clásico y viejo racismo, el que acabó con la vida de Martin Luther King en 1968, sino que durante este período de tiempo se han añadido nuevas variantes de esta lacra social, como señalaremos más adelante.

Martin Luther King, premio Nobel de la Paz, fue asesinado de un tiro en la garganta (todo un símbolo del intento de acallar su voz en defensa de los afroamericanos) cuando luchaba en Memphis contra el racismo que discriminaba gravemente a los trabajadores negros de la limpieza de esta ciudad de Tennessee. Solo como una muestra de la situación de la población afroamericana en esa época, hay que recordar que su sueldo era la mitad que el de la población blanca.

Hoy, cincuenta años después, como consecuencia de la lucha antirracista y de la presión del lenguaje políticamente correcto, el racismo clásico ha tenido en los últimos años más dificultades para expresarse, y han surgido, a mi entender, nuevas formas de racismo en torno a lo que suele denominarse el racismo cultural.

6.1.5. Nuevas formas de racismo

Tal como hemos señalado al hacer referencia al duelo por la cultura, es frecuente que, tanto en los medios de comunicación como en ambientes académicos y sociales, tenga lugar una gran sobrevaloración del concepto de cultura, con planteamientos que consideran que las personas están determinadas por el medio en el que nacen, marcadas a fuego por los valores de la sociedad en la que han crecido, de modo que siempre serán así. Pero, si aceptamos este planteamiento, ¿en qué se diferencia este concepto de cultura del concepto de raza? En nada.

Hoy, afortunadamente, ya se habla menos de la raza negra o árabe, por ejemplo, como explicación de los comportamientos, pero se atribuye a la cultura la causa que determina cómo actúan las personas, sin margen para la individualidad, las características personales, etcétera. Es decir, se utiliza el concepto de cultura en el sentido más fuerte posible.

Así, por ejemplo, desde este racismo cultural, un marroquí o una persona de cultura árabe solo puede pensar y sentir en el marco que le da su cultura de origen, a la que queda sometido para siempre, viva lo que viva después, porque todo se explica a partir de este concepto.

Por supuesto, desde esta perspectiva se entiende la identidad cultural como algo estático, fijo, inamovible. Cuando la identidad es dinámica, se encuentra en permanente interacción, es construcción y deconstrucción, a través de un proceso personal, en el que es muy importante respetar y apoyar la libertad del sujeto para escoger, dentro de lo posible, su propio camino.

El propio concepto de cultura que se utiliza desde esta perspectiva está falseado. Porque se plantea que cada cultura es un ente puro, diferente, cuando en realidad las propias culturas son el resultado de intensos mestizajes. Las culturas son mixtas, comparten numerosos aspectos unas con otras. No son tan diferentes, porque la humanidad ha hecho lo mismo a lo largo de la historia, una historia en buena parte compartida. Así, por ejemplo, una parte relevante de la cultura española y de la marroquí es común porque entre los dos países ha habido un intercambio incesante a nivel cultural, humano, social, como es lógico que ocurra entre dos territorios vecinos, que se han comunicado entre sí desde hace varios miles de años, desde que tenemos los primeros datos históricos. Como es sabido, el 10% de las palabras españolas son de origen árabe.

6.1.6. El racismo desde la perspectiva biopolítica

Foucault (1975-1976) plantea que la biopolítica es «el conjunto de los mecanismos a través de los cuales los fenómenos biológicos de la especie humana se convierten en objeto de estrategia política». También la define como «la manera a través de la cual desde el final del siglo XVIII el poder del gobierno comienza a ejercerse sobre la dimensión biológica de la naturaleza humana».

El concepto de biopolítica aparece en Foucault inicialmente con relación al racismo y el colonialismo. Foucault considera el racismo como uno de los elementos centrales de la biopolítica, ya que se trata de un nuevo poder destinado a defender a la sociedad de lo que empieza a percibirse como la peor amenaza contra su marcha sana: los peligros biológicos representados por la parte insana de la población.

Desde la perspectiva de Foucault, el racismo puede plantearse como un mecanismo que posibilita el ejercicio del biopoder estatal, habilitando y tramitando la cuestión o el problema de la construcción del «enemigo político» como «peligro biológico».

> Para Foucault el poder actúa disciplinariamente, excluyendo a los locos y a los presos. Yo añadiría que en el mundo de hoy también se excluye a los inmigrantes sin papeles.

Desde la perspectiva de las teorías del racismo, uno de los autores más relevantes es Joseph Arthur de Gobineau, diplomático y escritor francés que en 1855 escribió el libro *Ensayo sobre la desigualdad de las razas humanas*. Gobineau, partiendo del materialismo biológico, sostiene que en el origen había razas puras, pero que progresivamente se han alterado por el mestizaje, que es una fuente de decadencia irreversible de la especie humana. Por lo tanto, defiende la pureza de las razas y la ausencia de contacto.

Gobineau sostenía que hay tres razas que son los elementos puros y primitivos de la humanidad, con rasgos morfológicos, psicológicos y culturales. En lo más bajo de todo está la raza negra, «vinculada a la animalidad, con mediocres facultades intelectuales y muy inestable en el humor». Por encima estaría la raza amarilla, también mediocre, constituida por gente práctica en el sentido peyorativo del término, sin capacidad de inventar, a la que no le gustan las teorías, pero que tiene una gran capacidad de adaptación. Y finalmente, en lo alto de la escala, estaría la raza blanca, «una raza superior en belleza a las otras, dotada de una inteligencia enérgica y, sobre todo, de un honor desconocido por todas las demás razas».

Todavía en 1950 se podía encontrar en la sociedad del apartheid de Sudáfrica una organización de la sociedad basada en estos planteamientos racistas, la denominada Population registrations, que consideraba que había tres razas que no podían vivir juntas: la blanca, la negra y los colorados.

6.1.7. El racismo desde la perspectiva de los estudios poscoloniales

Actualmente son muy relevantes los denominados Postcolonial Studies, que abordan la migración en relación con el poscolonialismo. Los estudios poscoloniales aparecen a finales de los años setenta, aunque ya en los sesenta surgen los Black Cultural Studies. Así, en la obra de Robin Kelly se plantea la fetichización del cuerpo de las mujeres negras. También Kobena Mercer analiza el fetichismo racial de los descolonizados.

En el libro *Race rebels* (1904), Robin Kelly propone una historia de las clases populares negras y hace referencia a la clase obrera afroamericana más que a las organizaciones de masa. Plantea una crítica cultural negra y una descolonización de los espíritus luchando contra la reproducción de una ideología racista en las representaciones y sobre todo en los *media*.

Stuart Hall (2013) plantea que la raza es un significante flotante.

Es muy interesante la obra del autor árabe-estadounidense Edward Said, autor del libro *Orientalismo* (1978) y que, a través de numerosos textos literarios, manifiesta que la idea que ha construido Occidente de Oriente se basa en demostrar la hegemonía occidental.

Said muestra las imágenes falsas sobre Oriente al servicio de justificar el colonialismo. Las imágenes romantizadas que han servido de justificación implícita para las ambiciones coloniales e imperiales de Europa y Estados Unidos.

Oriente es percibido como un escenario en el cual destacaban seres exóticos, experiencias extraordinarias. Romances. En definitiva, irracionalidad.

Considera, por un lado, que Oriente ha servido a Europa para definirse y lo cataloga como la contraposición de los valores e ideales europeos y, por otro lado, que los trabajos sobre Oriente no parten de la comprensión de Oriente y sus costumbres, sino de las diferencias que Oriente tiene con el mundo occidental.

A este respecto, para contrarrestar la fama de intolerancia del islam, hay que tener en cuenta que, a diferencia de Occidente, no padeció la lacra de la persecución de la brujería, no hubo inquisición. Fue mucho más tolerante que Occidente.

Para Said, Occidente ve a Oriente como su contraposición. Sin embargo, el libro fue criticado por dar una visión demasiado homogénea de lo que es Oriente.

Se considera el concepto de raza como una dimensión fundamental del colonialismo. Se plantea una hegemonía epistémica de Occidente. Se da una racialización del descolonizado. Los cuerpos de los colonizados son animalizados.

Como señala Ashis Nandy, el dominio colonial tiene dos niveles: un nivel de dominio sobre los recursos de los países colonizados, y otro nivel simbólico, basado en el desprecio de las culturas de los colonizados. De ahí viene el planteamiento de la misión civilizadora de Occidente. De ahí viene la idea de carga del hombre blanco (The White House, 1899).

En 1859 se crea la primera sociedad de antropología física, racial, y establece la superioridad absoluta de la raza blanca sobre las restantes razas.

Como señala Edward Said en *Cultura e imperialismo* (2018), los escritores occidentales invisibilizan con frecuencia en sus obras a las personas de otras culturas, a los colonizados. Cita como ejemplo el personaje de Calibán, el esclavo negro de *La tempestad* de William Shakespeare, que no tiene vida propia, que no es como los personajes blancos de la obra.

Menciona también a un gran escritor argelino, Albert Camus, que ubica muchas de sus obras en la Argelia ocupada por Francia, en la que los autóctonos son un mero decorado de los protagonistas franceses. Aunque hubiera situado sus novelas en París, el resultado habría sido el mismo. Es importante señalar que se trata de un autor referente del intelectual comprometido, idealista y solidario. A pesar de ser miembro del Partido Comunista, para él, como para muchos otros occidentales, el colonialismo no era una realidad relevante, sino invisible. Los colonos plantean el derecho a la primera apropiación porque las tierras conquistadas no son de nadie: los nativos no existen.

Como señala Montserrat Galcerán (2016) en *La bárbara Europa*, desde otras partes del mundo se critica el supremacismo cultural de los europeos. Se cuestiona el universalismo de la cultura europea, basada en la Ilustración, por los planteamientos racistas de autores como Voltaire o Kant. La autora destaca cómo los autores decolonialistas señalan que el occidental, en realidad, domina por su poder, no por su valor, y plantea cómo en la primera modernidad, vinculada a la colonización de América por los españoles, se domina a los colonizados a través de la religión, ya que se puede esclavizar a los no cristianos porque no tienen alma. Más adelante se introduce el concepto de «raza» para justificar la explotación del colonizado, y se utiliza una «metodología científica», ya que el racismo se considera fundamentado en la ciencia, que muestra que el negro es inferior al blanco. Por tanto, la ideología de la pureza de sangre sería un antecedente de las teorías científicas del racismo.

Galcerán expone la diferencia entre los autores anticolonialistas, que lucharon contra los occidentales por la independencia —como Léopold Sédar Senghor en Senegal, Mahatma Gandhi en la India, Aimé Césaire en Martinica, Frantz Fanon en Argelia y Amílcar Cabral en Guinea-Bisáu—, y los autores poscoloniales —como Edward Said, Gayatri Chakravorty y Homi Bhabha—, que resaltaron la importancia de la lucha cultural, ya que las independencias no han logrado superar ni la explotación ni la subjetividad dominada que viven los descolonizados. Por último, esta autora señala que el fascismo en el corazón de Europa parece en realidad algo terrible, inimaginable, un escándalo, pero es lo habitual en las colonias de cualquier parte del mundo.

Los autores del poscolonialismo criticarán incluso a autores «sagrados» de la contracultura occidental: pensadores posestructuralistas como Jacques Derrida, con su teoría de la deconstrucción (que ha sido posteriormente deconstruida), o el propio Foucault, que mantiene que los suplicios son propios de la anamatopolítica —tal como muestra en el personaje de Daniel de *Vigilar y castigar*—; luego son suprimidos y llega la etapa de la biopolítica. En realidad, esto ocurre en las metrópolis, no en las colonias, en las que persiste la brutalidad policial. La biopolítica es para París.

También Karl Marx es objeto de crítica para los autores poscolonialistas por los numerosos artículos publicados en el *New York Daily Tribune* sobre la India, que a su vez fueron publicados en la prensa inglesa del siglo XIX. En ellos, Marx ve con una mirada occidental la situación de las colonias, ya que considera que la sociedad india es fundamentalmente campesina y por tanto reaccionaria (para él, solo la clase obrera es revolucionaria). Marx tiene dificultades para comprender los movimientos comunitarios de otras sociedades, que le parecen atrasadas. Galcerán recoge un famoso texto de Marx del 10 de junio de 1853, en el que plantea que los ingleses tienen una civilización superior a la hindú, razón por la cual son invulnerables ante las protestas hindúes. Considera que la sociedad hindú carece de historia y que la India no puede escapar a su destino de ser conquistada. Eso no es óbice para que Marx critique duramente el maltrato que sufren los hindúes por parte de los ingleses.

Galcerán recoge igualmente los planteamientos de Aníbal Quijano y Amílcar Cabral, que plantean que la historia europea y también la marxista no integran el relato de las poblaciones colonizadas y sus luchas. Consideran que la descolonización mantuvo el poder económico de Occidente y que los nuevos países independientes han seguido controlados desde las metrópolis a través de organismos como el Fondo Monetario Internacional.

Galcerán incluye en sus planteamientos la relación que existe con la perspectiva feminista. Destaca a las feministas del sur, como Chandra Talpade Mohanty, que consideran que las mujeres blancas reproducen con las mujeres del sur los mecanismos del colonialismo. La autora señala que en el feminismo negro se cuestiona el modelo del feminismo blanco, que pone como modelo la mujer blanca de la Ilustración. Remarca la existencia de una visión occidental de la mujer del sur como pasiva, inferior, atrasada, irresponsable y derrochadora. Critica que en el feminismo europeo se tienda a considerar que todas las mujeres se hallan en el mismo grupo, con los mismos intereses y deseos, y en la misma situación. El feminismo poscolonial es muy crítico con el feminismo occidental: afirma que en el mundo colonial la mujer blanca está por encima del hombre negro y que, por tanto, es preciso descolonizar el feminismo. También se critica el eurocentrismo, que da lecciones sobre sexualidad al resto del planeta.

6.1.8. *El inmigrante como descolonizado*

En *Retrato de un descolonizado*, de Albert Memmi (2004), se analiza tanto al poscolonizado como al emigrante, al que se ubica en el campo de los descolonizados. Considera que no se han cumplido los sueños de que el fin de la colonización debería haber traído la libertad y la prosperidad, y señala todos los problemas que ha dejado el colonialismo y los de las propias sociedades para poder salir adelante.

> En *Retrato de un descolonizado*, al referirse al inmigrante, considera que sus problemas fundamentales son la humillación y el rencor que genera la humillación.

Señala también Memmi cómo entre padres e hijos inmigrantes existe una brecha, una barrera muy difícil de recomponer: «Casi ni son del mismo mundo».

Otro texto muy importante es el de Gayatri Chakravorty, una autora hindú que en un célebre libro titulado ¿*Los subalternos pueden hablar?* (1968) plantea la importancia de estudiar la historia colonial desde la perspectiva del sujeto subalterno. Se ha de señalar que el término «subalterno» proviene también de Gramsci. Un término que, al igual que el de «hegemonía», hará fortuna.

Este libro abre una corriente, los Subaltern Studies, que critican la modernidad surgida de la filosofía de la Ilustración, que planteaba la universalidad de los procesos históricos y consideraba que todas las sociedades vivían un mismo proceso; en realidad, el impuesto por el colonialismo y la extensión del capitalismo.

Los Subaltern Studies consideran que las jerarquías entre civilizaciones son ideológicas, como las distinciones entre religiones y supersticiones. También señalan cómo los estudios sobre las culturas de los colonizados los han realizado los propios colonizadores (Bange, 2019).

La historia del colonialismo es, obviamente, la historia del racismo, tal como recogen y abordan los trabajos de Frantz Fannon (1973). «Un negro no es un hombre, un negro es un hombre negro», escribe en *Los condenados de la tierra*.

Uno de los últimos episodios de este poscolonialismo lo hemos vivido recientemente en relación con el COVID-19, cuando, al plantearse que los africanos se tenían que vacunar, surgieron muchas voces desde África diciendo que los africanos necesitaban antes atender enfermedades mucho más graves para ellos, como la malaria y el cólera, y que la vacunación de los africanos interesaba sobre todo a los europeos.

> En relación con la migración, Aimé Césaire plantea que el trato a los inmigrantes en Occidente no es diferente del trato que se daba a la gente en las colonias. Con los inmigrantes se reproducen los mecanismos de la colonización.

6.1.9. Racismo e interseccionalidad

Tal como hemos señalado en el duelo por la cultura, el planteamiento de los Cultural Studies nace en la posguerra, al cuestionarse el modelo tradicional de cultura. Una de las áreas que estudian tiene que ver con el racismo, pero desde una perspectiva interdisciplinar: aúnan el estudio de la cultura en relación con los aspectos sociales, de clase, étnicos, de género, etcétera. En la estela de la Escuela de Frankfurt, analizan la influencia de los medios de comunicación de masas en la cultura contemporánea.

El término interseccionalidad fue acuñado por Kimberlé Crenshaw, una abogada negra norteamericana, profesora de la Universidad de California, quien en 1989, trabajando como abogada con mujeres negras, plantea que es muy importante unir los dos aspectos: la discriminación por ser negra y la discriminación por ser mujer, la doble discriminación.

La lucha por los derechos de las mujeres había sido dominada históricamente en Estados Unidos por mujeres blancas. La lucha contra la esclavitud y por los derechos civiles había estado dirigida por hombres negros. Sin embargo, ya en 1851, una antigua esclava, Sojourner Truth, había pronunciado un famoso discurso titulado «¿Yo no soy mujer?».

Sin embargo, la idea de unir las diferentes luchas ya tenía precedentes, como los del Combahee River Collective, donde un grupo de mujeres negras lesbianas plantean el nacimiento del feminismo negro en Estados Unidos.

Se plantea que la lucha contra el sexismo la dirigen mujeres blancas de clase media, ciegas a su racismo. O que la lucha contra el racismo surge de hombres negros, ciegos ante su sexismo. O que la lucha contra la homofobia no tiene en cuenta las consideraciones de género, de raza, ni siquiera las nociones de clase. Se trata de tenerse en cuenta a la vez.

Se considera que debe haber un planteamiento inclusivo, respetuoso con la diversidad, que tenga en cuenta las discriminaciones por color, género, edad, orientación sexual y diversidad funcional. Creen que se corre el riesgo de que las luchas culturales y sociales reproduzcan en su seno las discriminaciones sexistas, racistas, homófobas y otras formas de opresión.

Se señala que puede haber relaciones de dominación entre mujeres de clases y culturas diferentes. La interseccionalidad invita a un descentramiento de la mirada, teniendo en cuenta la diversidad: en relación no solo con el género, sino también con las aptitudes, el estado de salud, etcétera. La lista es larga. La diversidad no debe ser entendida como un simple eslogan, sino como una realidad que ha de ser abordada a fondo.

Uno de los autores que analiza la descolonización es Achille Mbembe en «Qu'est-ce que la pensée postcoloniale». Considera que la colonización y el poscolonialismo no solo son un proceso mecánico y unilateral que fuerza al sujeto colonizado al silencio y a la inacción. La colonización crea un nuevo sujeto, el colonizado, que habla, que actúa.

6.1.10. El síndrome poscolonial

Una de las situaciones de descolonización más dolorosas fue la que aconteció en el subcontinente indio, cuando el país se separó en dos países por razones religiosas: India y Pakistán. Esta separación dio lugar a la complicada situación de Cachemira, que ha generado un gran conflicto en toda la región.

Se ha planteado que entre la India y Pakistán existe un síndrome: el síndrome poscolonial (Blanc, 2020).

El síndrome poscolonial plantea que los dos países independientes existen a la vez como contraposición. Este síndrome afecta tanto a la visión hindú como a la visión de Pakistán. El autor señala, como expresión de este síndrome, el puesto de Wagah, uno de los dos únicos puntos que unen los dos países, entre la villa india de Amritsar y la ciudad de Lahore en Pakistán. Este checkpoint muestra la fosa que separa los dos países y el signo de una violencia perpetua que queda. Las dos naciones existen en espejo, una de la otra.

Estos juegos identitarios poscoloniales, estos síndromes poscoloniales, existen en África, Eritrea contra Etiopía, Indonesia contra Malasia, los Ashanti contra los centralizadores de Ghana y en otras partes del mundo.

6.1.11. *La pandemia del COVID-19 desmiente el racismo*

Para los defensores de las razas humanas, la pandemia del COVID-19 supone un fuerte desmentido, un hecho que constituye una nítida falsación del racismo en el lenguaje de Popper.

Ante esa pandemia, ante ese virus que en apenas tres meses se extendió por todo el mundo, pudimos ver cómo, en todos los rincones del planeta, todos los humanos padecíamos la misma enfermedad y vivíamos los mismos temores, las mismas pesadillas. ¿No será que en realidad somos muy parecidos?

Otras especies próximas a la nuestra, como los chimpancés, se diferencian mucho más entre ellos. Si miramos las diferencias entre nucleótidos en una región del ADN, entre los chimpancés del este, el centro y el oeste de África, las diferencias genéticas llegan al 13%, mientras que, entre los humanos, las diferencias no llegan al 0,35%, aunque hay investigaciones que lo reducen incluso a un 0,1%. Dicho de otra manera: de cada 1000 letras del ADN, toda la diferencia entre humanos es de una sola letra. Hay que emplearse a fondo para encontrarla.

De hecho, si los humanos del planeta nos parecemos tanto, tal como se ha comprobado al ver cómo nos ha afectado el ataque del COVID-19, es porque la gran mayoría de los humanos descendemos de un tronco común, de una migración común, al parecer tras numerosos intentos fallidos. Finalmente surgió un grupo con mayor capacidad de adaptación (o que quizás también tuvo más suerte) y logró una migración exitosa que ha conseguido llegar a todos los rincones del planeta, desde los tórridos desiertos hasta las heladas tundras.

> Un fascinante viaje que ha durado decenas de miles de años y que nuestra especie culminó hace apenas unos mil años, cuando nuestros antepasados lograron llegar al lugar más recóndito del planeta: la isla de Pascua, en mitad del océano Pacífico. Como escribe, utilizando un lenguaje discutible, el biólogo Edward Wilson (2020): «Con esta hazaña de los intrépidos viajeros polinesios, la conquista humana de la tierra era ya completa».

Nuestra gran uniformidad genética refleja el denominado efecto fundador. Descendemos en origen de un único grupo humano, que se fue diseminando y reproduciendo por todo el planeta. Que hayamos sido una especie poco numerosa hasta la llegada de la agricultura, hace relativamente escasas generaciones, explica también nuestra gran homogeneidad genética.

Curiosamente, donde hay más diversidad genética es entre algunos grupos de africanos del sur del Sáhara, pero no entre los europeos, los asiáticos, los americanos o los africanos. La diversidad genética humana disminuye cuanto mayor es la distancia de África: cuanto más lejos de nuestra tierra de origen, más parecidos somos los humanos. Dentro de este gran parecido, los que más se parecen entre ellos son los nativos americanos de todo el continente y los habitantes de Oceanía, Polinesia y Japón (en estas zonas del mundo, utilizando 678 STR autosómicos, mientras la media de diferenciación genética entre individuos es de 1042, en el sur del Sáhara es de 2260). Guste o no, esta es nuestra historia.

6.2. Evaluación del duelo por el grupo de pertenencia

6.2.1. *Evaluación de los factores de riesgo en salud mental en relación con el duelo por el grupo de pertenencia*

Los factores de riesgo, en este caso, son todos aquellos aspectos relacionados con el grupo de pertenencia que incrementan el riesgo de padecer trastorno mental. Hay que tener en cuenta dos perspectivas:

1. Lo que ha acontecido antes de que el inmigrante salga de su país: la vulnerabilidad.
2. Los problemas que ha tenido una vez que ha emigrado, las dificultades que ha tenido en el país de acogida: los estresores.

Para la evaluación de los factores de riesgo en salud mental seguiremos la escala Ulises (Achotegui, 2007).

6.2.1.1. Vulnerabilidad en el duelo por el grupo de pertenencia

Se evalúa el grado de limitaciones que tenía el sujeto antes de emigrar y que, una vez que ha emigrado, pudieran constituir un obstáculo para tolerar los cambios en relación con el grupo de pertenencia.

La vulnerabilidad en el duelo por el grupo de pertenencia afecta sobre todo a personas que han crecido en ambientes de racismo y exclusión hacia su grupo de pertenencia; por ejemplo, personas pertenecientes a minorías racializadas. Si ha vivido una historia de discriminaciones, esta experiencia deja poso.

La vulnerabilidad simple, a nivel psíquico, consistiría en ser algo desconfiado en las relaciones con las personas respecto al grupo de pertenencia.

La vulnerabilidad complicada, a nivel psíquico, sería personalidad paranoide, antecedentes familiares directos de paranoia. En la historia personal, haber vivido episodios de persecución por el grupo de pertenencia.

VULNERABILIDAD EN EL DUELO POR EL GRUPO DE PERTENENCIA
¿QUÉ SE EVALÚA?
Se evalúa el grado de limitaciones que tenía el sujeto antes de emigrar y que, una vez que ha emigrado, pudieran constituir un obstáculo para tolerar los cambios en relación con el grupo de pertenencia.

ÁREAS	EXPLICACIÓN DEL ÍTEM	0, 1, 2
Limitaciones psíquicas	– Ser algo desconfiado en las relaciones personales respecto al grupo de pertenencia.................... 0 – Personalidad paranoide, antecedentes familiares directos de paranoia................................ 1 – Incapacidad mental: psicosis paranoide............. 2	0, 1, 2
Limitaciones por la historia personal	– Haber vivido episodios de persecución étnica.......... 1	0, 1, 2

RECUENTO: Si se puntúa 0 simple
Si se puntúa 1 complicado
Si se puntúa 2 extremo

en una sola área o en la suma de varias áreas

La vulnerabilidad extrema sería incapacidad mental muy grave: psicosis paranoide.

6.2.1.2. *Estresores en el duelo por el grupo de pertenencia*

Los estresores en el duelo por el contacto con el grupo de pertenencia son los obstáculos con los que se encuentra el inmigrante por los prejuicios, la xenofobia y el racismo, las tensiones respecto a la identidad que se viven al cambiar de país, en relación tanto con su propio grupo de pertenencia (también pueden rechazar al inmigrante por cambios en su conducta) como con el país de acogida.

Se consideran estresores normales la existencia de ciertos estereotipos y prejuicios.

ESTRESORES EN EL DUELO POR EL GRUPO DE PERTENENCIA

¿QUÉ SE EVALÚA?

– Los estresores en el duelo por el contacto con el grupo de pertenencia son los obstáculos con los que se encuentra el inmigrante por los prejuicios, la xenofobia y el racismo, las tensiones respecto a la identidad que se viven al cambiar de país, en relación tanto con su propio grupo de pertenencia (también pueden rechazar al inmigrante por cambios en su conducta) como con el país de acogida.

– Se consideran estresores normales la existencia de ciertos estereotipos y prejuicios.

ÁREAS	EXPLICACIÓN DEL ÍTEM	0, 1, 2
Ámbito personal	– Diferencias en temas de identidad en el grupo familiar: debates padres-hijos sobre la vestimenta o las horas de llegada a casa 0	0, 1, 2
	– Fuertes conflictos de identidad padres-hijos 1	
	– Ruptura de relaciones padres-hijos por temas de identidad (por ejemplo, por el velo) 2	
Ámbito social	– Existencia de prejuicios o comentarios indirectos hacia su grupo (por ejemplo, los alemanes son «cabezas cuadradas») 0	0, 1, 2
	– Vivir en un ambiente (por ejemplo, un barrio con población musulmana) en el que se manifiesta una clara xenofobia hacia su grupo. Situaciones de discriminación o insultos racistas explícitos 1	
	– Ser víctima de agresiones físicas racistas explícitas 2	

RECUENTO: Si se puntúa   0   simple
                     Si se puntúa   1   complicado
                     Si se puntúa   2   extremo

en una sola área o en la suma de varias áreas

Los estresores simples en el ámbito personal serían la existencia de algunas diferencias por temas de identidad en el grupo familiar: debates padres-hijos en relación con temas como la vestimenta, el velo, las horas de llegada a casa...

Los estresores complicados en el ámbito personal serían situaciones de fuertes conflictos de identidad padres-hijos.

Los estresores extremos en el ámbito personal serían: ruptura de relaciones padres-hijos por temas de identidad. En el ámbito social, vivir en un ambiente en el que se expresa una clara xenofobia hacia su grupo: por ejemplo, algunos barrios en los que viven musulmanes. Haber vivido situaciones de insultos racistas explícitos o discriminación explícita. Ser víctima de agresiones físicas racistas explícitas.

6.2.1.3. Intensidad del duelo por el grupo de pertenencia

El duelo por el grupo de pertenencia es simple cuando el inmigrante no sufre discriminaciones en relación con su grupo de pertenencia.

El duelo es complicado cuando el inmigrante sufre estos prejuicios y discriminaciones, pero, con la ayuda del medio y de la protección, es posible salir adelante.

El duelo extremo tiene que ver con el racismo en todas sus variantes.

6.2.2. Evaluación de la elaboración del duelo por el grupo de pertenencia

Para el estudio de la elaboración del duelo migratorio por el grupo de pertenencia contamos con un instrumento denominado el test del kayak (Achotegui, 2017b). Se trata de un test basado en la teoría evolucionista que analiza el grado de adaptación de las conductas. En este caso se analiza la elaboración del duelo migratorio.

El test del kayak considera que hay ocho grandes estrategias en la elaboración de los duelos:

1. Funcionamiento de control, que llevado al extremo desadaptativo da lugar al funcionamiento obsesivo.

2. Funcionamiento de asertividad, que llevado al extremo desadaptativo da lugar al funcionamiento paranoide.
3. Funcionamiento de retirada, que llevado al extremo desadaptativo da lugar al funcionamiento esquizoide.
4. Funcionamiento de autocrítica, que llevado al extremo desadaptativo da lugar al funcionamiento depresivo paranoide.
5. Funcionamiento de repensar, que llevado al extremo desadaptativo da lugar al funcionamiento depresivo confusional.
6. Funcionamiento de descanso, que llevado al extremo desadaptativo da lugar al funcionamiento de pasividad.
7. Funcionamiento de exploración, que llevado al extremo desadaptativo da lugar al funcionamiento de desorganización.
8. Funcionamiento de acción, que llevado al extremo desadaptativo da lugar al funcionamiento maníaco.

Para conocer más detalles sobre el test del kayak se puede consultar la web http://josebaachotegui.com/testkayak/.

6.3. Intervención en el duelo por el grupo de pertenencia

6.3.1. Las campañas antirracistas

Con relación a la intervención en el duelo por el grupo de pertenencia son muy importantes las campañas antirracistas. Sin embargo, no siempre logran llegar realmente a la población, porque con frecuencia son vividas como discursos distantes, huecos.

> Muchas veces la población ve con desconfianza las grandes campañas antirracistas o antidrogas. Considera que están dirigidas desde muy lejos de la vivencia de la gente, desde cómodos y enmoquetados despachos, muy lejos del ruido de la calle. Una muestra de esta

> desconfianza se expresó hace unos años en el metro de Barcelona. Se desarrolló una gran campaña contra el consumo de drogas, con numerosos carteles que decían: «La droga mata lentamente». Y alguien escribió debajo: «No tenemos ninguna prisa».

Creo que un medio mucho más eficaz es favorecer el contacto directo entre autóctonos e inmigrantes, que se conozcan personalmente para que caigan por su propio peso los prejuicios.

6.3.2. El importante rol de la administración primando a las instituciones que desarrollan políticas interculturales

Con relación a este punto que hemos señalado de la importancia de favorecer que autóctonos e inmigrantes entren en contacto, considero que las administraciones desempeñan un papel fundamental. No debería ser concebible que una institución pública dé una ayuda o una subvención a instituciones deportivas o culturales que no tengan planteamientos interculturales.

No se puede entender que, con el poder que tiene la administración a través de las ayudas, no favorezca a las asociaciones y entidades con funcionamientos más interculturales. Lo mismo que se hace respecto a criterios feministas o ecologistas, es muy importante que se haga con la interculturalidad.

Así, si un Ayuntamiento planea dar una subvención a un equipo de fútbol o a una asociación cultural, debería poner como condición que ese club tenga inmigrantes en los equipos, al menos en la proporción de inmigrantes que vivan en la zona donde se ubica la actividad. Muchas veces, lo que se hace es lo contrario: se ponen todo tipo de trabas a los inmigrantes solicitándoles certificados médicos o cuotas, que constituyen una barrera que impide que realmente entren a formar parte de los equipos deportivos y acaben por quedar excluidos.

Esta realidad se percibió claramente en Catalunya con los atentados yihadistas del 2017. Se vio que se trataba de unos chicos jóvenes que, desde que dejaron la escuela, ya no participaban en las actividades deportivas y culturales del pueblo en el que residían y habían acabado siendo víctimas fáciles del adoctrinamiento yihadista.

Así pues, es muy importante favorecer la relación de los inmigrantes y los autóctonos, aunque ese contacto tenga ciertas dificultades y tensiones. Hablar de ellas, abordarlas, es la mejor vía para luchar contra el racismo. Pero se ha de escuchar a todas las partes. Como me explicaba un vecino autóctono de una zona con mucha población reciente: «Doctor, póngame a mí también en un programa de integración».

Hay que oír todas las voces, la voz de los autóctonos y de los inmigrantes, que puedan expresar lo que viven. Este el mejor antídoto contra el fanatismo y el racismo.

6.4. La interculturalidad en el duelo por el grupo de pertenencia

La interculturalidad en relación con el duelo por el grupo de pertenencia es una de las más claras que podemos encontrar. Obviamente, vivimos en un mundo globalizado e interconectado en el que las identidades locales se encuentran en permanente reflexión respecto a esta identidad global como humanos.

Capítulo 7

El duelo por los riesgos físicos

7.1. Características del duelo por los riesgos físicos

Al abordar el estudio de este séptimo duelo (pero no por ello menos relevante), el duelo por los riesgos físicos, por la integridad física, es importante tener en cuenta que las situaciones de estrés físico afectan al sujeto de modo más impactante que las situaciones de estrés psicológico, porque se considera que, ante los riesgos físicos, la capacidad de respuesta, de adaptación, es menor. Es decir, en psicología se sabe que hay más margen para manejar una tensión relacional que una tensión provocada por una amenaza física.

El inmigrante ha de elaborar el duelo de la disminución o pérdida de seguridad física que tenía en el país de origen (aunque no siempre es así y puede precisamente marchar por los riesgos que había allí) y a la vez afrontar el estrés de los nuevos riesgos físicos con los que se encuentra en la migración.

7.1.1. Sin seguridad no hay libertad

Las situaciones de miedo, de indefensión (como las que viven muchos inmigrantes), constituyen un problema para la salud mental, tal como planteó Abraham Maslow, en 1943, en *Teoría sobre la motivación humana*, señalando que la seguridad es la segunda necesidad básica para el bienestar.

En la teoría de Maslow hay cinco niveles en las necesidades de un ser humano que el autor expone en su teoría de la famosa pirámide de las necesidades. En la base estarían las necesidades más básicas, que son las fisiológicas; en segundo lugar, las de seguridad; en tercer lugar, las de afiliación; en cuarto lugar, las de reconocimiento, y en quinto lugar, las de autorrealización.

Con relación a las necesidades de seguridad, el autor considera que abarcan los siguientes aspectos: seguridad física (integridad corporal y salud) y necesidad de seguridad de recursos (casa, dinero, automóvil, vivienda).

Lamentablemente, en el mundo de hoy, millones de inmigrantes viven una situación de miedo e indefensión, sin seguridad.

7.1.2. Principales riesgos físicos

Al marchar a otro país se viven una serie de riesgos vinculados a numerosos cambios ambientales, a menudo hostiles. Entre las situaciones que se relacionan con el duelo por los riesgos físicos señalaríamos:

1. Los accidentes domésticos, que se dan con mucha mayor frecuencia en menores inmigrantes que en los autóctonos, debido a que viven hacinados, a que sus padres trabajan y tienen que dejarles solos, a las malas instalaciones de las viviendas (riesgo de cortocircuitos), a calefacciones defectuosas, a intoxicaciones por plomo a través de cañerías defectuosas... La mayoría de las veces que tenemos noticias en los medios de comunicación sobre incendios en viviendas, están relacionadas con población inmigrante que vive en condiciones extremas. Mientras escribo estas líneas, me llega la noticia de la muerte en un incendio de cuatro inmigrantes de origen rumano que vivían en el espacio de una oficina bancaria abandonada en Barcelona. Uno de ellos era un bebé de seis meses y otro una niña de cuatro años.
2. El riesgo de nuevas enfermedades para las que el inmigrante no está inmunizado, como las alergias o las enfermedades ligadas a los cam-

bios de alimentación, ya que el inmigrante suele tener pocos recursos para alimentarse adecuadamente. Todas estas situaciones, vinculadas también a las discriminaciones y los problemas de exclusión que padece el inmigrante, favorecen que se dé también con frecuencia un envejecimiento precoz. Los cambios de hábitos alimentarios se dan en todas las migraciones: en América los nativos ironizaban sobre las dificultades fisiológicas de adaptación de los emigrantes europeos que llegaban y acuñaron el término «la venganza de Moctezuma» para referirse a los desarreglos intestinales que padecían los europeos al llegar a América y tener que habituarse a otro tipo de agua y de alimentos.

3. El miedo, el temor a ser expulsados, uno de los temores básicos en el síndrome de Ulises (aunque hay emigrantes que utilicen el mecanismo de defensa de la negación para tratar de evitar padecer ese miedo). Este temor conduce a que los inmigrantes sean con frecuencia «invisibles» para la sociedad de acogida.

4. La indefensión, el ser víctima de abusos, de malos tratos, etcétera. Por ejemplo, tener temor a denunciar malos tratos por el riesgo de expulsión. Recuerdo el caso de un joven paquistaní que, tras la dura jornada laboral de repartidor de bombonas de butano por los pisos de la parte vieja de Barcelona (muchos de ellos sin ascensor), sufría abusos sexuales de la dueña de la empresa. Se han denunciado abusos sexuales también de la propia policía.

5. Los accidentes laborales por trabajos peligrosos, denominados de «alto contacto», «sucios», a los que hemos hecho referencia al abordar el duelo por el estatus social.

6. El terror, el miedo, en el viaje migratorio.

La patera es la imagen más gráfica del peligro y el sufrimiento de los inmigrantes. Se ha convertido en una imagen icónica de la migración en situación extrema del siglo XXI. Pero hay muchas otras situaciones de terror en los viajes: por el desierto en Estados Unidos, cruzando el Sáhara, debajo de los camiones, etcétera. Este miedo está relacionado con las presiones de las mafias y las redes de prostitución. De todos modos, la patera se ha convertido en una imagen icónica de las nuevas migraciones en situación extrema y es la imagen que se suele asociar al síndrome de Ulises.

Como se ha dicho a veces, el Mediterráneo se ha convertido en una gran fosa común: ha sido denominado Mare Mortum. Sin embargo, situaciones de peligro se dan también en otras zonas del mundo. Se calcula que en la frontera México-Estados Unidos mueren al menos 1000 personas al año, unas tres al día.

Una muestra de las situaciones que se dan en los viajes migratorios en patera es que se han descrito casos en que los inmigrantes se han comido hasta las astillas de la barca. Los viajes se realizan cada vez desde más lejos. Padecen hipoglucemia, hipotermia y quemaduras por el sol, y van en pateras tan pequeñas que ni los radares las detectan (Pardellas, 2004).

Con frecuencia, la construcción de la patera y el coste del viaje se gestionan a través de sistemas tipo cooperativa, aunque los medios de comunicación hacen referencia casi siempre a las mafias.

La mayoría de los inmigrantes no vienen en patera, lo sabemos bien. Pero la patera, al reflejar el único momento en el que estas personas son visibles, se ha convertido en un símbolo de las dificultades de las migraciones del siglo XXI. De todos modos, sabemos que la mayoría de los inmigrantes llegan por otras vías. Podríamos decir que no vienen muchos en patera, pero sí que muchos mueren así. Otros inmigrantes llegan en grupos organizados, «demasiado» organizados, podríamos decir: son recluidos en pisos, lonjas... Viven amenazados, con documentación falsa, chantajeados por las mafias, las *conection man*.

Tal como hemos señalado, a nivel psicológico sabemos que el miedo físico afecta más que el miedo psíquico, porque hay menos sensación de control de las situaciones. Las situaciones de miedo quedan fuertemente guardadas, memorizadas, como mecanismo de alerta, por si se volviera a dar el caso de que se repitiera una situación de peligro similar. También sabemos que hay una potenciación del condicionamiento del miedo.

7.1.3. *La perspectiva de género*

En el caso de las mujeres, la problemática es aún mayor: se ha llegado a expulsar a mujeres inmigrantes al ir a denunciar malos tratos, y bastantes mujeres que llegan embarazadas han sido violadas en el viaje migratorio.

Tan grave es la situación de peligro que corren las mujeres en las rutas migratorias actuales que se recomienda que, antes del viaje migratorio, se inyecten un anovulatorio para prevenir los efectos de las posibles agresiones sexuales.

Como señala María Jayme, la mujer vive muchas veces su proyecto migratorio a la sombra del hombre y es importante tener en cuenta su propio proyecto migratorio.

7.1.4. *El miedo en los niños*

El miedo es también perceptible en los niños inmigrantes cuyos padres no tienen papeles. Vemos niños asustados, incluso porque sus padres se retrasan apenas un rato en llegar a casa, ya que piensan que quizás los han deportado y se quedarán solos aquí. En este caso no estamos hablando de fantasías infantiles de abandono y persecución en el sentido kleiniano, sino de realidades bien objetivables, es decir, de auténticas situaciones traumáticas.

Con relación a los peligros del viaje migratorio, hace unos años, en la frontera sur española con Marruecos, se vivió un caso que tuvo una gran repercusión social. Fue denominado el caso del «niño de la maleta» y supuso un revulsivo a nivel social, ya que permitió visibilizar la realidad de las familias emigrantes en el mundo actual. Se trataba de un niño que iba dentro de una maleta y que fue descubierto en Melilla por un aparato detector de equipajes.

Las familias se ven obligadas a buscar todas la vías imaginables para poder estar juntas y cada vez hay más dificultades. Va cogiendo fuerza la campaña de un número creciente de instituciones y grupos de opinión para limitar e incluso imposibilitar la reagrupación familiar de los inmigrantes, coartando de este modo un elemento esencial de la naturaleza humana: la vida en familia. Al padre de ese niño de Costa de Marfil, que intentó cruzar la frontera en una maleta en Melilla, le faltaban apenas cien euros para cumplir todos los requisitos exigidos y esta situación fue motivo suficiente para la ruptura de la familia.

7.1.5. *Los inmigrantes ante el COVID-19*

Una de las mejores imágenes que podemos tener del miedo, del pánico que ha vivido la sociedad con el COVID-19, es la de que incluso se invirtieron las rutas migratorias y hubo pateras que iban de Europa a África. Se pagaron hasta 5000 euros por una plaza de viaje. Nunca habíamos visto esta situación de inversión de las rutas migratorias. Esta imagen muestra el terror que se ha vivido

Hay datos de todo el mundo que muestran que los inmigrantes han vivido y viven en condiciones muy difíciles la crisis del COVID-19. Por ejemplo, por datos que poseemos de la Red Atenea Londres, sabemos que los inmigrantes filipinos en Londres han sido diezmados.

7.1.5.1. *No se ha informado adecuadamente a los inmigrantes*

La gran crisis que ha generado la pandemia del COVID-19 ha sacado a la luz realidades problemáticas de nuestra sociedad, y una de ellas es el déficit en las políticas de integración de los inmigrantes.

¿Qué clase de información han recibido estos ciudadanos en momentos como los de la pandemia, de gran incertidumbre y temor? ¿Cómo se les ha protegido?

Es urgente hacer un plan para transmitir información de calidad sobre la situación sanitaria a todos los miembros de la sociedad. Urgen programas en las diferentes lenguas de los inmigrantes, como mínimo en las más utilizadas, explicando las medidas de protección.

Como ejemplo de estos déficits de información con los inmigrantes, explicaré el caso de una mujer refugiada siria que atendimos telefónicamente durante la pandemia del COVID-19 en el SAPPIR (Servicio de Atención Psicopatológica y Psicosocial a Inmigrantes y Refugiados), en Barcelona. Cuando, tras el fin del confinamiento, en el curso de una sesión por teléfono, le planteé a la paciente por qué no salía de casa, que era bueno que saliera a la calle, al aire libre, me respondió:

—Mire, doctor, no sabe cuánto me gustaría, pero no podemos salir, la policía nos multa si salimos.

—Pero ¿cómo? —le respondí—, si ya se ha terminado el estado de alarma. La gente viaja entre provincias y hasta llegan turistas extranjeros en aviones. ¿Cómo que no puede salir de casa a pasear?

La paciente se quedó un momento callada y luego comenzó a avisar a toda la familia dando grandes voces, diciendo que ya podían salir de casa, que no tenían que seguir encerrados.

Creo que la anécdota recoge muy bien la realidad de muchos inmigrantes que han vivido desinformados, desconectados de la sociedad de acogida, una situación peligrosa y angustiosa como la pandemia. Es más, dado que no se les ha hecho llegar información desde las instituciones, han estado a merced de todo tipo de bulos, de *fake news*, que no han hecho sino incrementar su incertidumbre y temor. Además, se ha de tener en cuenta que los inmigrantes, al estar en contacto con familiares en otros países, se mueven en un ambiente diferente al de los autóctonos.

Estas fallas en la información de las autoridades sanitarias a los inmigrantes también están relacionadas con el bajo índice de vacunación de la población inmigrante, que es uno de los grupos con menor porcentaje de vacunación de la sociedad.

Por eso es muy importante que en la sociedad de acogida se les dé información rápida y de calidad en relación con esta situación sanitaria.

En este sentido, hemos puesto en marcha desde la Conselleria de Salut de la Generalitat de Catalunya una campaña de promoción de la vacunación a los inmigrantes.

7.1.5.2. Los inmigrantes se han jugado el tipo por la sociedad de acogida

Los inmigrantes aportan mucho más a la sociedad que lo que reciben, desempeñando funciones vitales para la comunidad, realizando trabajos de primera necesidad, muchas veces peligrosos, jugándose el tipo por todos, tal como se ha visto con toda claridad en esta situación de pandemia.

Los inmigrantes han sido uno de los pilares en los que se ha sustentado nuestra sociedad para resistir el confinamiento (que ha sido confortable para las personas de rentas medias o altas), en gran medida porque han sido fundamentales para mantener muchas de las estructuras básicas de producción, distribución y venta, trabajando además en los puntos más peligrosos de las cadenas.

Muchos inmigrantes se han jugado el tipo para cubrir las necesidades básicas de todos, lo que nos ha permitido salir adelante en los confinamientos y situaciones difíciles de la pandemia del COVID-19.

Los temporeros de la fruta, por ejemplo, siguieron en las mismas condiciones extremas de siempre en un momento de hipocondría colectiva, durmiendo en las calles de Lleida, sin medidas higiénicas, desprotegidos contra el COVID-19, como ha señalado la plataforma Fruita amb Justícia Social. Solo se han habilitado pabellones para los temporeros enfermos de COVID-19.

Los mataderos han sido en numerosos países una auténtica ratonera para muchos inmigrantes: el vivir hacinados en las propias fábricas, trabajando a bajas temperaturas (lo que incrementa la peligrosidad del COVID-19), hizo estragos entre los trabajadores. La Cadena Tyson, una de las principales procesadoras de carne en Estados Unidos, pasó en un solo mes de 1600 empleados afectados a 7000, según un análisis del *Washington Post*. Un reciente estudio de Food & Environment Reporting Network, organización sin ánimo de lucro, estimó que había por lo menos 17.000 contagiados.

O toda la cadena de afectados en las plantas procesadoras de pollos del polígono industrial de Azambuja, al norte del área metropolitana de Lisboa. O, sin ir tan lejos, en Huesca, dos empresas cárnicas llegaron a tener a más del 25% de los trabajadores afectados.

Ya tenemos bastantes datos que nos confirman que el COVID-19 ha tenido un efecto mucho más letal en los grupos sociales con rentas bajas (como los inmigrantes). Es de destacar la afectación de los afroamericanos en Estados Unidos. O la mayor afectación en distritos como Moratalaz en Madrid o Nou Barris en Barcelona, donde los datos de movilidad nos indicaron que era mucho más alta que en el resto de Madrid y Barcelona en momentos de confinamiento estricto.

Los aplausos para el personal sanitario fueron muy merecidos, pero otras personas también se jugaron la vida. Una vez más, como Ulises en la *Odisea*, los inmigrantes fueron los nadie.

7.2. Evaluación del duelo por los riesgos físicos

7.2.1. Evaluación de los factores de riesgo en salud mental en relación con el duelo por los riesgos físicos

Los factores de riesgo, en este caso, son todos aquellos factores relacionados con los riesgos físicos que incrementan el riesgo de padecer trastorno mental. Hay que tener en cuenta dos perspectivas:

1. Lo que ha acontecido antes de que el inmigrante salga de su país: la vulnerabilidad.
2. Los problemas que ha tenido una vez que ha emigrado, las dificultades que ha tenido en el país de acogida: los estresores.

Para la evaluación de los factores de riesgo en salud mental seguiremos la escala Ulises (Achotegui, 2007).

7.2.1.1. Vulnerabilidad del duelo por los riesgos físicos

Se evalúa el grado de limitaciones que tenía el sujeto antes de emigrar y que, una vez que ha emigrado, pudieran constituir un obstáculo para tolerar los riesgos físicos ligados a la migración.

VULNERABILIDAD EN EL DUELO POR LOS RIESGOS FÍSICOS

¿QUÉ SE EVALÚA?

Se evalúa el grado de limitaciones que tenía el sujeto antes de emigrar y que, una vez que ha emigrado, pudieran constituir un obstáculo para tolerar los riesgos físicos ligados a la migración.

ÁREAS	EXPLICACIÓN DEL ÍTEM	0, 1, 2
Limitaciones físicas	– Tener capacidad física, aunque con algunas limitaciones; por ejemplo, no ser fuerte físicamente .... 0 – Limitaciones físicas relevantes: diabetes, cardiopatía... – Emigrar con más de 65 años .... 1 – Incapacidad física grave: parálisis, ceguera... – Tener algunas limitaciones; por ejemplo, ser algo desconfiado. 2	0, 1, 2
Limitaciones psíquicas	– Limitaciones psíquicas relevantes: depresión, fobia social . 1 – Demencia, psicosis. 2	0, 1, 2

RECUENTO:　Si se puntúa　0　simple
　　　　　　Si se puntúa　1　complicado
　　　　　　Si se puntúa　2　extremo

en una sola área o en la suma de varias áreas

La vulnerabilidad en el duelo por los riesgos físicos está relacionada sobre todo con haber vivido en la infancia situaciones traumáticas, que, como es bien conocido en psicología, dejan una huella en la personalidad. Evidentemente, esto es solo un factor de riesgo, no es algo determinista.

7.2.1.2. Estresores en el duelo por los riesgos físicos

Los estresores en el duelo por los riesgos físicos son los obstáculos con los que se encuentra el inmigrante con relación al riesgo de enfermedades, peligros en el viaje migratorio, trabajos peligrosos, falta de acceso a la higiene..., que dificultan la elaboración del duelo migratorio.

ESTRESORES EN EL DUELO POR LOS RIESGOS FÍSICOS
¿QUÉ SE EVALÚA?
Los estresores en el duelo por los riesgos físicos son los obstáculos con los que se encuentra el inmigrante en relación con el riesgo de enfermedades, peligro en el viaje migratorio, trabajos peligrosos, falta de acceso a la higiene..., que dificultan la elaboración del duelo migratorio.

ÁREAS	EXPLICACIÓN DEL ÍTEM	0, 1, 2
Ámbito personal	– Notar el cambio de clima, la alimentación............ 0	0, 1, 2
	– Vivienda en malas condiciones de salubridad.......... 1	
	– Trabajo en malas condiciones........................ 1	
Ámbito social	– Trabajo peligroso, haber tenido un accidente laboral o sufrir las secuelas, pasar hambre, dormir en la calle – Viaje migratorio peligroso: patera, camiones (para ser valorado en esta sección de la escala, el estresor ha de haber sucedido en los seis últimos meses; en caso contrario, irá en la sección de observaciones como factor agravante)................................ 2	0, 1, 2
	– Tener algunas limitaciones; por ejemplo, ser algo desconfiado.. 2	

RECUENTO: Si se puntúa   0   simple
                       Si se puntúa   1   complicado
                       Si se puntúa   2   extremo

en una sola área o en la suma de varias áreas

Estresores simples en el ámbito personal serían problemas menores con relación a la alimentación, por ejemplo.

Estresores complicados serían tener una vivienda en malas condiciones de salubridad y, en el ámbito social, tener un trabajo poco seguro.

Estresores extremos serían los trabajos muy peligrosos, haber tenido episodios de violencia, de indefensión extrema, vivir en infravivienda y viajes migratorios peligrosos.

7.2.1.3. Intensidad del duelo por los riesgos físicos

El duelo simple estaría relacionado con tener una migración en la que no hay situaciones de riesgos físicos.

El duelo complicado es cuando hay ciertas situaciones de tensión y violencia, pero pueden ser solucionadas.

El duelo extremo se da en situaciones de violencia y coacción (Pajares, 2007; Pardellas, 2004), que afectan profundamente al estado de la persona y pueden llegar a producir, en algunos casos, cuadros de trastorno por estrés postraumático.

Como me escribía desde California un inmigrante latino: «Estados Unidos se está convirtiendo para nosotros en un lugar tan terrible que llamar al infierno es ya llamada local».

En la historia también se han vivido migraciones con grandes estresores. Quisiera comentar aquí un legendario viaje en terribles condiciones, el llamado El Sendero de Lágrimas, el destierro forzoso de 17.000 cheroquis y choctaw, en la década de 1830, desde las fértiles grandes llanuras del centro de Estados Unidos hacia el Oeste americano. Se calcula en 4000 los cheroquis que murieron en el viaje. La orden de ir al lado oeste del río Mississippi fue dada por el presidente Martin Van Buren.

Sin embargo, este no fue el único destierro que sufrieron los nativos americanos. Otras tribus, como los Creek y los seminolas, fueron también desterradas hacia el oeste, hacia Oklahoma en este caso, también en terribles condiciones.

7.2.2. Evaluación de la elaboración del duelo por los riesgos físicos

Para el estudio de la elaboración del duelo migratorio por los riesgos físicos contamos con un instrumento denominado el test del kayak (Achotegui, 2017b). Se trata de un test basado en la teoría evolucionista que analiza el grado de adaptación de las conductas. En este caso se analiza la elaboración del duelo migratorio.

El test del kayak considera que hay ocho grandes estrategias en la elaboración de los duelos:

1. Funcionamiento de control, que llevado al extremo desadaptativo da lugar al funcionamiento obsesivo.
2. Funcionamiento de asertividad, que llevado al extremo desadaptativo da lugar al funcionamiento paranoide.
3. Funcionamiento de retirada, que llevado al extremo desadaptativo da lugar al funcionamiento esquizoide.
4. Funcionamiento de autocrítica, que llevado al extremo desadaptativo da lugar al funcionamiento depresivo paranoide.
5. Funcionamiento de repensar, que llevado al extremo desadaptativo da lugar al funcionamiento depresivo confusional.
6. Funcionamiento de descanso, que llevado al extremo desadaptativo da lugar al funcionamiento de pasividad.
7. Funcionamiento de exploración, que llevado al extremo desadaptativo da lugar al funcionamiento de desorganización.
8. Funcionamiento de acción, que llevado al extremo desadaptativo da lugar al funcionamiento maníaco.

Para conocer más detalles sobre el test del kayak se puede consultar la web http://josebaachotegui.com/testkayak/.

7.3. Intervención en el duelo por los riesgos físicos

7.3.1. *La importancia de trabajar la hostilidad en la relación terapéutica de los inmigrantes que viven situaciones extremas*

Tal como hemos señalado al hacer referencia a la relación terapéutica extendida, las situaciones de exclusión y los riesgos físicos que viven los inmigrantes se expresan en la relación terapéutica.

Veamos brevemente, en primer lugar, cuáles son esas tensiones sociales y, a continuación, cómo se expresan en la relación terapéutica.

Los inmigrantes y las minorías viven con frecuencia una realidad muy negativa en Europa, sufriendo situaciones de discriminación. Así, en Catalunya, un tercio de los inmigrantes señala que ha sufrido racismo.

En París, un estudio mostraba cómo enviando el mismo currículum, si se ponía en el remite que la persona tenía un apellido francés y vivía en el centro de París, lo llamaban 75 veces, pero si la persona tenía un apellido norteafricano y vivía en la *banlieue*, las denominadas «zonas sensibles», lo llamaban 14 veces. ¡Con el mismo currículum!

Los refugiados viven con frecuencia situaciones de indefensión. Así, hace unos años, tras la firma de un tratado internacional de paz con Irán, el gobierno turco, enfadado por lo que consideraba un gran triunfo de sus enemigos chiíes, respondió inmediatamente abriendo la frontera con Europa para que centenares de miles de refugiados sirios comenzaran a llegar a las costas de Grecia, viviendo trágicas situaciones. Tras recibir de la Unión Europea 3000 millones de euros, Turquía se avino a cerrar sus fronteras a los refugiados, convertidos en moneda de cambio de la crisis.

¿Cómo se expresan estas realidades de discriminación y exclusión en la relación terapéutica? A través de la transferencia, la relación emocional de la persona que busca ayuda, con el terapeuta. En el caso de estas personas, esta relación emocional está teñida de hostilidad, de transferencia negativa. A veces estas tensiones están ocultas, bajo el manto de la sumisión amedrentada, ante las repetidas vivencias de indefensión aprendida (Seligmann) y de la vivencia de duelos congelados.

La tensión, la transferencia negativa, se expresa por ejemplo:

1. En la desconfianza hacia los profesionales que le atienden, a los que el inmigrante ve formando parte de una sociedad que le excluye y le discrimina. El inmigrante hace lo mismo que el autóctono: dividir la sociedad entre autóctonos e inmigrantes. Y el profesional pertenece al mundo de los autóctonos.
2. En la transferencia negativa. El inmigrante bate todos los récords de incumplimiento terapéutico, tal como hemos señalado. Mostraré una situación en la que es bien perceptible la tensión y la transferencia negativa que se viven en las consultas. Al pasar un test en el que se veían caras de personas, en más de una ocasión nos han dicho: «Yo no conozco a nadie, ¿eh?, no les he visto nunca». Se creían que estaban en un interrogatorio.
3. Es conocido el caso de menores inmigrantes que se han presentado con numerosos nombres, mostrando su desconfianza hacia los profesionales que les atienden. Esta desconfianza hace muy difícil la intervención terapéutica, que se basa justamente en la confianza. Se plantea la pregunta: ¿se debe decir la verdad a alguien que se percibe como hostil, como perseguidor?
4. A veces esta hostilidad se halla fuertemente somatizada. Si la hostilidad o el sufrimiento psíquico son muy intensos tienden a somatizarse, tal como vemos con la gran incidencia de cefalea en inmigrantes con el síndrome de Ulises, un cuadro de estrés crónico y múltiple que no es un trastorno mental. Hasta el 80% de estas personas padecen cefaleas. Y la cefalea, como señalan ya los clásicos estudios de Pierre Martí, está relacionada en la mayoría de los casos con agresividad reprimida.

Las desigualdades sociales generan fuertes tensiones, exclusión, violencia social, que se expresa en la propia relación terapéutica. Considero que es importante comprender esta realidad psicológica, presente en el ámbito asistencial, para buscar soluciones a situaciones tan dramáticas como las que estamos viviendo. Lo psicológico no lo es todo, eso sería caer en el «psicologicismo». Pero sin entender la perspectiva psicológica no se puede comprender una realidad social compleja.

La intervención psicológica tiene lugar en el marco de la sociedad y sus conflictos. La desigualdad extrema no deja de ser en sí misma una forma de violencia. Michael Foucault planteó que la psicología y la psiquiatría formaban parte de la «biopolítica»; no eran ciencias puras, indiferentes a la realidad social. Creo que lo que he mostrado es un claro ejemplo de la vigencia de sus planteamientos.

¿Cómo hacer psicoterapia o realizar una intervención psicológica a alguien que desconfía tanto del sistema que no nos da ni su verdadero nombre, cuando sabemos que la confianza es el primer prerrequisito para hacer un tratamiento? Ha habido casos de menores inmigrantes que han llegado a dar hasta 28 nombres diferentes, uno por cada centro de acogida.

Ofrecer una atención psicológica y psicosocial de calidad a los inmigrantes, entre los que incluiría a los refugiados, constituye una creciente preocupación entre los profesionales de las áreas de la salud mental, el trabajo social y la educación. Afortunadamente, existe cada vez más conciencia en nuestra sociedad de que atender adecuadamente a estos grupos humanos requiere un conocimiento profundo de sus características específicas, algo que pocas veces ha sido tenido en cuenta al realizarse los programas sanitarios y asistenciales.

La intervención terapéutica con estos inmigrantes no se da en «el éter» de una neutralidad virginal, en el marco de una relación de igual a igual, paciente-terapeuta, sino en el marco de una profunda desigualdad.

La intervención en salud mental ha de tener en cuenta no solo los aspectos psicológicos, sino también los condicionantes sociales y culturales que afectan de modo muy relevante a estas personas. ¿Cómo realizar una intervención psicológica de calidad con alguien que tiene valores diferentes a los del terapeuta, alguien que, por ejemplo, considera que la autonomía personal no es algo positivo, sino que es un defecto? ¿Alguien que considera que su rol personal se halla vinculado al de su familia, al de su grupo, tal como ocurre en las culturas comunitaristas? Nuestro modelo de psicoterapia occidental se basa en buena parte, cada vez más, en relación con nuestro modelo social competitivo e individualista, en la potenciación de la autonomía de la persona, mientras que, en muchas sociedades comunitaristas, que la persona actúe más allá de las reglas del grupo se considera un defecto, algo negativo.

7.3.2. No psiquiatricemos los traumas y el dolor de los refugiados

Al dolor que padecen los refugiados que están llegando a Europa en muy difíciles circunstancias corremos el riesgo de añadir un plus: el estigma de que padecen masivamente trastornos mentales, especialmente en relación con el sobrediagnóstico como trastorno mental de las situaciones traumáticas que han vivido.

Como es sabido, existe un sobrediagnóstico de la depresión, que hoy en día abarca gran parte del área del estrés y el duelo, pero quiero hacer mención al tema del sobrediagnóstico psiquiátrico de las situaciones de trauma que viven los refugiados con el denominado trastorno de estrés postraumático, un cuadro del que se habla con frecuencia en los medios de comunicación de manera poco contrastada y que para muchos investigadores está fuertemente sobrediagnosticado. En la guerra de la extinta Yugoslavia se llegó a decir que la mitad de la población de los Balcanes padeció trastorno de estrés postraumático.

Ya la propia historia de cómo surge este diagnóstico de trastorno de estrés postraumático es clarificadora de los peligros de su utilización abusiva, pues se introduce en las clasificaciones psiquiátricas tras la guerra del Vietnam por la enorme presión de las poderosas asociaciones de veteranos de guerra que buscan tener más ayudas económicas y beneficios sociales del gobierno al volver a Estados Unidos.

Así, el trastorno se inscribe en el DSM-III sin estudios de campo que lo avalen, dadas las tremendas presiones que se realizan sobre el comité de redacción. Como señala en su libro *El trastorno de estrés postraumático, ¿mito o realidad?*, el profesor del University College of London, Chris R. Brewin (2004), se convierte en trastorno mental algo que forma parte de la reacción normal ante las situaciones traumáticas y que la mayoría de las personas son capaces de elaborar.

El resultado de las exitosas campañas de promoción de este trastorno por las asociaciones de veteranos de guerra logra en los siguientes años que el diagnóstico del trastorno crezca de modo casi exponencial, tras impresionantes campañas de marketing y promoción, incluso en la prensa.

Sin embargo, años después de esta masiva promoción del trastorno, existe en Estados Unidos una gran polémica y una gran inquietud acerca de los resultados de estas campañas por los enormes efectos negativos a que ha dado lugar.

Porque, tras todas estas campañas, la situación de los veteranos de guerra, masivamente diagnosticados como enfermos de trastorno por estrés postraumático es muy negativa, muy problemática, lo cual ha generado un gran debate.

Como se ha señalado, ¿por qué los veteranos de la Segunda Guerra Mundial, que vivieron todas las atrocidades del nazismo, se recuperaron sin apenas problemas de los traumas de la guerra, se integraron sin dificultades relevantes en la sociedad estadounidense y sin embargo ahora los veteranos de guerra son un colectivo lleno de problemas y con graves dificultades de integración? Para algunos autores, la causa es la masiva profusión del diagnóstico de PTSD, que ha estigmatizado a los que vuelven de la guerra y los ha convertido a los ojos de la población en enfermos, «locos peligrosos», violentos... Todo esto ha conllevado su aislamiento, que no se les contrate, que se les tema, y lógicamente este rechazo incrementa su frustración, su rabia, su desadaptación, su falta de integración.

El sobrediagnóstico se da no solo en el marco de la creciente psiquiatrización de la vida cotidiana, sino, a veces, por un intento de enfatizar la gravedad de los problemas que padecen estas personas, para buscar que se les ayude, se les den recursos... Lo cierto es que, tal como señalaremos, esta psiquiatrización del dolor de los inmigrantes tiene consecuencias muy negativas.

Hay numerosos metaanálisis que muestran que no más del 20% de las personas que viven situaciones traumáticas desarrollan trastornos mentales, entre ellos el trastorno por estrés postraumático. En mi experiencia desde principios de los noventa atendiendo en el SAPPIR a inmigrantes y refugiados, muchos de ellos llegados en patera en difíciles circunstancias, los diagnósticos de PTSD son incluso bastante menores a esa cifra del 20%. De todos modos, que no padezcan este trastorno no quiere decir, obviamente, que no precisen apoyo, contención, porque es normal que alguien que ha vivido un trauma lo reexperiencie en algún momento durante algún tiempo, mientras se va elaborando y se va disipando, pero eso no quiere decir que padezca un trastorno mental. La larga historia evolutiva y la selección natural habrían proporcionado a la mayoría de la población la capacidad para elaborar bien las situaciones traumáticas.

Por lo tanto, urge una revisión de toda esta temática, no vaya a ser que, hablando de situaciones traumáticas, «nos salga el tiro por la culata».

7.4. La interculturalidad en el duelo por los riesgos físicos

En este apartado habrían de tenerse en cuenta las situaciones de tensión y violencia que se relacionan con la migración.

7.4.1. *La violencia del poscolonialismo*

Con relación al duelo por los riesgos físicos, la interculturalidad se expresaría entre otros aspectos por la violencia que el poscolonialismo occidental genera en muchas partes del mundo y también en la violencia terrorista yihadista, que afecta a los países occidentales. Obviamente, ambas violencias están relacionadas.

Ya hemos hecho referencia a la temática del poscolonialismo, que es una de las bases de que millones de personas deban emigrar.

7.4.2. Aspectos psicológicos de la violencia yihadista

Los atentados yihadistas que ha vivido Europa han hecho aflorar una inquietante pregunta: ¿qué puede llevar a un grupo de chicos, hijos de inmigrantes, aparentemente integrados en la sociedad, a cometer estos actos de violencia indiscriminada?

Una de las respuestas a esta pregunta, muy difícil de responder, proviene de la perspectiva psicológica y psicosocial. En este sentido, podemos hablar de factores de riesgo, que son las condiciones que favorecen que se puedan dar estas conductas violentas, unos factores que son el caldo de cultivo que posibilita que surjan estas conductas.

Partiendo de mi experiencia de más de 30 años en el área de la salud mental de los inmigrantes en el Hospital de Sant Pere Claver, en la zona del puerto de Barcelona, y recogiendo lo que estas personas me dicen, poniéndoles voz, puedo decir que me plantean los siguientes puntos que considero que son factores de riesgo relevantes desde la perspectiva de la salud mental:

1. *Una identidad más compleja e inestable y más fácilmente manipulable.* Los hijos de los inmigrantes tienen una identidad ampliada, han de combinar la identidad de la cultura de los padres con la de la sociedad de acogida, con modelos culturales, en algunos casos, muy diferentes. Un proceso que no es fácil cuando se añaden otros factores de riesgo, como veremos a continuación. Los menores inmigrantes viven entre las dos culturas. Sabemos que tienen más problemas psicológicos que sus padres porque se mueven en un terreno menos

firme emocionalmente. Y las circunstancias que favorecen la exclusión, la marginación, dan lugar a que el duelo migratorio se prolongue a través de las generaciones, dificultándose los procesos de integración e interculturalidad. Ante esta identidad inestable es más fácil que estos chicos sean víctimas de procesos sectarios que les dan una identidad sólida y firme y los reaseguran emocionalmente.

2. *Sienten que forman parte de una juventud precarizada, con un futuro aún más complicado que el de los jóvenes de origen autóctono.* Si ya los jóvenes autóctonos padecen la precariedad, los inmigrantes tienen más fracaso escolar, menos estudios, lo que se relaciona con peores trabajos y salarios. La integración se resiente en este contexto. Ellos me preguntan: ¿cuántos altos cargos del gobierno, directores de instituto, directores de empresa son de origen marroquí? De hecho, ninguno de los 12 chicos de esta célula estaba en la universidad, cuando un porcentaje relevante de chicos autóctonos de su edad sí van a la universidad. Si los hijos de los inmigrantes se encuentran en una situación de inferioridad es que tenemos un problema. Por otra parte sabemos que la denominada «crisis» afectó mucho más a los inmigrantes. Tenemos el dato de que el 36% de los desahucios ha afectado a los inmigrantes, siendo el 18% de la población, o que hasta el 50% de la población inmigrante ha llegado a estar en paro al inicio de este período que estamos viviendo.

3. *La integración de estos chicos es más difícil en un modelo social narcisista, basado en la emoción y la intuición, que son mucho más fácilmente manipulables que la razón.* Estos chicos con una identidad en crisis son muy sensibles a que se les plantee que en el grupo de tipo sectario van a ser superiores a los demás chicos que viven en una sociedad corrupta, viciosa, inferior.

4. *La existencia del racismo, aunque en España es menor que en otros países europeos.* Por suerte aún en España decir que se es racista queda mal, a diferencia de otros países europeos. Pero, aun así, en España un tercio de los inmigrantes señala que ha sufrido racismo. Catalu-

nya tiene un 7% de la población que es musulmana y se quejan de la discriminación que sufren porque las mezquitas son con frecuencia lonjas o garajes, no hay minaretes, lo que les hace sentir que su cultura es de segunda división. También en este sentido podemos preguntarnos por qué ninguno de los 12 chicos del comando tenía una pareja autóctona. Ese es un buen indicador de integración.

5. *Tener una autoestima más baja.* Con relación a estos aspectos, varios estudios han mostrado que los inmigrantes y las minorías tienen la autoestima más baja que la población autóctona, como consecuencia de sentirse con frecuencia excluidos y verse menospreciados socialmente. Obviamente, esta situación les hace más manipulables por procesos sectarios que les ofrecen una identidad superior con un modelo supremacista.

6. *La existencia de un neocolonialismo occidental que genera guerras que dan lugar a un gran sufrimiento en los países de origen de los inmigrantes.* Obviamente, esta situación tiene una gran repercusión emocional, especialmente en los jóvenes que están viviendo un complejo proceso de construcción de la identidad cultural.

He señalado, de modo muy esquemático, algunos aspectos psicosociales relevantes a tener en cuenta en el gran debate que debemos plantearnos como sociedad, sin negar que se han hecho importantes esfuerzos para la integración de los inmigrantes, ante hechos tan graves como los que hemos vivido. Pero ha de quedar muy claro que desde una perspectiva psicosocial no podemos hablar de causas, porque, en este caso, muchos de estos problemas psicosociales los padecen otros colectivos de inmigrantes que no tienen conductas violentas. Estamos hablando de factores de riesgo, de circunstancias que incrementan las posibilidades de que se dé esa conducta. Nos queda, por tanto, un largo camino para comprender y dar respuesta a la terrible realidad de los atentados.

7.4.3. *Factores psicológicos de la radicalización*

A nuestra sociedad le cuesta pasar de los gestos, por bienintencionados que sean, al análisis de las realidades sociales. Y pocas realidades son más importantes de analizar que el malestar que puede llevar a doce jóvenes a matar indiscriminadamente a sus conciudadanos.

Plantearé brevemente algunos factores psicológicos y psicosociales que vale la pena analizar:

1. La búsqueda en estos jóvenes de imágenes parentales fuertes ante la desvalorización de los padres reales. El imán carismático como padre fuerte, a imitar, a seguir. En Francia se ha estudiado mucho este proceso en jóvenes radicalizados que describen a sus padres como personas no integradas en la sociedad de acogida, a los que ven como fracasados en su proyecto migratorio, envejecidos prematuramente, que viven un duelo migratorio cronificado, que no son un modelo a seguir. Todo esto se ha acentuado con la crisis, que ha destrozado innumerables proyectos migratorios.
2. El factor de la manipulación de la culpa. Sabemos que estos chicos habían tomado drogas, habían tenido conductas incompatibles con su religión, y se les manipuló con la idea de que debían redimirse, reparar sus pecados. Es fácil manipular el sentimiento de culpa; de hecho, es una de las especialidades de todos los sistemas de poder. Como describió magistralmente Melanie Klein, es muy importante que la reparación de la culpa no sea grandiosa y sádica, y no acabe generando más sufrimiento que el problema en sí.
3. Eran jóvenes que se sentían con un rol y un futuro secundario en la sociedad que sigue funcionando con una etnificación del mercado de trabajo en el que, no ya los inmigrantes recién llegados, sino sus hijos siguen ocupando, como colectivo, el estrato más bajo del mercado laboral, mostrando que el ascensor social funciona con muchas dificultades. Eran jóvenes con bajo nivel de cualificación, combinaban trabajos de obreros en fábricas, como Younes Abouyaaqoub,

el autor del atropello en las Ramblas, o de pinche de cocina como Youssef Aallaa, con períodos de paro. Ninguno del grupo de 12 jóvenes iba a la universidad, como hacen muchos jóvenes autóctonos de su edad en su propio pueblo, ni tenía una pareja autóctona. Como muestran los estudios efectuados en Francia, al llegar a la adolescencia la brecha en relación con la clase social se amplía cada vez más: los jóvenes inmigrantes describen con resentimiento que es el momento en el que a muchos jóvenes autóctonos los papás los envían en verano a Estados Unidos o a Canadá a perfeccionar el inglés, les compran un coche... No es ese desde luego el perfil de los jóvenes de Ripoll, que encadenaban trabajos de baja cualificación con períodos de paro... Creo que en este punto es muy importante señalar la importancia del factor de clase en los conflictos sociales, mostrando que se debe tener una perspectiva de interseccionalidad, no centrándose solo en los aspectos de identidad y culturales.

4. La necesidad de replantear el modelo escolar para que exista una real igualdad de oportunidades en la formación y posterior acceso al mercado de trabajo. Los inmigrantes tienen el doble de fracaso escolar que los autóctonos, según datos de este mismo año, y se hallan segregados en el modelo educativo, sin acceso a la educación concertada (solo el 12% accede a ella). Pero, a pesar de sus limitaciones, la escuela es un espacio de encuentro con profesores, compañeros de otros grupos... Cuando la escuela termina se produce una gran desvinculación, los jóvenes inmigrantes tienden a desconectarse de los ambientes autóctonos y de otros grupos, a guetizarse. Queda el deporte como espacio de socialización, pero los inmigrantes apenas hacen deporte, tal como muestran nuestros propios datos en el SAPPIR. Hay muchos factores relacionados con este hecho: las dificultades de acceso o para federarse son algunos de los aspectos que se podrían solucionar más fácilmente.

Solo era una lista de problemas para analizar. Y me he quedado corto.

La radicalización es una problemática de gran relevancia en nuestras sociedades, y el análisis de los aspectos psicológicos y psicosociales de la radicalización supone un auténtico reto para las ciencias de la salud mental.

Desde esta perspectiva se han publicado recientemente dos trabajos empíricos de gran calidad en Francia, así como una serie de análisis efectuados a partir de estos estudios, acerca de los perfiles psicológicos y psicosociales de los jóvenes radicalizados.

En la primera investigación, Laurent Bonelli y Fabien Carrié (2018) han desarrollado un extenso estudio sobre más de 800 jóvenes, en el que analizaron datos provenientes del PIJ (La protección judicial de la juventud) de Francia. Estos autores obtuvieron los datos a través de cuatro fuentes:

1. Medidas penales por asociación ligada a terrorismo, 175 casos.
2. Medidas civiles por el riesgo de radicalización de menores, 189 casos.
3. Medidas de precaución ante el riesgo de radicalización, 364 casos.
4. Medidas de protección a menores con los padres radicalizados (habían marchado a la guerra de Siria), 140 casos.

A partir del estudio efectuado con los datos recogidos, plantean que hay cuatro tipos de radicalización:

1. La radicalización compensatoria: viene de una dinámica de tipo personal, más individual. Intentan protegerse de sus familias disfuncionales, violentas, inseguras. A través de la práctica del islam encuentran una nueva identidad más fuerte que les incrementa la baja autoestima que poseen.
2. La radicalización rebelde: es también individual y se inscribe en un contexto de conflictividad familiar aguda. Se relaciona con los clásicos conflictos adolescentes.
3. La radicalización agnóstica: son jóvenes con fracaso escolar, próximos al área de las bandas y la pequeña delincuencia, que conocen

bien el sistema judicial y social. Para ellos admirar el yihadismo, usar su lenguaje, les permite poder enfrentarse al sistema que sienten que les oprime, desestabilizar y asustar a los profesionales con los que tratan. Así se revalorizan.
4. La radicalización utópica: se acompaña de un proyecto ideológico y político alternativo al orden social.

Bonelli y Carrié (2018) plantean que la radicalización utópica es diferente de las otras tres. Cada uno de los cuatro tipos de radicalización tiene un perfil psicológico y psicosocial con características propias, y los autores citados desarrollan el siguiente esquema:

Familia Grupo	Regulación débil	Regulación fuerte
Integración débil	Radicalización compensatoria – oposición a la familia por razones relaciónadas con la sexualidad – 67% mujeres	Radicalización rebelde – oposición a la estructura familiar – 50% varones y hembras
Integración fuerte	Radicalización agnóstica – por problemas con instituciones – 88% hombres	Radicalización utópica – por razones ideológicas – 69% hombres

Salvo la radicalización utópica, las otras tres radicalizaciones son reactivas a problemas familiares e institucionales y buscan provocar, impresionar, intimidar a familiares, educadores (hablando del poder del terrorismo yihadista, de las batallas ganadas contra los infieles en Afganistán, en Siria). Casi todos los casos provienen de ambientes de exclusión social, precariedad, problemas graves de vivienda, barrios sensibles, fracaso escolar... Ante el porvenir difícil que tienen por delante se instalan en la inmediatez y el subidón de autoestima que da sentirse vinculados al movimiento yihadista.

Recapitulando, desde el planteamiento de estos autores, Laurent Bonelli y Fabien Carrié (2018), se podría considerar que hay dos tipos de radicalizados:

1. Los reactivos a situaciones sociales y personales.
2. Los utópicos.

En un segundo trabajo de campo, desarrollado por el antropólogo Puaud (2018), se plantea también que hay varios tipos de radicalizados:

1. La radicalización iniciática: aquí no se trata de jóvenes procedentes de clases marginales, sino de sectores rurales, de clase media, sin problemas escolares o familiares... Así, en Vesoul, en el este de Francia, una docena de jóvenes marcha a luchar a Siria. Uno es hijo de militar, otro de médico, otro de farmacéutico... Dicen que marchan para ayudar al pueblo sirio. El primero en marchar se inmola en febrero de 2015. Para el autor, quieren vivir una experiencia iniciática, fuera de lo común, un rito de paso. En Lunel y Estrasburgo se vieron casos parecidos.
2. La radicalización metafísica: se trata de un proyecto de vida. Como escribió Muhamad Def, uno de los líderes de este movimiento: «Nosotros amamos la muerte, como vosotros amáis la vida». Estos yihadistas explican que no saben qué hacer con sus vidas, y se puede considerar que la fuerte tendencia a la laicidad de la sociedad francesa les impulsa en la dirección contraria. En este punto sería interesante hacer referencia a las relaciones de estos planteamientos con las ideologías de tipo nihilista.
3. La radicalización política: para muchos, es el conflicto árabe-israelí el origen de su interés por la política y de su radicalización. En otros casos, la situación en Bosnia.
4. Jóvenes con problemas psicológicos graves. Así, en 2015, en una entrevista en el periódico *Le Figaro*, un alto cargo de la policía manifestaba que alrededor del 10% de los radicalizados eran esquizofrénicos reconocidos y relaciona la ola de radicalización con la supresión de camas para psicóticos en los hospitales franceses, como consecuencia de los problemas de la reforma psiquiátrica en Fran-

cia —que vació los manicomios sin crear servicios de atención a los psicóticos—, así como de los recortes asistenciales tras la crisis económica del 2008.

De todos modos, en relación con el planteamiento de Puaud (2018), hay que señalar que la categoría de jóvenes autóctonos que se convierten en radicales yihadistas tiene muy pocos miembros. Existe, pero es minoritaria, y además marcha con Daesh a la guerra de Siria o Afganistán. Estos jóvenes no desarrollan acciones terroristas contra sus propios conciudadanos en su propio país.

Es significativo señalar que en el caso de los atentados de Catalunya, a diferencia de los de Francia y Bélgica, los jóvenes no procedían de contextos de barrios marginales, o ambientes de delincuencia, ni tampoco de clases medias. Por esta razón, su estudio tiene mayor interés, ya que las motivaciones de la acción terrorista son más complejas. Lamentablemente, echamos en falta aquí estudios del nivel de los que he comentado en este texto, estudios que podrían servir de guía para el desarrollo de las investigaciones.

Obviamente, hay muchos factores que inciden en que alguien dé el paso al terrorismo, pero la violencia social que viven importantes sectores de nuestras sociedades es, sin duda, un factor relevante. Al menos en bastantes casos.

7.4.4. *El terrorismo como duelo colectivo*

En los actos oficiales tras los atentados terroristas se hace referencia a hacer el duelo por las personas que han muerto en los atentados terroristas, pero no por los terroristas muertos, que también son ciudadanos y forman parte de la sociedad, a pesar de su conducta criminal y execrable.

Como sociedad, el duelo colectivo por las muertes violentas es muy complicado. Hay una mezcla de sentimientos muy difícil de manejar e integrar:

1. Sentimientos de rabia ante toda muerte violenta de seres humanos, ya sea por terrorismo o contraterrorismo, por guerras neocoloniales, por limpiezas étnicas o por otros motivos. Como sabemos por la psicología evolucionista, los humanos, lo mismo que otras especies animales, tenemos un sentido innato de la justicia y somos muy sensibles ante todo lo que tiene que ver con el grado de moralidad de nuestras acciones.
2. La tristeza por la pérdida de seres queridos, vecinos o simplemente conciudadanos que moviliza el instinto del apego, muy importante no solo en los humanos, sino en todos los mamíferos.
3. La desesperanza sobre el buen funcionamiento de nuestra comunidad y las posibilidades de convivencia ante el uso de la violencia en la vida social.

Todos estos sentimientos son muy difíciles de manejar y suponen tomar conciencia del alto grado de destructividad que podemos llegar a tener los seres humanos. Los humanos compartimos la agresividad con las demás especies animales, pero nuestro gran desarrollo de las funciones simbólicas hace que a la agresividad se añada el odio, la venganza, la envidia destructiva y otra serie de sentimientos muy difíciles de integrar.

7.4.5. *Mecanismos psicológicos ante el duelo colectivo por el terrorismo*

Ante una situación tan dolorosa y compleja como el duelo por las muertes violentas, se utilizan habitualmente, tal como nos muestra la psicología cognitiva y el psicoanálisis, dos mecanismos de defensa muy básicos:

1. La disociación (dividir en dos partes): separa radicalmente lo bueno de lo malo, de modo que no se toquen, que no tengan ninguna relación. De esta manera los terroristas, y los que los defienden, que-

dan radicalmente separados de la sociedad: son la maldad absoluta, inhumana, algo que solo cabe erradicar. Aquí es importante señalar que es frecuente en los medios de comunicación decir que cuando se mata a un terrorista se le abate, utilizando una terminología vinculada a la caza, es decir, animalizando y deshumanizando al terrorista. Pero esa no es la realidad, porque, por monstruosos que pudieran ser, siguen siendo personas, ciudadanos de nuestra sociedad y nos convertiríamos igualmente en monstruosos si nuestra actitud fuera la de eliminarlos a cualquier precio.

2. La negación: no se quiere ver una parte de la realidad. Al hablar en los atentados de Barcelona de 2017 del duelo por 14 personas y no por 22, se niega la misma existencia de esas ocho personas muertas también de modo violento. Ni se habla de ellos. Mentalmente se considera que estas personas y los grupos que les apoyan no existen. De este modo a nadie le puede importar saber qué pueden estar sintiendo los familiares, los amigos de esas personas, ni qué factores causales están relacionados con esa violencia. Así parece que «mágicamente» ya no existen al no pensar en ellos. Todo esto, además, no hace sino incrementar la exclusión y la marginalización de las familias de los terroristas muertos.

Estos dos mecanismos psicológicos que he señalado, sobre todo si se usan de modo masivo, no constituyen una buena estrategia para resolver ningún problema.

Algo falla en nuestra sociedad cuando se repiten estas actitudes.

La violencia muestra problemas de fondo de nuestra sociedad, problemas difíciles de asumir y muy complejos de analizar porque son multifactoriales y en el mundo de hoy lo que se lleva son soluciones fáciles, mágicas, a golpe de twit, de imagen. Pero si no analizamos y resolvemos las causas de estos problemas, hay mucho riesgo de que se cronifiquen.

7.4.6. La negación de la realidad del terrorismo. ¿Son psicópatas los terroristas?

Se está convirtiendo en un tópico la afirmación de que los terroristas son psicópatas. Este término, psicópata, parece ejercer un atractivo morboso sobre las audiencias. Además, ha sido popularizado por muchas películas de éxito, pero, como veremos, la realidad de las investigaciones sobre esta temática no va por ahí.

Los estudios sobre las características psicológicas de los terroristas se han encontrado con una realidad mucho más compleja de lo esperado. Han descubierto, por ejemplo, que entre los terroristas hay una amplia gama de tipos de personalidad. Es más, muchos estudios plantean que padecen trastornos mentales en una proporción similar a la población general.

Por lo tanto, la realidad está lejos del tópico del terrorista psicópata, que nos va muy bien para simplificar una realidad tan dramática. El término psicópata actúa a modo de exorcismo, ya que el psicópata es alguien que queda ahí fuera, apartado de la sociedad, inhumano. Y si encima es inmigrante, no digamos. Sin embargo, la dramática y horrible realidad de la conducta terrorista sigue sin comprenderse con análisis de este tipo, basados en tópicos.

Además, el término psicópata, como todos los que tienen que ver con el área de los trastornos de la personalidad, es controvertido en la psicopatología por su riesgo de psiquiatrización de elementos de la vida social y por sus aspectos ideológicos y morales. Hoy en día llamar a alguien psicópata entra ya más en la categoría de insulto que en área del diagnóstico psicopatológico, donde no está recogido como trastorno en muchas clasificaciones, sino que se utiliza el término sociopatía, también controvertido.

Los estudios sobre la numerosa información recogida acerca de los miembros de organizaciones terroristas clásicas muestran que una de las características básicas de la personalidad de los terroristas es poseer un gran autocontrol y disciplina para pasar inadvertidos durante largos períodos de tiempo, soportar grandes privaciones al vivir en la clandestinidad o tolerar larguísimas condenas de cárcel. Si algo define al psicópata, es lo contrario: su impulsividad, el dejarse llevar por el momento, actuar sin control, hasta el punto de que todo el mundo los acaba identificando, la antítesis por lo tanto de la clandestinidad. Otra característica del psicópata que tampoco encaja de ninguna manera con la clandestinidad es el narcisismo, la necesidad de llamar la atención, ser el foco de todas las miradas. Además, el psicópata también es alguien que actúa por motivos personales contra sus víctimas, no sobre víctimas muchas veces desconocidas, cumpliendo órdenes, como actúa el terrorista, tal como señalan los estudios sobre el IRA de John Horgan (2006).

Es verdad que en los últimos años están apareciendo nuevas formas de terrorismo individual, tipo lobo solitario, lo que se ha denominado terrorismo 2.0, y en estos casos se plantea que pueda haber más problemática psicopatológica que en el terrorismo clásico.

En dos grandes estudios publicados hace unos meses en Francia sobre la radicalización yihadista (a ver cuándo se hacen en España trabajos así), los autores señalan la existencia de varios tipos de «radicalizados». Y tras el estudio de más de 900 expedientes del PIJ (Protection Judiciaire de la Jeunesse), señalan que la radicalización de tipo utópico, ligada a aspectos ideológicos, es la más frecuente. Como es obvio, este perfil nuevamente está muy lejos del perfil del psicópata.

El 20% tiene vulnerabilidad.

Para terminar visualicemos nuevamente el esquema de los siete duelos que hemos visto en las páginas anteriores.

Segunda parte

> ESQUEMA DE LOS 7 DUELOS DE LA MIGRACIÓN
>
> I   LA FAMILIA Y LOS SERES QUERIDOS
> II LA LENGUA
> III LA CULTURA
> IV LA TIERRA
> V EL ESTATUS SOCIAL
> VI EL CONTACTO CON EL GRUPO DE PERTENENCIA
> VII LOS RIESGOS PARA LA INTEGRIDAD FÍSICA

Finalmente, en relación con los siete duelos, recogería una experiencia del doctor Font, psiquiatra jesuita que trabajaba con inmigrantes españoles en Alemania. Cuando le preguntó a un inmigrante cómo le iba con la lengua, el clima, la comida, la cultura..., el inmigrante le fue explicando sus dificultades y en un momento le dijo: «Oiga, lo peor es que viene todo junto».

Tercera parte

Test de la resiliencia a los siete duelos de la migración

Gracias a Cristina Martínez Taboada, María José Rebelo y Salvatore Cosentino por la sugerencia de pasar este cuestionario al modelo Likert.

Cuestionario de evaluación de la resiliencia en los siete duelos de la migración

1.	2.	3.	4.	5.
Muy mal	Mal	Regular	Bien	Muy bien

I. DUELO POR LA FAMILIA Y LOS SERES QUERIDOS

1. Valore cómo vive la relación con la familia y los seres queridos en su país de origen   1 2 3 4 5
2. Valore cómo vive la relación con la familia y los seres queridos en su país de acogida   1 2 3 4 5
3. Qué expectativas de futuro tiene acerca de la relación con la familia y los seres queridos   1 2 3 4 5

PUNTUACIÓN ☐

II. DUELO POR LA LENGUA

1. Valore cómo vive la relación con la lengua
   de su país de origen   1 2 3 4 5
2. Valore cómo vive la relación con la lengua
   de su país de acogida   1 2 3 4 5
3. Qué expectativas de futuro tiene acerca
   de cómo vivirá en relación con la lengua   1 2 3 4 5

   PUNTUACIÓN ☐

III. DUELO POR LA CULTURA

1. Valore cómo vive la relación con la cultura
   de su país de origen   1 2 3 4 5
2. Valore la relación con la cultura
   de su país de acogida   1 2 3 4 5
3. Qué expectativas de futuro tiene acerca
   de cómo vivirá en relación con la cultura   1 2 3 4 5

   PUNTUACIÓN ☐

IV. DUELO POR LA TIERRA

1. Valore cómo vive la relación con la tierra
   de su país de origen   1 2 3 4 5
2. Valore la relación con la tierra de su país
   de acogida   1 2 3 4 5
3. Qué expectativas de futuro tiene acerca
   de cómo vivirá la relación con la tierra   1 2 3 4 5

   PUNTUACIÓN ☐

V. DUELO POR EL ESTATUS SOCIAL

1. Valore cómo vive el estatus que tuvo
   en su país de origen   1 2 3 4 5
2. Valore cómo vive el estatus que tiene
   en su país de acogida   1 2 3 4 5
3. Qué expectativas de futuro tiene acerca
   de cómo vivirá el estatus social   1 2 3 4 5

                                                        PUNTUACIÓN ☐

VI. DUELO POR EL GRUPO DE PERTENENCIA

1. Valore cómo vive la relación con su grupo
   de pertenencia en su país de origen   1 2 3 4 5
2. Valore cómo vive la relación con su grupo
   de pertenencia en su país de acogida   1 2 3 4 5
3. Qué expectativas de futuro tiene acerca de cómo
   vivirá su relación con el grupo de pertenencia   1 2 3 4 5

                                                        PUNTUACIÓN ☐

VII. DUELO POR LA SEGURIDAD FÍSICA

1. Valore cómo vive la seguridad física que tuvo
   en su país de origen   1 2 3 4 5
2. Valore cómo vive la seguridad física que tiene
   en el país de acogida   1 2 3 4 5
3. Qué expectativas de futuro tiene acerca
   de como vivirá la seguridad física   1 2 3 4 5

                                                        PUNTUACIÓN ☐

PUNTUACIÓN FINAL ☐
EVALUACIÓN   Menos de 21 puntos   Resiliencia baja
              Entre 21 y 28 puntos   Resiliencia media
              Más de 28 puntos   Resiliencia alta

Bibliografía

Achotegui, J. (2020), *El síndrome de Ulises*, Ned Ediciones, Barcelona.
— (2017a), *Inteligencia migratoria. Manual para inmigrantes en dificultades*, Ned Ediciones, Barcelona.
— (2017b), *El test del kayak. Un test evolucionista para la evaluación del estrés y el duelo. Aplicación al estudio del duelo migratorio*, El Mundo de la Mente, Llançà.
— (2012), *Doce características del estrés y el duelo migratorio*, El Mundo de la Mente, Llançà.
— (2010), *Cómo evaluar el estrés y el duelo migratorio. Escalas de evaluación de factores de riesgo en la migración. Aplicación al estrés y el duelo migratorio. Escala Ulises*, 2.ª ed., El Mundo de la Mente, Llançà.
— (2009), *Estrés y duelo migratorio: conceptos básicos e implicaciones psicopatológicas y psicosociales*, El Mundo de la Mente, Llançà.
— (2007), «An Evaluation scale with respect to specific situations of stress and grief as risk factors for mental health. The application of the scale in migratory stress and grief (The Ulysses scale)», Congress of Transcultural Section of World Psychiatric Association, Kamakura, Japón, 11-14 de abril.
— (2004), «Emigrar en situación extrema. El Síndrome del inmigrante con estrés crónico y múltiple (Síndrome de Ulises)», *Norte de Salud Mental*, revista de la Sociedad Española de Neuropsiquiatría, vol. V, n.º 21, págs. 39-53.
— (comp.) (2004), Dosier del diálogo sobre el Síndrome de Ulises del Congreso «Movimientos humanos y migración» del Foro Mundial de las Culturas, Barcelona, 2-5 de septiembre.
— (comp.) (2003), Dosier de la reunión internacional sobre el Síndro-

me de Ulises celebrada en Bruselas en la sede del Parlamento Europeo, 5 de noviembre.
— (2002), *La depresión en los inmigrantes. Una perspectiva transcultural*, Editorial Mayo, Barcelona.
— (2002), «Trastornos afectivos en los inmigrantes: la influencia de los factores culturales», *Suplemento Temas candentes*, Jano, Barcelona.
— (1999), «Los duelos de la migración: una perspectiva psicopatológica y psicosocial», en Perdiguero, E. y Comelles, J. M. (comps.), *Medicina y cultura*, Editorial Bellaterra, Barcelona, págs 88-100.
— (1995), «Migrar, duelo, dolor», *El Viejo Topo*, núm. 90.
— Lahoz, S., Marxen, E. y Espeso, D. (2005), «Study of 30 cases of immigrantss with The Immigrant Syndrome with Chronic and Multiple Stress (The Ulysses Syndrome)», Presentation in the XVIII World Congress of Psychiatry, El Cairo.

Agustí, J. (2003), *Fósiles, genes y teorías*, Metatemas, Barcelona.
Ainsworth, M. (2015), *Patterns of Attachment: A Psychological Study of the Strange Situation*, Routledge, Londres.
Alexander, F. (1950), *Psychosomatic medium*, Norton, Nueva York.
Amades, J. (1936), *Bruixes i bruixots*, Biblioteca de tradicions populars, Barcelona.
Anaut, M. (2003), *La résilience*, Nathan Université, París.
Antonowsky, A. (1979), *Health, stress and coping*, Jossey Bass, San Francisco.
Aparicio, R. (2002), «La inmigración en España a comienzos del siglo XXI. Las novedades de las actuales migraciones», en García Castaño, F. J. y Muriel López, C. (eds.), *La inmigración en España: contextos y alternativas*, vol. II, Laboratorio de estudios interculturales, Granada.
Aponte, J., Rivers, R. y Wohl, J. (eds.) (1995), *Psychosocial Interventions and Cultural Diversity*, Allyn and Bacon, Boston.
Bagach, A. (2005), Conversación personal.

Baroja, P. (2004), *Las inquietudes de Shanti Andía*, Cátedra, col. Letras Hispánicas, Madrid.

Beck, A. (1983), *Terapia cognitiva de la depresión*, DDB, Bilbao.

Beiser, M. (1996), «Adjustment Disorder in DSM-IV: Cultural Considerations», en Mezzich, J. y Kleimman, A. (eds.), *Culture and Psychiatric Diagnosis. A DSM_IV perspective*, American Psychiatric Press Inc., Washington.

Benedict, R. (1934), *Patterns of Culture*, Houghton Mifflin, Nueva York.

Benedittis, G. B. (1990), «The role of stressful life events in the onset of chronic primary headache», en *Pain*, 40, págs. 65-75.

Benegadi, R. (2005), «Medical Anthropology and migration». XVIII World Congress of Psychiatry, El Cairo.

— (2005), Comunicación personal, Colloque Minkowska, París.

Berkman, L. F. y Syme, S. L. (1979), «Social networks, host resistance, and mortality: a nine-year follow-up study of Alameda County residents», en *American Journal of Epidemiology*, 109, págs. 184-214.

Berrios, G. E. (2018), *Factores de riesgo en salud mental*, Paidós, Barcelona.

Berry, J. (2003), *Acculturation*, Cambridge.

Bilbeny, N. (2002), *Per una ética intercultural*, Mediterránea, Barcelona.

Blanc, G. (2020), *Decolonization*, Dunod, París.

Boas, F. (1911), *The mind of primitive man*, Harvard University Press, Estados Unidos.

Bon, D. (1998), *L'animisme*, De Vecchi, París.

Bonelli, L. y Carrié, F. (2018), *La fabrique de la radicalité. Une sociologie des jeunes djihadistes français*, Seuil, París.

Bowlby, J. (1980), *La pérdida afectiva*, Paidós, Barcelona.

— (1969), *Attachment*, Hogarth Press, Londres.

Bradley, H. B. (1969), «Community-based treatment for young adult offenders», en *Crime and Delinquency*, 15, págs. 863-872.

Brewin, C. R. (2004), *Post-traumatic Stress Disorder. Myth or Reality?*, Harvard University Press.

Brown, G. W. (1972), «Life events and psychiatric illness», en *Journal of Psychosomatic Research*, 16, págs. 311-320.
— y Harris, T. O. (1978), *The social origins of depression*, Free Press, Nueva York.
Bruchon-Schweitzer, M. (2002), *Psychologie de la santé*, Dunod, París.
Buendía, J. (1993), *Estrés y psicopatología*, Pirámide, Madrid.
Bueno, J. R. (2005), *El proceso de ayuda en la intervención psicosocial*, Popular, Madrid.
Calvo, F. (1970), *Qué es ser inmigrante*, Laia, Barcelona.
Campas, B. E. (1987), «Coping with stresss during childhood and adolescence», en *Psychological Bolletin*, 98, págs. 310-357.
Campbell, J. (1959), *El héroe de las mil caras*, Fondo de Cultura Económica, México.
Cannon, W. B. (1929), *The wisdom of the body*, Norton, Nueva York.
Caplan, G. (1964), *Principles of preventive psychiatry*, Basics Books, Nueva York.
— (1964), «Life events and psychiatric illness», en *Journal of Psychosomatic Research*, 16, págs. 311-320.
Caro, I. (2001), *Género y salud mental*, Biblioteca Nueva, Madrid.
Castel, R. (2004), *Las trampas de la exclusión*, Topia, Madrid.
Castilla del Pino, C. (1966), *Un estudio sobre la depresión*, Península, Barcelona.
Chakravorty, G. (1968), *¿Los subalternos pueden hablar?*, Ediciones Amsterdam, París.
Chataigné, C. (2014), *Psychologie des valeurs*, De Boeck.
Cohen, S. et al. (1997), *Measuring stress*, Oxford University Press, Nueva York.
Coleman, J. (1990), *Foundations of social theory*, Belknap Press of Harvard University, Cambridge.
Collazos, F., Qureshi, A., Antonín, M. y Tomás-Sábado, J. (2008), «Estrés aculturativo y salud mental en la población inmigrante», en *Papeles del Psicólogo*, vol. 29(3), págs. 307-315. http://www.cop.es/papeles.

Crawford, M. H. y Campbell, B. C. (2001), *Causes and consequences of human migration*, Cambridge University Press.
Cyrulnik, B. (1999), *Un merveilleux malheur*, Odile Jacob, París.
Damon, J. (2009), *L'exclusion*, PUF, París.
D'Ardenne, P. y Mahtani, A. (1999), *Transcultural counselling in action*, Sage publications, Londres.
Delgado, M. (1998), *Diversitat i integració*, Empúries, Barcelona.
Del Giudice, M. (2018), *Evolutionary Psychopatology*, Oxford University Press.
Devereux, G. (1951), *Psychotérapie d'un indien des plaines*, Fayard, París.
DSM-V (2016), *Manual diagnóstico y estadístico en Psiquiatría*, Panamericana, México.
Dunbar, R. (2008), *La odisea de la humanidad*, Crítica, Barcelona.
Eliade, M. (1977), *Ocultismo, brujería y modas culturales*, Paidós, Buenos Aires.
— (1972), *El mito del eterno retorno*, Alianza Editorial, Madrid.
Engel, G. L. (1977), «The need for a New Medical Model», en *Science*, 196, págs. 129-136.
— (1972), «Life events and psychiatric illness», en *Journal of Psychosomatic Research*, núm. 16, págs. 311-320.
Epstein, S. (1979), «The ecological study of emotions in humans», en Blankstein, K. (ed.), *Advances in the study of communications an affect*, págs. 47-83, Plenum, Nueva York.
Espeso, D. (2009), «Estrés crónico y múltiple (Síndrome de Ulises) en población infantil desde una perspectiva multicultural», en *Desenvolupa*, núm. 30, págs. 19-39, Associació Catalana d'Atenció Precoç.
— (2007), «Estrés crónico y salud mental en los menores inmigrantes», en *Revista de Psiquiatría Infanto-Juvenil*, 24, 1, págs. 6-22.
Etxegoyen, R. H. (1986), *Los fundamentos de la técnica psicoanalítica*, Amorrortu, Buenos Aires.
Everly, G. y Lating, J. (2002), *Treatment of the human stress response*, Kluwer Academic/Plenum Publishers, Nueva York.

Fannon, F. (1973), *Los condenados de la tierra*, Fondo de Cultura Económica, México.
— (1970), *¡Escucha blanco!*, Nova Terra, Barcelona.
Fernando, S. (ed.) (1995), *Mental Health in a Multi-Ethnic Society*, Routledge, Londres y Nueva York.
Fischer, G. N. y Tarquinio, C. (2006), *Les concepts fondamentaux de la psychologie de la santé*, Dunod, París.
Font, J. (1999), *Religión, psicopatología y salud mental*, Paidós y Fundació Vidal i Barraquer, Barcelona.
— (1996), «Los afectos en desolación y consolación: lectura psicológica», en Alemany, C. y García-Monge, J. A. (comps.), *Psicología y ejercicios ignacianos*, vol. 1.
Foucault, M. (2015 [1961]), *Historia de la locura en la época clásica*, 3.ª ed., Fondo de Cultura Económica, México.
— (2008), *Lectures at the College of France 1975-1976*, Palgrave Macmillan.
— (2008), *Lectures at the College of France 1977-1978*, Palgrave Macmillan.
— (2005 [1973]), *El poder psiquiátrico*. Fondo de Cultura Económica, Buenos Aires.
— (2003), «Society must be defended», *Lectures at the College of France 1975-1976*, pág. 39, Picador, Nueva York.
— (1979), *Naissance de la biopolitique*, Annuaire du Collège de France, vol. 3.
— (1966), *Les mots et les choses*, Gallimard, París.
Frank, J. (1974), *Aspectos comunes a todas las psicoterapias*, Mahoney.
Freeman, A. (1974), *Cognición y psicoterapia*, Paidós Ibérica, Barcelona.
Freud, S. (1984 [1925]), *Obras completas: Inhibición, síntoma y angustia*, tomo VIII, págs. 2709-2783, Biblioteca Nueva, Madrid.
— (1984 [1920]), *Obras completas: Más allá del principio del placer*, tomo VII, págs. 2507-2541, Biblioteca Nueva, Madrid.

— (1984 [1917]), *Obras completas: Duelo y melancolía*, tomo VI, págs. 2091-2101, Biblioteca Nueva, Madrid.
— (1930), *El malestar en la cultura*, Alianza Editorial, Madrid.
— (1914), *Introducción al narcisismo*, Biblioteca Nueva, Madrid.
— (1912), *Tótem y Tabú*, Alianza Editorial, Madrid.
— (1911), *El caso Schreber*, Biblioteca Nueva, Madrid.
— (1895), *Estudios sobre la histeria*, Biblioteca Nueva, Madrid.
Freudenberger, H. J. (1974), «Staff burnout», en *Journal of Social Issues*, núm. 30, págs. 159-165.
Gailly, A. (1991), «Symbolique de la plainte dans la culture», en *Les Cahiers du Germ*, vol. II, núm. 17, págs 4-19.
— Garnezy, N. y Nasten, A. (1991), «The protective role of competence indicators in children at risk», en Cummings, E. *et al.*, *Perspectives on stress and coping*, Erlbaum Associates, Hillsdale, Nueva Jersey.
Galcerán, M. (2016), *La bárbara Europa*, Traficantes de Sueños, colección Mapas, Madrid.
García Gual, C. (2006), «Sobre la Odisea y la hospitalidad», *El País*, 28-1.
— (2006), *Introducción a la mitología griega*, Alianza, Madrid.
Girdano, D. E. *et al.* (2001), *Controlling stress and tension*, 6.ª ed., Allyn and Bacon, Boston.
Gramsci, A. (2018 [1938]), *Cuadernos de la cárcel*, Gedisa, Barcelona.
— (2017), *Escritos*, Rendueles, C. (ed.), Alianza Editorial.
Graziani, P. y Swendsen, J. (2004), *Le stress. Emotions et stratégies d'adaptation*, Nathan, París.
Grinberg, L. y Grinberg, R. (1994), *Psicoanálisis de la migración y el exilio*, Alianza Editorial, Madrid.
Guerraoui, Z. y Troadec, B. (2000), *Psychologie interculturelle*, Armand Colin, París.
Guimón, J., Mezzich, J. E. y Berrios G. E. (1998), *El diagnóstico en psiquiatría*, Salvat, Barcelona.

Hagen, E. H. (2003), «The bargaining model of depression», en Hammerstein, P. (ed.), *Genetic and cultural evolution of cooperation*, págs. 95-123, MIT Press, Cambridge, Massachusetts.

Hall, S. (2019 [1980]), *Essential Essays*, Birmingham University Press, Reino Unido.

Hammen, C. (1991), «The generation of stress in the course of unipolar depression», en *Journal of Abnormal Psychology*, núm. 100, págs. 555-561.

Harris, M. (1981), *Introducción a la antropología general*, Alianza Editorial, Madrid.

Harrison, G. et al. (2001), «Association between schizophrenia and social inequality at birth», en *British Journal of Psychiatry*, núm. 179, págs. 346-350.

Hobfoll, S. (1998), *Stress, culture, and community*, Plenum Press, Nueva York.

Hofstede, G. (1999), *Culturas y organizaciones*, Alianza Editorial, Madrid.

Holmes, T. H. y Rahe, R. (1967), «The social readjustment rating scale», en *Journal of Psychosomatic Research*, núm. 11, págs. 213-218.

Horgan, J. (2006), *Psicología del terrorismo*, Gedisa, Barcelona.

Horney, K. (1939), *Introducción al nuevo psicoanálisis*, Fondo de Cultura Económica, México.

Horwitz, A. V. y Wakefield, J. C. (2008), *The loss of sadness*, Oxford University Press.

House, J. S. (1981), *Work stress and social support*, Addison-Wesley, Reading, Massachusetts.

Irwin, R. y Lee, A. (2018), *Psychopathology. A Social Neuropsychological Perspective*, Cambridge University Press.

Jackson, S. (1989), *Historia de la melancolía y la depresión*, Turner, Madrid.

Jaspers, K. (1946), *Psicopatología general*, Fondo de Cultura Económica, México.

Jenkins, R. y Üstün, B. (1998), *Preventing Mental Illness*, Wiley, Nueva York.

Kanner, A., Coyne, J., Schaefer, C. y Lazarus, R. S. (1981), «Comparison of two modes of stress measurement. Daily hassles and uplifts versus major life events», en *Journal of Behavioral Medicine*, núm. 4, págs. 1-39.

Kapczinski, F. *et al.* (1919), *Neuroprogression in Psychiatry*, Oxford University Press.

Kareen, J. y Littlewood R. (1992), *Intercultural Therapy*, Blackell Science, Oxford.

Kédia, M. (2008), *Psychotraumatologie*, Dunod, París.

Kirtz, S. y Moos, R. H. (1974), «Physiological effects of social environments», en *Psycosomatic Medicine*, núm. 36, págs. 96-114.

Kleimann, A. (1989), *The illness narratives*, Harvard University Press.

Klein, M. (1961), *Psicoanálisis de niños*, Paidós, Buenos Aires.

— (1957), *Envidia y gratitud*, Paidós, Barcelona.

— (1940), *El duelo en relación con los estados maniacodepresivos*, Paidós, Barcelona.

Kleinke, C. L. (1998), *Principios comunes en psicoterapia*, DDB.

Lakatos, I. (1983), *La metodología de los programas de investigación científica*, Alianza Editorial, Madrid.

Lambin, G. (1995), *Homère, le compagnon*, CNRS.

Laplanche, J. (1981), *Diccionario de psicoanálisis*, Labor, Barcelona.

Lazarus, R. S. (2000), *Estrés y emoción*, Desclée de Brouwer, Bilbao.

— y Folkman, S. (1986), *Estrés y procesos cognitivos*, Martínez Roca, Madrid.

Lenoir, R. (1974), *Les exclus: un français sur dix*, Plon, París.

Lieberman, D. (2021), *Dopamina*, Península, Barcelona.

López-Cabanas, M. y Chacón F. (1999), *Intervención psicosocial y servicios sociales*, Síntesis, Madrid.

Luong Cân Liêm (2004), *De la psychologie asiatique*, L'Harmattan, París.

Lutz, T. (2001), *El llanto. Historia cultural de las lágrimas*, Taurus, Madrid.

Markez, I. (comp.) (2002), *Respuestas a la exclusión*, Gakoa, San Sebastián.

Martínez, Á. (2008), *Antropología médica*, Anthropos, Barcelona.

Marty, P. (1951), «Aspect psychodynamique de l'étude clinique de quelques cas de céphalalgies», en *Revue française de psychanalyse*, 15(2), págs. 216-252.

Maslow, A., *Teoría sobre la motivación humana*, Fondo de Cultura Económica, México.

Mbembe, A. (2006), «Qu'est-ce que la pensée postcoloniale», en *L'Esprit*, núm. 12.

McGrath, J. E. (1970), *Social and psychological factors in stress*, Rinehart and Winston, Holt, Nueva York.

McNeill, D. (1999), *El rostro*, Tusquets, Barcelona.

Memmi, A. (2004), *Retrato de un descolonizado*. Gallimard, París.

Mezzich, M. D. (1996), *Culture and Psychiatric Diagnosis. A DSM perspective*, American Psychiatric Press, Inc., Washington D. C.

Milewski, N. y Gavron, A. (2019), «Is there an association between marital exogamy of immigrants and nonmigrants and their mental health? A two-partners approach», en *Demographic Research*, vol. 40, enero-junio, págs. 561-598, Max-Planck-Gesellschaft zur Foerderung der Wissenschaften Stable, URL https://www.jstor.org/stable/26727010.

Milne, D. (1999), *Social Therapy*, Willey, Nueva York.

Moro, R. M. (1998), *Psychothérapie transculturelle des enfants de migrants*, Dunod, París.

— De la Noë, Q. y Mouchenik, Y. (2004), *Manuel de psychiatrie transculturelle*, La Pensée Sauvage, París.

Mruk, C. (1998), *Autoestima: investigación, teoría y práctica*, Desclée de Brouwer, Bilbao.

Murdock, G. P. (1967), *Etnographic Atlas*, Pittsbourg University Press.

Murthy, V. (2020), *Juntos, el poder de la conexión humana*, Crítica, Barcelona.

Nathan, T. (1999), *Médecins et sorciers*, Les Empêcheurs de penser en rond, París.

Nesse, J. y Williams, J. C. (1994), *Por qué enfermamos*, Grijalbo, Madrid.
Nisbert, R. E. (2003), *The Geography of Thought*, Free Press, Nueva York.
Ortega-Monasterio, L. (2006), «Psiquiatría forense y migración», Congreso de Logroño.
Páez, D. y Casullo, M. (comps.) (2000), *Cultura y alexitimia*, Paidós, Barcelona.
Pajares, M. (2007), *Inmigrantes del este*, Icaria, Barcelona.
Pardellas, J. M. (2004), *Héroes de ébano*, Idea, Tenerife.
Patino, L. R., Seltzen, J. P. et al. (2005), «Migration, family dysfunction and psychotic symptoms in children and adolescents», en *British Journal Psychiatry*, núm. 186, págs. 442-443.
Paulhan, I. y Bourgeois, M. (1995), *Stress et coping*, PUF, Nodules, París.
Phillips, K. et. al. (2004), *Avances en el DSM*, Masson, Barcelona.
Poema de Gilgamesh (1998), Tecnos, Madrid.
Popper, K. (1963), *Conjectures and Refutations*, Routledge and Kegan Paul, Londres.
Proust, M. (2015 [1913]), *En busca del tiempo perdido*, tomo 1, Alianza Editorial, Madrid.
Puaud, D. (2018), «Le spectre de la radicalisation. L'administration sociale en temps de menace terroriste», en *Presses de l'Ehesp*, Rennes.
Pupponi, F. (2006), *La France d'un dessous. Banlieues: chroniques d'un aveuglement*, PUF, París.
Read, J. (2004), «Poverty, Ethnicity and Gender», en *Models of Madness: Psychological, Social and Biological Approaches to Psychosis*, págs. 161-194, Routledge, Londres.
Rendueles, C. (2016), *En bruto: una reivindicación del materialismo histórico*, Los Libros de la Catarata, Madrid.
Ribas, N. (2004), *Una invitación a la sociología de las migraciones*, Bellaterra, Barcelona.
Rius, M. (2013), «Sol de otoño», *La Vanguardia*.
Roheim, G. (1982), *Magia y esquizofrenia*, Paidós, Buenos Aires.

Rojí, M. B. (1986), *La entrevista terapéutica. Comunicación e interacción en psicoterapia*, Cuadernos de la UNED, Madrid.

Romacho, J. M. (2006). «El mobbing», en Achotegui, J. (ed.), *Estrés crónico y salud mental*, Mayo, Barcelona.

Rotter, M. (1966), «Generalized expectancies for internal versus external control of reinforcement», en *Psychological Monographs*, núm. 80.

Rudy-Eliahu, T. (2003), *El pueblo elegido y otros chistes judíos*, Grijalbo, Madrid.

Said, E. (2018), *Cultura e imperialismo*, Destino, Barcelona.

— (1978), *Orientalismo*, Debolsillo, Madrid.

Sánchez Planell, L. et al. (2008), *Factores de riesgo en psiquiatría*, Ars Médica, Barcelona.

Sandi, C. y Calés, J. M. (2000), *Estrés: consecuencias psicológicas, fisiológicas y clínicas*, Sanz y Torres, Madrid.

— Venero, C. y Cordero, M. I. (2001), *Estrés, memoria y trastornos asociados*, Ariel, Madrid.

Sapolsky, R. (2008), *¿Por qué las cebras no tienen úlceras?*, Alianza Editorial, Madrid.

Sarafino, E. P. (1990), Health Psychology: Biopsychological interactions, John Wiley, New Cork.

Sartre, J.-P. (1938), *La náusea*, Alianza Editorial, Madrid.

Schwartz, M. (1990), «Toward a theory of the universal content and structure of values», en *Journal of Personality and Social Psychology*, 53(3), págs. 550-562.

Selye, H. (1974), *Stress without distress*, Lippincott, Philadelphia.

— (1956), *The stress of life*, McGraw-Hill, Nueva York.

Séneca (2018), *Cartas a Lucilio*, Cátedra, Madrid.

Sow, I. (1978), *La folie en Afrique Noire*, Payot, París.

Susser, E. et al. (2006), *Psychiatric Epidemiology*, Oxford University Press, Nueva York.

Talarm, T. (2008), *Salud mental y globalización*, Herder, Barcelona.

Tizón, J. (2005), *Pérdida, pena, duelo*, Paidós, Barcelona.

— Salamero, M., Sanjosé, J., Pellejero, N., Achotegui, J. y Sainz, F. (1993), *Migraciones y salud mental*, PPU, Barcelona.
Touraine, A. (2012), *Crítica de la modernidad*, Fondo de Cultura Económica, México.
Tuson, J. (1984), *Lingüística: una introducción al estudio del lenguaje*, Barcanova, Barcelona.
Vander Zanden, J. W. (1994), *Manual de psicología social*, Paidós, Barcelona.
Vázquez, J. (2005), «Estudio de la salud mental de una población en un área de atención primaria en Almería», Ponencia en el VIII Congreso de la Asociación Andaluza de Neuropsiquiatría, Grupo de Atención al Inmigrante SAMFYC, Almería.
Vega, W. A., Kolody, B. y Aguilar-Gaxiola, S. (1998), «Lifetime prevalence of psychiatric disorders among mexican Americans», en *Archives of Psychiatry*, septiembre, págs. 771-781.
Werner, E. y Rutter, R. (1982), *Vulnerable but invincible: a longitudinal study of resilient children and youth*, MacGraw Hill, Nueva York.
Whorf, B. L. (1975), *The Phonetic Value of Certain Characters in Maya Writing*, Krauss, Millwood, Nueva York.
Wilson, E. (2020), *Génesis: el origen de las sociedades*, Crítica, Barcelona.
Wingerhoes. A. J. J. M. *et al.* (2007), «Is there a relationship between depression and crying? A review», en *Acta Psychiatrica Scandinavica*, vol. 115, núm. 5, págs. 340-351.
Wolf, T. (1988), *La hoguera de las vanidades*, Anagrama, Barcelona.
Zapata-Barrero, R. (2004), *Inmigración, innovación política y cultura de la acomodación en España*, CIDOB, Barcelona.